课堂研究的审视与反思

张鹏君◎著

科学出版社

北　京

内 容 简 介

本书基于对当前基础教育阶段课堂研究的长期考察与反思而完成。本书遵循量化研究与质性研究相结合的研究范式，试图对课堂研究的主体构成、研究对象、研究方式与研究过程进行系统的研究，通过对专业研究者与实践工作者两类研究主体展开课堂研究的应然状态与实然状况的审视与反思，提出不同研究者从事课堂研究需要进行身份转化、对象转换、方式整合、走向实践等，从而进一步完善和建构课堂研究的理论体系。

本书可供高等院校、科研院（所）教育学相关专业的师生、管理者、研究者，基础教育阶段的一线教师、教研员等参阅。

图书在版编目（CIP）数据

课堂研究的审视与反思 / 张鹏君著 . —北京：科学出版社，2018.12
ISBN 978-7-03-060089-9

Ⅰ.①课… Ⅱ.①张… Ⅲ.①课堂教学 - 教学研究 Ⅳ.① G424.21

中国版本图书馆 CIP 数据核字（2018）第 286614 号

责任编辑：崔文燕　余训明 / 责任校对：何艳萍
责任印制：徐晓晨 / 封面设计：润一文化

编辑部电话：010-64033934
E-mail：edu_psy@mail.sciencep.com

科学出版社 出版
北京东黄城根北街 16 号
邮政编码：100717
http://www.sciencep.com

北京盛通商印快线网络科技有限公司 印刷
科学出版社发行　各地新华书店经销

*

2018年12月第 一 版　开本：720×1000　B5
2018年12月第一次印刷　印张：15 1/2
字数：272 580

定价：89.00元
（如有印装质量问题，我社负责调换）

序

　　每个生活在当代的人，其一生在许多空间中玩耍、生活、生存，但决定一个人生存质量、发展高度的重要空间是课堂。每个人童年、少年、青年的大部分时光是在课堂中度过的。在这个终生学习的年代，课堂也伴随人的一生，其对于人生的意义自不待言。当然课堂的含义不限于空间，其定义复杂，功能丰富。课堂是人类文明得以传续的途径，是个体社会化、文明化的必由之路，是新生一代学习知识和培养智慧的场所，是教师人生价值的展示空间。课堂存在之目的不仅限于知识的记忆和提取，更在于对新一代生活、生命质量的提升；其过程是开放的，是预设与生成的互动；其主体是学生，教师为学生而展开活动；其教学资源是丰富的，教材只是课堂使用的教学资源之一；其组织是非权威型的（尽管有纪律要求），使之充满自由活泼的气氛；其教学方法是多样的。

　　对于这样一个复杂的学习共同体——课堂进行研究，不能完全像自然科学那样去反映、寻找课堂的客观规律，也不能完全像社会科学那样以功用为目的出发去寻找提高课堂效率的方法，更不能完全像人文科学那样任凭思想自由驰骋；但又不能完全否定课堂的客观性及其通用规则，不能背离社会要求和课堂的社会适应性，更不能否定情感倾向、价值追求在课堂研究中的作用。课堂研究是一种综合性研究，需要人们综合运用自然科学、社会科学、人文科学的方法，全面分析课堂中的人、事、物，不仅客观描述课堂发生的现象，而且解释、批判业已发生的课堂行为，预测、建构理想课堂形态，改进课堂生态。

在这种课堂研究中,研究主体不能充当旁观者,而是参与者;不是价值中立者,而是课堂价值建构者;不是理论独白者,而是对话者。课堂研究对象是现实的生活世界,而非等待人们去发现的客观实在;课堂研究过程主要不是一个发现的过程,而是解释、批判、反思和对话的过程;课堂研究方法不是单一的,而是要综合运用多种方法。

张鹏君博士的著作《课堂研究的审视与反思》在深刻阐述课堂研究含义的基础上对课堂研究的主体、课堂研究的对象、课堂研究的方式、课堂研究的过程进行了深入剖析,该著作的主要贡献体现在以下三个方面。

第一,对课堂研究的构成要素,即课堂研究主体、课堂研究对象、课堂研究方式、课堂研究过程的现状进行客观描述。作者运用内容分析法研究,发现在当前课堂研究中,专业研究者作为课堂研究主体是凸显的,而实践工作者是弱化的;双方都习惯于按各自的"做事规则"和"思维方式"行动,并由此导致双方的"貌合神离"。在课堂研究对象方面,当前多以宏观的抽象性问题为研究对象,并且较倚重思辨研究,建构出理论化的研究成果,而不是解决课堂实践中的具体问题。因此,对课堂研究对象的认识和把握存在着两种倾向:一是去实践化,即课堂研究脱离实践;二是去研究化,即失却了研究意蕴或沦为伪研究。在研究方式上,两类研究主体采用的方式各有偏颇,并由此造成了因"各用所长"而导致研究方式的二分:专业研究者的理论思辨研究仍然居主流地位,传统书斋文献式的研究占据主要部分,基于课堂田野的实证研究处于浅表化状态;而实践工作者却表现出异化的叙事研究、碎片化的经验研究、不规范的行动研究及理论研究的缺失等。在课堂研究过程中,出现了几种不同的模式历程:"文本模式"的研究过程,表现为研究问题的确定更多源于文本,在课堂实践中获取的研究资料不足,再次回归课堂实践的"虚无化"等;"日常模式"的研究过程,是一种"教学型"的研究过程,融研究于教学之中。而实际上,实践工作者往往很难以新的方式或从新的视角来研究日常教学实践,难以摆脱日常习惯的束缚,从而导致研究过程淹没于教学过程之中,或者脱离日常教学工作;"行动模式"的研究过程,存在着在反思总结阶段的欠缺和不足,再次进入课堂实践时的"理论虚无"等问题。

第二，对以上诸因素的未来发展趋势进行了理论建构。作者认为，在课堂研究中，既要正视两类研究主体的差异，又要在此基础上促使两大研究主体的相互影响和转化，即双方都不是作为"单面人"，而是以"双面人"存在。若要使两类主体都承担起这种双重角色，就需要使其在研究身份、价值观、研究方式、思维形式、文化体验等方面获得"新生"。对于课堂研究对象的认识与把握而言，也需要发生转换，即在面对问题性的研究对象时，要求研究者转变对待问题的态度与视角，以关系性思维探究问题，强调以质性研究面对问题，注重系统、动态地把握问题。从课堂研究方式而论，两类研究主体应从当前"二分"状态走向两种研究方式的整合，应从"各用所长"到基于合作的行动、反思和对话；并从建构双方合作研究的文化与评价机制方面提供相关保障。从研究过程来看，课堂研究需要走向"课堂田野"，走向课堂实践：到日常课堂实践中进行"田野研究"，达到真正体现专业研究者的实践关怀，并在此过程中进行理论的引导与建构，以实现双方的理解与对话。

第三，对专业研究者和实践工作者的融合进行了深入探讨。通过对专业研究者与实践工作者两类主体关系的历史梳理，作者发现课堂研究主体的关系是随着社会发展和教育改革而不断变化的，大致经历了从原始性合一、制度化分离到初步的共同参与，再到专业化的相互建构过程，这是一个长期、渐进的过程。针对当前课堂研究主体的"疏离"状况，作者提出在研究身份上，双方应注重建构双重身份，即双方学会换位思考，适当进行角色转换和身份重构，适当融合和完善原有的研究视角和研究方式；在价值观上，最终应该以推动课堂实践的变革为旨归，并以此作为课堂研究的方向；在研究方式上，强调行动中的反思与对话，建立起一种相互支持、相互滋养的关系；在思维方式上，应由"二元思维"转变为关系性、过程性、整体性思维；在文化体验上，注重体验学术文化和实践文化两种不同性质的文化，从而促使双方在理论与实践中深交，在思辨与实践中转换，在融通的文化氛围中开展教学与研究。

总之，课堂研究是多元的，需要作者从多学科视角进行综合研究；课堂研究也是实践研究、现场研究，需要研究者扎根于课堂、运用多种方法，从课堂实践中提炼理论、指导行为改进；课堂研究是艰苦、复杂的工作，需要研究者具备综合素养，付出更多的辛勤劳动。相信张鹏君博士能够在课堂研究领域开拓前行。

李太平

2018 年 12 月

前　言

　　在当代中国社会发展的转型期，教育发展面临着一系列挑战和机遇。尤其是进入 21 世纪以来基础教育课程改革的实施与推进、课堂教学改革的进行，对课堂理论研究与课堂实践研究提出了更高要求，对专业研究者与实践工作者通力合作的呼声也日益高涨。走进课堂、反思课堂、研究课堂日益成为国内外学界与实践领域共同关注的话题，越来越多的研究者认识到课堂研究需要进入"课堂田野"，回归课堂教学本身。然而，在当前课堂研究中，专业研究者与实践工作者处于一种人为的"疏离"状态，课堂研究陷入"异化"的境地。长期以来，人们对此的问责和批判促使我们审慎地思考问题症结之所在，并探寻双方相互沟通的路径。鉴于此，本书选择了"课堂研究"这一主题进行研究。

　　本书定位于"课堂研究"，意图不是对"课堂"本身进行研究，也不是对"课堂构成要素"进行具体详述，而是对"课堂研究"本身进行反思，主要内容包括专业研究者和实践工作者是怎样进行课堂研究的，存在哪些问题，应该如何进行课堂研究等。所以，课堂及其构成要素只是在专业研究者和实践工作者的课堂研究状况中有所体现。当然，他们深入课堂实践中获得具体信息资料的情况也会有所呈现。就目前来看，国内外多数研究是对"课堂及其构成要素"的研究，而对"课堂研究"的研究还较少，而且相关元研究性的系统论著也很少。因此，本人对这一问题的认识也是一个尝试性的初步探讨。

　　正是在此背景下，本书展开了对"课堂研究"的探讨与研究。首先对"课堂研究"这一概念进行界定与解读。"课堂研究"是专业研究者和实践工作者深入课堂实践，综合性地开展关于课程、教学活动、师生关系、教学方法、学习方式、教学环境等一系列研究活动，并对在此过程中发现的课堂实践问题开展持续研究的一种研究活动及其方式。它作为一种理论与实践双向建构的研究方式，为专业研究者与实践工作者搭建了互通的"渠道"与"走到一起来"的平台；课堂研究既为了改善课堂实践和提升课堂教学实践的合理性，也为了促进教学与研究的结合，以及课堂教学理论的提升、建构与创新，但最终是为了促进课堂教学实践的变革。

在明晰"课堂研究"内涵的基础上，本书重点对课堂研究的主体、对象、方式与过程进行分析与研究，将量化研究与质性研究有机地融合，遵循科学的量化研究与解释性的经验研究路径，对当前课堂研究现状进行客观化、系统化、数量化的呈现与剖析：从当前课堂研究主体和对象的现状出发，运用科学计量学中的内容分析法，以中国知网所收录的"课程与教学理论"研究的文献数据为分析对象，对课堂研究的主体予以作者词频分析并绘制课堂研究的作者词频知识图谱，对课堂研究的对象进行关键词词频分析并绘制关键词词频知识图谱，并从中发现、总结各自存在的问题；运用访谈法、案例分析法与对比分析法，进一步阐释和验证课堂研究主体的构成与行为表现方面、课堂研究对象的认识与把握方面分别存在的问题，从而提出相应的转化路径。之后，利用访谈法、案例分析法与对比分析法具体地呈现与解析课堂研究的方式和过程，及其亟待改善之处，进而提出整合措施与基本趋向。

本书在借鉴与学习已有相关研究成果的基础上对当前课堂研究的理论与实践进行系统梳理与探索，通过呈现、例析、总结课堂研究中存在的问题，进行归因剖析，提出了新的解释性观点与结论，并对课堂研究的前景与趋势进行展望。因此，本书既是对教育理论与教育实践的关系这一老问题的重新审视，更是对课堂研究体系的再次"把脉"。就本人能力而言，对此问题的把握与研究仍然有显得稚嫩与青涩的地方，但试图通过"窥一斑而见全豹"，以期为在相关领域学习与研究的读者展现不同研究者从事课堂研究的概况，并能够引发某些思考。

张鹏君

2018 年 12 月

目　录

第一章

绪 论

　　课题的形成和选择，无论作为外部的经济技术要求，抑或作为科学本身的要求，都是研究中最复杂的一个阶段。一般来说，提出课题比解决课题更困难……所以评价和选择课题便成为研究战略的起点。

——贝尔纳[1]

---

① 中国社会科学院情报研究所.科学学译文集.北京：科学出版社，1980：28-29.

第一节 课堂研究的提出与意义

一、课堂研究问题的析出

从一定意义上而言，教学理论本源于教学实践的"在场"，教学理论与教学实践之间不是简单的指导与反映的关系，也不是矛盾对立、非此即彼的关系；而是互动与生成、调整与创新，相辅相成、相互促进的关系。然而，无论从现有理论成果来看，还是从教学实践出发，都会发现二者之间没有应然的"和谐"与"融洽"，无论专业研究者还是实践工作者，都在指责二者的"失调"，也有一些研究者诘责究问其中的原因，试图寻求"良策"以解当务之急。然而，一个棘手的问题从来都不可能用"一揽子方案"就可以解决，所以，我们需要拨开问题的表象，探寻关键问题之所在。

（一）专业研究者与实践工作者出现"疏离"现象

当今教育研究中，理论形态的教育研究随处可见，其中思辨的理论研究一直是其主要研究方式，并影响着教学研究和课堂研究的开展。思辨的教学理论研究，一方面带来了教育理论研究暂时的繁荣，另一方面也暴露出教育理论"实践乏力"的问题，使其成为"无根"的研究。当前，教育研究中出现了"基础主义倾向、技术理性倾向、西方中心主义倾向等偏差。基础主义倾向的研究人为地造成教育领域的两个世界——教育专业研究者的世界与教育实践者的世界。"[①]专业研究者立于教育实践情景之外进行研究，作为实践中的"旁观者"，却成为"真理"的代言者；而实践工作者身处实践之中，作为理论的"边缘人"，成为"真

---

① 李太平. 当前教育研究中需要注意的几种倾向. 教育研究, 2006, (10): 22-26.

理"的搬用者。长期以来，二者之间的"视若无睹"与"相互疏离"状态日益加剧，具体表现如下。

1."旁观"与"呼唤"

始于 21 世纪的基础教育课程改革的实施，要求专业研究者进入中小学进行研究，这似乎已经成为大家的共识。诸如"教育学者需要介入实践"[1]"教学论研究者要'走下去'"[2]"理论要'下潜'"[3]"科研要'顶天立地'"[4]等已经成为研究理论与实践关系的"教育好声音"。然而，号召和呼吁的"最强音"似乎很少改变理论"宅"在书房的现状，难以使其有效地"下潜"。在实践工作者看来，专业研究者并不是实践中的"行动者"，而是作为局外人存在的"旁观者"。这种"旁观"有两种含义：①专业研究者居于实践的"场外"来"供奉"自己的理论，很少惦念理论在实践中的应用；②专业研究者进入实践"场域"中"奉告"实践者，却没有如同实践者一样的实践把握度和"触摸感"，没有对实践者的理解和共情，没有对实践的"深入"和"神入"。具体表现为。

（1）以理论人的"尊贵"保持有距离地进入实践，在高处"冷眼静观"。

这种实践介入似乎总与指导和评估密切相关，他们看到的更多的是在"我"之外的教育实践，是自我与实践的"剥离"，而不是"真情投入"。那些"阳春白雪"般的理论听起来让人热血沸腾，好像实践问题一下子遇到了"救星"，但是运用到"下里巴"般的实践中，似乎一瞬间让人"偃旗息鼓"。他们津津乐道于理想化的教育问题，却对实践中的具体问题推脱或搪塞，最后或者归因于教育体制、评价机制、社会环境等，或者埋怨实践者缺乏教学机制、理论素养、研究意识和能力。

（2）虽然进入实践，却因为不会研究而"袖手旁观"。

由于长期以来，我国专业研究者大多数是通过在"象牙塔"中研习理论、建构理论而成长起来的，加之"短、平、快"的评价机制影响，使专业研究者习惯于思辨和推理，不知道怎样有效地进入教育实践中进行研究。但教学实践具有复杂性、情境性、个性化等特点，当专业研究者置身于实践场域时，常会感到力不从心。

---

[1]　孙元涛.教育学者介入实践：探讨与论证.重庆：重庆大学出版社，2009：6.
[2]　安富海.教学论研究者为什么"走不下去"——兼论"国外教学理论诠释中国教学实践"现象.课程·教材·教法，2012，（7）：26-31.
[3]　张健.理论"下潜"与实践"上浮".中国教育报，2014-02-25（05）.
[4]　杨小微.行走于天地之间——访华东师范大学叶澜教授.基础教育，2004，（1）：10-14.

"在当今教育学研究队伍中，对学校及课堂中所看到的现象能够做出确切诊断者寥寥，'不敢'、不愿亲历课堂教学情景的人为数也不少。这些研究者擅长在书斋里'坐而论道'，在书本上对教育教学诸多问题的分析'鞭辟入里'，而对教育实践却缺少必要的感知与体察。"① 于是，一种刻意的"旁观"和一种无奈的"旁观"构成理论对实践的"默然"，以及对理论实践品格的遮蔽。

与之相对的是实践对于理论的期待和呼唤。实践工作者虽有丰富的实践资料和经验，但认为自己缺少理论知识，不知道这样的实践操作是否合理，找不到合适的理论依据，又不敢放开手脚践行。因此，希望向专业研究者学习，以找到自己行动的合理解释与可靠依据，并改善自己的教学实践和提升教学水平。对实践人而言，他们期望得到的"理论"资源往往等同于教学和管理的策略方法与工具；他们呼唤有实践价值的理论，能够给予思想上的启发和警醒、行动上的带领和引导、操作中的示范和指南，"他们需要的是在他们参与下共同创制出来的有力且有效的变革方案，是足以激发他们变革热情、理论兴趣的新观念、新思路和新的行动与言说方式"②，而对于理论人而言，可供实践人转化的主要资源是，"各种或传统或现代的有关教育的系统的学说，包括概念、术语、命题、范畴和观点；各种蕴藏于学说中的理解教育和人的发展的思维方式和视角；理论人自身的研究经验、生命成长体验、人格特质或人格魅力等"③。当深奥玄远的理论在实践的"上空"徘徊时，理论对于实践的"遥望"使实践工作者只能仰视它，理论研究者难以感受实践问题的"隐痛"，也难以真正实现对实践的价值引领与方法启迪。

2. "粗浅介入"与"敬而远之"

这里的"粗浅介入"是指专业研究者介入实践的状态，这种介入是一种形式上的"进入"，而不是实质上的"融入"。也就是说，专业研究者与静坐书斋中阅读沉思的状态相比，在行为上已经涉入实践领域中，但是并没有真正发挥专业研究者在实践中的作用，也无意于达到改善或变革实践的目的。这种介入的表现有。

（1）以"获取者"自得。

这里所谓的"获取者"是指在专业研究者进入教育实践中开展研究时，无意

---

① 郑金洲.中国教育学研究的问题与改进路向.教育研究，2004，（1）：21-25.

② 杨小微.教育理论工作者的实践立场及其表现.教育研究与实验，2006，（4）：6-9.

③ 李政涛.论教育理论主体和教育实践主体的交往与转化.高等教育研究，2007，（4）：45-50.

于"用好教育理论来诱导教育实践变革，在教育实践优化中催生出'好教育理论'，实现魅力与实力的同步增长，二者之间形成良性循环。"①而意在寻觅需要的教学案例、教学事实，并在脱离实践教学情境的学术语境中使用和诠释教学个案。这种以自我利益为目的的介入，对实践工作者来说是最难接受的做法，因为它没有为实践带来任何改变，还可能使教师"掩耳盗铃"般地掩饰最需要解决的现实问题。因为对他们来说，任何一个进入课堂的"局外人"，都会给其课堂教学带来一定的压力，虽然这可能是一种很好的监督和促使进步的方式，但是如果"局外人"没有实践关怀的意识和努力，这种外在的压力会使课堂教学变得更加"保守""求稳"，教师将刻意展示自己和教学的"美好"一面，而故意将"自然"教学过程中的"常态"问题掩盖或回避。似乎这种"表演式"教学总是成为理论批驳的"靶子"，不过，试想有谁会愿意在没有诚意的外人面前敞开心扉、表现真实的自己？谁不想在他人面前表现出让人悦目的一面？谁又会在面对可能的不利处境时而不产生一种自我保护意识？正是这种形式上的"进入"和实质上的"索取"，使实践工作者怀疑专业研究者进入实践的作用，甚至拒斥他们进入课堂实践。

　　（2）以"指导者"自恃。

　　当以惯常的眼光来看待专业研究者时，人们最容易看到的是他们头顶的专业理论"光环"。的确，因为他们经过了系统的专业训练和理论学习，在一定情境中面对一些实践问题，可能更易于从理论的视角来分析和解释，这是他们的优点和长处。如果他们能够在进入实践时以"同理心"理解实践工作者的努力与无奈，以"理论人"应有的担当和责任心急人之所急、想人之所需、解人之所难，那么，他们自然是名副其实的"理论专家"。但是，当这一光环产生某种"晕轮效应"，甚至被他们自己视为一种优越性"资本"时，就可能使其以此作为理所当然的权威来面对实践工作者。这种自恃的"指导角色"和"专家权威"，不但难以发挥合作的"助推器"和协调关系的"润滑剂"作用，还容易成为他们进入实践的"障碍物"。虽然实践工作者在面对"指导者"态势时，大多数表现出来的是恭听和顺从，不管这是发自内心的"赞同"还是出于权宜之计的"臣服"，当然也有少数人的断然拒斥或者默然抵抗。但是，这种高高在上的指导心态、孤傲地面对实践和实践人、注重尊贵的学术地位和高贵的理论价值的做法，不但会使专业研究者的思想受到束缚、视域受到遮障、思维变得狭隘、心胸难以豁达，而且会使双方关系置于某种尴尬的境地。正如有教师所言"有的专家喜欢凌驾于一线教师之上，既不考虑现实的实践条件也不尊重教师的专业尊严，只从概念、

---

① 龙宝新.论教育理论的退化与应对.华东师范大学学报（教育科学版），2012，（2）：1-9.

理念出发干涉教师的专业工作。他们要求教师关注学生的需要，而自己却不去了解教师的需要，主张教师要与学生建立平等、民主的关系，却直接凌驾于教师之上；有的专家只把'教师要成为研究者''要开发课程资源''要建立民主、平等的师生关系'等命题作为口号，当作对教师的要求，而并不考虑教师能不能做，怎样去做，做了效果会怎样，又如何改进……"①

（3）以"评判者"自居。

当专业研究者进入教学实践时，实践工作者期待他们能够给予高屋建瓴的指导，能够对教学实践产生有效的改善功效，使自己也可以从中受益；同时，他们也担心专业研究者会以挑剔的眼光审视自己。虽然，专业研究者进入教学实践中，会发现某些问题，有必要给他们一定的改进建议或措施，这也是专业研究者应有的职责。但是，一些专业研究者过于强调自己的审视和批评职能，以至于使自己的角色狭化为"批判者"。似乎专业研究者的责任就是"找茬"，而实践工作者的任务就是"认错"和改进。这种进入实践的干预显然是立于事态之外的，不是与实践工作者一起改进实践而介入。长期以来，这样的进入逻辑必然带来实践工作者的畏惧，甚至抵抗。实质上，绝大部分授课教师不希望这样的研究者进入自己的教学实践中就是最好的证明—他们担心被批评和指责。面对"原生态"的常态课，没有打造和包装的痕迹，为何授课教师却失去了应有的自信，对听评课增加了戒备心理和抵触情绪？是什么原因致使他们热衷于"表演"和"作秀"？是谁让他们习惯于担忧和不安？我们何时能够抱着一种真切的实践关怀走向急需开拓的那片天地？

与专业研究者的肤浅介入相对应，实践工作者也报以"敬而远之"的回应。他们会尊敬地称专业研究者为"专家""教授"，表达希望得到指导的愿望，提出实践中出现的普遍而又难以解决的问题，期待专业研究者出高招、见实效。但是，专业研究者所提的建议并不一定像他们所想的那样奏效，或许短期内不会有起色或改变，甚至在当前教学体制下是可望而不可即的。例如，在有限的课堂时间内，要把每一个话题充分展开探讨，给予学生足够的讨论机会，以便有更多的交流、碰撞和生成。这些甚至使专业研究者都可能"觉得即便是自己若置身于当事人所处情况中，也不可能像自己在教育批判中所主张的那样去实践（如'教师与学生的平等对话'），而是也会像当事人那样去实践（如'保持对学生的教师权威'）"②。诸如此类"不接地气"的坐而论道，一方面是因为专业研究者缺少对实

① 张帮群. 还是不迷信专家为好. 教书育人，2007，（25）：21-22.
② 吴康宁. "教育批判"的困境. 教育研究与实验，2004，（4）：3-7.

践工作者的换位思考，另一方面是由于其缺乏对教育实践的深刻感知。以至于他们私下里或在公开场合中每每发出这种诘问："（这些）'教育理论专家'究竟凭什么对教育实践说三道四？"①虽然，很多时候碍于情面和出于为人之道，表现出言不由衷的"客套"或"迎合"，这种疑虑的"点头"和保持距离的"热情"并不比激烈的争论更给人亲近感，甚至也不比无果的争论更有价值和意义。

（二）课堂理论研究缺少实践关注

在传统教学论体系中，课程是固定的、刚性的，课堂教学研究主要是从教学内容层面上进行的，所以，教学研究就窄化为对教学活动及其构成要素的研究。当课堂研究者习惯于传统的主观臆想与间接的文本资料相结合的思辨研究方式，或者简单化的叙事与碎片化的经验研究方式，并以"榨取"心态和灵敏的"社会嗅觉"进行课堂研究时，课堂研究就会被催生出短暂的"繁荣"。但其背后却是教学实践的"架空"和"虚无"，虽有深奥玄远的辞藻，却没有涵括丰盈的活力。

1. 缺乏互动对话

互动对话不足主要是针对课堂研究主体而言的。现实课堂研究常出现极端化倾向，即专业研究者开展了众多研究，获得了丰富的教学相关知识，急切于建构和发展教学理论，却没有真正关心教学实践问题，疏于与实践工作者展开深入的交流与研讨。由此导致一些专业研究者"只是把变革实践视为一种可供自己打捞实惠的'水面'，'撒'下几'网'，捞取一些案例、故事或其他信息资料，便拿去'为我所用'，获得一些外在利益，没有兴趣也没有耐心真正地去探究问题和解决问题"①。他们不是为了关怀实践和形成严谨的科学态度和精神；不是注重研究过程中"实践智慧"的丰富和提升，而这种实践智慧正是"问诊"实践、洞察实践工作者的"内隐观念"，并与之深入交流、对话的"利器"。这也引起了一些实践工作者的不满。"实事求是地说，我们根本不希望大学研究者来我们学校做研究。我们学校几乎每周都有不同研究机构的研究人员来发问卷、做访谈、听课等。因为他们来主要是为自己研究课题找一些数据和访谈资料，对我们的教学没有任何帮助。"②同时，专业研究者也会埋怨实践工作者进行所谓的课堂研究是为了应付检查和获取一定的个人利益，其研究经常处于一种"自娱自乐"的状态，

---

① 杨小微. 教育理论工作者的实践立场及其表现. 教育研究与实验，2006，（4）：6-9.
② 安富海. 教学论研究者为什么"走不下去"——兼论"国外教学理论诠释中国教学实践"现象. 课程·教材·教法，2012，（7）：26-31.

或者是为了迎合社会潮流，避免多余的麻烦，例如在新课程改革背景下，一些实践工作者也会附和着做一些"表面工作"，而实际上双方却处于一种"貌合神离"的状态。

2.缺少关注具体实践问题

忽视具体实践问题在此主要指课堂研究对象的跟风和追潮。也就是说在选择课堂教学研究的某一课题时，不是基于课堂实践中的问题来确定的，而是追逐一些"社会讯息"和"大众风向"的结果。从不断涌现的课堂教学研究成果来看，专业研究者在日益改变对外来理论进行"介绍加启发"式的"加工"以及对传统教学理论的"翻炒"，他们在观念上认可结合教学实践的重要性，希望改变只见"教学理论"、不见"教学事实"的质疑和指责。尤其是在基础教育新课程改革的推动下，一些新的教学理论研究如"雨后春笋"般涌现出来，各种新的命题追风似地被提出，重大话题层出不穷。以课堂教学研究为例，有学者对我国近年来国内课堂类型建构的研究发现，诸多课堂类型新学说为实践中的课堂类型选择提供了一定的理论基础，但同时也给一线教师带来了思想上的困惑[①]。因为诸如此类的新理论、新学说其实是社会追风的结果，"他们的研究成果一般表现为对具有社会经济等重大意义的日常问题作时髦性议论，而看不到其作为学术研究应当在学术脉络中所具有的重大意义"[②]；亦非出于对课堂教学实践问题的考虑。

我们提倡教学研究中的新视角、新观点、新方法等，但是，我们仍然强调的是教学研究的真正目的何在，新奇的词汇是否真正包括并反映着课堂研究对象的实质，这种研究的新视角是否会"昙花一现"般难以持续；虽然这些研究都是从不同侧面展开的研究；这些研究视角有助于我们认识课堂教学，但是仍然缺乏将课程与教学作为一个综合体进行整体性、建构性研究，缺少将其作为一个动态过程的理性认识，这种课堂教学研究是"解构式"的，是对课堂教学各种因素的"分解式"探讨，而不是整体的、综合性研究。正如有学者所言："中小学教学改革的攻坚战之艰巨还来自于课堂教学综合研究之不足。"[③]

3.偏重理论思辨或经验总结

偏重理论思辨或经验总结是从不同课堂研究者主要采用的研究方式而言的。专业研究者更多的是在进行理论思考的实践，这种实践更多的是在思维层面上展

---

① 陈晓端，毛红芳.近年来国内课堂类型建构研究的回顾与反思.当代教育与文化，2011，（4）：59-64.

② Bourdieu P，Wacquant L. An Invitation to Reflexive Sociology. Chicago：University of Chicago Press，1992：221.

③ 叶澜.让课堂焕发生命活力——论中小学教学改革的深化.教育研究，1997，（9）：3-8.

开的，甚至将理论思辨作为唯一的研究方式，通过对旧理论的再诠释而"合成"所谓的新理论，或者通过移植国外和其他学科的研究成果而"套用"相关理论，并靠专业研究者的思维加工以"宏大叙事"的方式表达出来。"虽然'宏大叙事'也会关注教育实践，但更关注的乃是教育实践必须服从它的构想，或者说，教育实践本身的情况到底是什么其实并不重要，重要的是教育实践必须按它的设想进行。"① 而这种带有明显专业化的强势叙事过于注重价值、理念、思想的表达与解说，因此，它与那种来自教育生活实践的"经验叙事"相比，缺少的是对实践性问题的关注、描述、透视和解决，缺少对完整教育生活实践的体察和关照。"用专业生活实践取代教育生活实践不仅束缚了教育理论工作者的学术视野，限制了教育理论研究对整个教育事业发展所产生的影响力和贡献力，同时也影响了教育理论工作者自身的发展。"② 虽然教学理论研究离不开文献分析、概念生成和理论建构，但是如果因此而无视改造教学实践的需要，不能接受实践的检验，这种倾向于理论形成和文本生成的研究最终会与教学生活世界密切相关的实践方式走向决裂。同时，实践工作者在课堂研究方式上处于另一个极端，即更多地以单纯性的叙述、讲故事，以及零散的、初级性的经验总结等方式进行课堂研究，他们身居实践中拥有大量的实践经验，但其在理论研究和有深度的思辨方面还处于缺失状态。

4. 缺少深入具体课堂情境

深入具体课堂实践情境欠缺多指在课堂研究过程中，研究者不愿或很少真正介入实践，而习惯于一种线性因果决定论及还原主义的思维方式，简单地进行课堂教学研究；或者倡导回归实践知识出于"想象"和"应然"意义上的，而不是在与实践工作者的频繁合作研究中对实践问题作深刻考察、体会，这些影响着课堂教学研究所展开的深度、广度和效度，也决定了介入实践的程度。浅层次的课堂教学研究常常表现为"蜻蜓点水"式地进入实践田野，"做个报告、讲座就走人，听几堂课就消失，做完几张问卷调查和几次访谈就不见踪影……"③。由于缺少对课堂实践的挚爱与执着，才难以从充满生机和活力的实践中汲取思想之源。因为没有把握问题内在形成机制与逻辑，而难以在深度透析的基础上形成相关的理论认识和成果。

① 陈晓梅.铸造中国教育研究的新纪元.中华读书报，2004-02-18（6）.
② 康丽颖.教育理论工作者回归实践的自识与反思.教育研究，2006，（1）：62-67.
③ 李政涛.交互生成：教育理论与实践的转化之力.上海：华东师范大学出版社，2015：215.

（三）课堂研究能够将课堂理论与实践、课堂研究者之间的关系引入良性循环

归根究底，理论与实践的关系还是体现在从事这些活动的主体关系上，也就是说如果能够处理好专业研究者与实践工作者之间的关系，那么理论与实践的关系就迎刃而解了。如果要改变理论与实践脱离的局面，即使静态的理论走向动态的实践、使活生生的实践转化为丰满的理论，就需要先解决不同研究者之间的隔离状态，即实现专业研究者与实践工作者之间的交往与转换，因为"两类主体间交往和转换的质与量，决定了教育理论与实践相互转化的深度和广度"①。这就意味着对理论与实践关系的探讨，将被转换到理论与实践相互建构的研究方式以及它的两类主体间关系的层面上去讨论。而课堂研究为二者的相互转化及两类主体的沟通提供了路径和平台。

1.课堂研究：理论与实践双向建构的研究方式

课堂研究是一种在课堂实践中综合地开展研究活动的方式，所以，它本身就将理论与实践结合起来，它要求研究者将课堂作为研究的"田野"，"深居"其中从事研究，并坚持从课堂实践中获取资料，从第一手资料中进行原创性科学研究的理念和原则。当然，课堂研究强调的任务不只是进入实践、改变实践，同时还需要通过在课堂场域中的深入研究，进行整合和创造，在对既有理论进行批判与反思的基础上，"形成既能揭示课堂教学实质，又能指导课堂教学改革实践的新理论"②。

课堂研究体现了课堂教学理论与课堂教学实践之间难以割舍的关系，二者的作用和价值正是因为有了对方的存在而彰显，也使彼此之间形成一种相互需要、相互满足的关系。它要求深入课堂实践中，就是在包容实践、关怀实践、走向实践，在此过程中实现课堂教学理论的存在价值并完成理论的使命，否则，课堂教学理论只是一个教学认识的"储存器"，它只会有"量"的增减，而不会发生"质"的完善和更新。同时，课堂教学理论在关照实践的过程中，它是在指引实践"去行动""去创新、去开始，发动某件事"，由此也展示出自身的理论价值和潜能。课堂研究中正因为教学理论对教学实践的主动介入和投射，才使课堂教学实践成为教学理论创新的"牵引力"。此过程既能实现实践的改善和革新，又促进教学理论的"丰韵"和"增值"。

---

① 李政涛.论教育理论主体和教育实践主体的交往与转化.高等教育研究，2007，（4）：45-50.

② 叶澜.让课堂焕发生命活力——论中小学教学改革的深化.教育研究，1997，（9）：3-8.

2. 课堂研究：不同研究者相互沟通的"渠道"

从应然层面来看，"教育理论与教育实践是相互蕴含和缠绕、相互催生和双向运动的；理论负载性是所有教育实践的共性，实践指向性是所有教育理论的天性；'零理论'式的纯粹教育实践与'零实践'式的纯粹教育理论在现实教育世界中都是难以立足的"①。但是，从实然层面而言，这些特性只是为二者的相互转化提供了前提和可能，而要将其变为现实，顺利实现它们的相互转换，仍然需要通过理论和实践主体来共同完成，因为"教育理论转化为教育实践不是自发产生的，它是有意识努力的结果"②，而课堂研究能够为研究主体提供沟通和转换的渠道。

课堂研究改变了以往专业研究者处于强势地位——进入实践中不由自主地会对实践工作者给予"指导"和"评判"，致使实践工作者习惯于听从和被动接受建议和检查的状态，从而基于双方形成一种双向改变、双向滋养的交往假设，通过深入课堂田野的研究成果而不断积累丰富的课堂实践经验、建构课堂理论体系。课堂研究中双方的交往进程表现为：①在课堂研究之初，双方通过确定研究主题、商讨研究设计与方法等，进行初步交流；②在进入课堂场域阶段，专业研究者获取课堂实践资料，并将自己的理论资源渗透和转化到实践工作者的教学生活和研究中，例如班级建设、课堂教学管理、课堂教学活动、师生关系等，双方进行微观的、具体的交流和交往；③课堂研究的实质性进展阶段，即专业研究者汲取实践资源、实践工作者获得了课堂教学的理念支撑和学理深度，双方的思想观念和实际行动都在彼此影响并改变着对方，并逐步内化为彼此的需要，实现了相互滋养和相互建构；④对课堂研究的反思和评价阶段，双方反思在该研究历程中的改变和成长，专业研究者的思想观念和思维方式对实践的改善程度，实践工作者的实践经验和逻辑对专业研究者的"理论先见"和"实践成见"的影响和改变等。

由此可见，课堂研究是双方相互走近、沟通的良好平台和渠道。"对实践工作者来说，这是一个学习的过程，也是对自己的原有实践方式和与此相关的理论进行改造的过程。这种改造有时涉及的不只是认识与观点，还包括教育信念与思想方法，实在不是容易的事情。对于理论工作者来说，这是一个宣传自己的观点，使之普及到相关人员头脑中去的过程。"②

---

① 龙宝新. "互涉"与"互摄"：教育理论与教育实践关系的时代解读. 教育研究，2012，(9)：32-43.
② 叶澜. 我与新基础教育 // 丁钢. 中国教育：研究与评论. 北京：教育科学出版社，2004：43-44.

（四）如何进行课堂研究才能够使不同研究者通力合作

专业研究者与实践工作者通力合作的课堂研究何以可能，又如何实现？

课堂研究为课堂理论与课堂实践的结合提供了前提条件，为课堂专业研究者与实践工作者的合作提供了平台。但是，实然的课堂研究并非都是理论与实践相融合的，课堂研究的主体亦非倾力合作的，这样的课堂研究所得理论成果和实践经验又在课堂教学实践和课堂研究中再现和利用，使这种恶性循环有过之而无不及。那么，怎样进行课堂研究才能够真正实现其之于课堂理论与课堂实践的功效，达成二者的相互融通和建构？这是本书的重点之所在。

综上所述，理论与实践之间、专业研究者与实践工作者之间存在着严重的隔离，要打破这种局面，就需要为其提供能够走到一起来的平台，而课堂研究的出现恰逢其时。于是，本书的问题聚焦于"课堂研究"这一主题，即课堂研究是什么；不同研究者进行课堂研究的现状如何，怎么进行的，有何问题；应该怎样进行课堂研究。最终分析出本书的核心内容：通过对课堂研究的概念、主体、对象、方式与过程的审视与反思，进一步完善和建构课堂研究的理论体系。

二、开展课堂研究的意义

从整体而言，本书对于课堂研究的理论推进及其实践进程都具有一定的促进作用。其理论意义表现为，促进课堂研究方式的丰富与发展，促使进一步认识与理解课堂研究体系。其实践意义主要在于，对当前课堂教学改革的可能的促进作用、探索专业研究者的另一种可能的生存方式，以及对教师成为研究者的可能的促进作用。

（一）理论意义

1. 尝试论证课堂研究的另一种可能研究方式

一般来说，课堂研究有理论性研究和实践性研究之分。理论取向研究者注重通过梳理概念范畴、建构和完善逻辑体系演绎出教学理论体系；而实践取向研究者则强调通过对教学现象和教学规律的观察与分析，在经验资料的基础上归纳出教学论体系。从当前来看，理论取向研究占据研究的主流，其大量研究是对别人研究成果的再研究或纯粹理论的探讨。这与当前教学研究中存在的问题一样，"大量的教学研究者以教学研究文献作为自己研究的支撑，并深陷其中而不能自拔，忽视了对鲜活的教学实践的研究。这样的研究取向使教学论很'繁荣'也使教学论很'贫困'"①。而课堂研究为专业研究者与实践工作者提供了"走到一起来"的平台，使研究者贴近日常课堂教学实践，建构起一种合作的途径，使双方不只是以习惯化的研究方式进行课堂研究，而是尝试以理论与实践兼有的方式，在行动、反思和对话中回归课堂实践中的问题。这种回归实践表现为"身入""深入""心入""神入"：研究者不但进入课堂实践中，扮演认识者的角色，反映、描述和解释教学现象和问题，而且以一个行动者的角色参与课堂实践，并为教学理论与实践研究关系的改变而努力。当他们将阐释者、参与者与行动者的角色集于一身时，对教学实践的理解、体察、领悟和揭示会更深刻。与此同时，他们也可能走向不同于以往的研究道路。

2. 促进对课堂研究理论体系的进一步认识和理解

课堂研究理论体系是复杂而系统的，包括课堂研究的主体、对象、方式、过程、语言、功能等方面的内容。本书主要从课堂研究的主体、对象、方式和过程几部分大致呈现当前课堂研究的理论体系：作为课堂研究主体的专业研究者与实践工作者，他们的研究和交往方式，直接影响课堂理论研究的品质和状态，以及课堂实践的形式和路径；课堂研究对象是课堂研究者进行某种认识上的选择和取舍的结果，课堂实践中的问题作为课堂研究的对象，是一种有待解决的困惑、疑难，是一种预期与结果之间的差距与矛盾，起到一种激发研究者探究和期望解决的作用；课堂研究方式作为研究的关键性因素，决定着研究的进程和质量，在课堂研究中，不同研究者在研究过程中习惯和擅长不同的研究方式，而探索不同研究方式的整合运用是进行有效课堂研究的重要议题；从课堂研究过程来看，既有应然过程，也存在实然过程；既有专业研究者的"文本模式"的研究过程，也有实践工作者的"日常模式""行动模式"研究过程。本书通过呈现和分析丰富的文本和案例，支撑和阐释课堂研究现状，以理论与实践相结合的方式对课堂研究体系进行进一步认识和理解，从而在一定程度上促进课堂研究理论体系的完善、丰富和发展。

（二）实践意义

1. 对当前课堂教学改革可能的促进作用

20世纪以来，关于课堂的研究历程是，"从工程式研究到生态的整体研究，

① 徐文彬，高维.教学研究向何处去？——"教学研究的发展空间"专题学术研讨会综述.课程·教材·教法，2013，（1）：95-100.

从接受式教学与活动式教学的双方对峙成为前进中的两极张力。人们的研究正在完成从外显到内隐、从行为到心理、从局部到整体的转变，逐步形成了全面关注课堂学习的格局，有的专家甚至提出了'改革最终发生在课堂上'的观点"[①]。由此可见，"课堂研究"是教学研究的"重镇"和趋向。只有研究课堂，才能够透视课堂、理解课堂、重建课堂。因此，课堂研究就是要在产生问题的课堂实践中进行研究，要注意教学理论与教学实践在"原点"意义上的结合，将研究的成果运用于课堂、指导课堂实践，又要避免简单化地、居高临下地"指导"实践，而在相互启发、相互丰富的意义上实现课堂教学新理论的生成和新的教学行为的发生。所以，课堂研究既要为原创性的教学理论提供源头活水，更要以理论创新推动课堂教学实践的变革。可以说，实践性是课堂研究的基础，理论性是其目的，时代性是其脉搏。

当前，专业研究者往往以"书斋式"和"旁观者"的思维和立场进行课堂研究，这样的研究容易在一种专属的学术共同体话语体系中进行专业化的探索和讨论，而逐步脱离赖以生存的实践环境，忽略对现实问题的关照和思考，甚至会演变为"搬弄命辞的把戏、琐细的理论和广博周详的论证的徒具外表的各种形式的玩弄"[②]。因此，专业研究者在习惯了专业化的生活和思维方式的同时，还需要以"实践者"和"行动者"的眼光探寻其他的可能生活方式。对于专业研究者来说，主动介入实践的方式可以改变以往演绎推理的研究方式，使理论具体化和实践化，并将抽象的理论转化到实践情境中去。虽然这可能意味着自身立场的变化、研究方式的转变、生存方式的改变，但这些转变可能会增强专业研究者将理论转化为实践运用的能力，从实践中探寻并提炼理论的能力，也可能为其学术之路开辟新的天地、提供新的路径。

2. 对教师成为研究者可能的推动作用

实践工作者是学校教育的基本力量，其素质直接影响教学质量和课堂研究进程。时代发展要求"教师从经验型向学者型、专家型转向，教育要掌握教育科学，其中道理如同厨师要懂得营养学、工艺师要懂美学一样的不证自明"[③]。教师劳动的创造性决定了只有保持探究精神和革新意识，才能在教学研究中发现自身的价值。教师想要成长为专业人员，就必须学会在面对课堂教学问题时进行反思和改变；同时，这些经验还可以在参与他人的课堂中进一步完善和丰富，通过与

---

① "创建以校为本教研制度建设基地"项目组.校本教研在行动.北京：高等教育出版社，2006：7.

② 杜威.哲学的改造.许崇清，译.北京：商务印书馆，1958：11.

③ 杨小微.教育研究的原理与方法.上海：华东师范大学出版社，2010：5.

同事的交流和研讨，开展课堂研究合作；并且能够在专业研究者的理论引导下，开展合作研究。自主反思、同伴互助和专业引领等不但能提升教师的实践性知识、促使其专业发展，而且可以促进教师成为研究者。

第二节　课堂研究的基础

教育研究是在继承中不断积累和创新的过程。在一定意义上说，课堂研究是一个比较有创新性的研究，而称得上新的研究也必定有引发它的载体和基础。所以，对课堂研究的相关研究基本情况的梳理和探寻是开展后续研究工作的前提和逻辑起点。基于此，本书将国内外关于课堂研究基本情况的梳理与评价作为本节的主要内容。

一、国外关于课堂研究的基本情况

在西方，课堂研究始于 20 世纪 60 年代兴起的有效教学运动，在此之前更多关注教师个体人格因素，只是将教师特征与教育结果机械性地相连，而忽视了对课堂实际进行深入细致的客观分析；此后开始把注意力转移到教师的课堂教学行为，以及其与学生学习成就之间的关系上；目前已经形成了较为丰富的理论成果。国外文献主要从课堂行为、课堂变革、课堂教学方法、课堂教学内容等方面展开。本节对每一方面都从主要代表人物及其著作和思想逐一简单介绍，以对国外的相关研究脉络有一个大致的把握。

（一）课堂行为分析的研究

在西方，有关课堂行为的研究主要集中于课堂语言、课堂互动、课堂赞扬与权力、课堂对话、课堂冲突等方面，代表人物主要有菲利普·杰克逊（Philip J）、弗兰德斯（Flanders）、古德（Good T L）、布罗菲（Brophy J E）、梅汉（Meyrin）、科塞（Kose）等。

菲利普·杰克逊首先揭开了课堂教学系统研究的序幕，他深入美国学校生活和课堂生活，所撰写的《课堂生活》（*Life in Classrooms*）（1968 年）一书，成为课堂研究的标志性、经典型著作。这本书面对的群体主要是教师、管理人员以及与课堂生活直接相关的其他人员，其目的在于唤起读者的兴趣，并有可能唤醒他们对学校生活应有的、却很少或未曾给予的关注。他将研究目光聚焦于小学课堂，关注课堂环境、师生关系、儿童的成就动机等问题。研究发现，课堂生活受到群体、权力和赞扬的影响，这三个方面是任何一个想要在其学校生活中取得令人满意成果的学生都必须掌握的隐蔽课程；教师在面对复杂的、情境化的课堂时需要作出即时决定，学会应对群体、赞扬与权力。他最早运用叙事方法研究学校现场活动，有时候表格材料会与读、看、听、计数、交谈，甚至童年回忆等一起出现，试图将不同研究方法融合在课堂研究中，扭转了西方学者不关注课堂和不注重课堂研究的倾向。从此，西方课堂研究更多地将目光投向课堂这一实践领域。①

弗兰德斯互动分析系统源于美国，是美国学者弗兰德斯在 20 世纪 60 年代提出的一种课堂行为分析技术。一般认为，它是在美国社会心理学家贝尔斯（Bales R F）群体内互动行为的基础上形成的。弗兰德斯在贝尔斯的基础上又对以语言为主的师生课堂互动行为进行研究，并将课堂语言分为教师语言、学生语言、无效语言（沉默或混乱状态）3 类，又具体化为 10 种语言行为。② 按照他对此系统进行的观察和记录编码方式，在课堂观察中每 3 秒钟进行一次取样，并编码记录。这样一来，一节课有 1000 个左右的编码。这样就可以统计分析出 3 类课堂行为各自的比重，从而发现课堂的结构。如果学生语言所占课堂时间多于教师，就证明这个课堂是以学生的积极参与为主的；否则，就是教师主导的课堂。他的大量研究表明，教师与学生的课堂互动行为，对学生的学习态度和效果都有重要影响。因此，弗兰西斯认为，对课堂中师生的语言行为互动进行分析是研究和评价课堂的最好途径，因为从一定程度上来说，只要把握了课堂教学中师生的语言行为也就掌握了课堂教学的实质。这种互动行为编码系统具有明显的结构化和量化研究的特点，即使师生课堂语言的划分有章可依，又能够科学地统计，但也有操作上的困难、范畴化之嫌。一些研究者对其进行批判的同时也做了一定的改善，例如，我国学者宁虹和武金红就对该系统进行了创造性的改进和运用。

自菲利普·杰克逊之后，西方学者非常注重课堂研究并在这一领域取得了丰硕的研究成果，其中古德和布罗菲的《透视课堂》（*Looking in Classrooms*）就

---

① Philip J. Life in Classrooms. New York：Teachers College Press，1990：xxi.

② Flanders N. Intent，action and feedback：A preparation for teaching. Journal of Teacher Education，1963，（3）：251-260.

是其中的经典代表之一。古德和布罗菲在创造了"布罗菲－古德"双向互动课堂研究系统的同时，还以丰富的"课例"论证课堂研究的具体理论和方法，形成了"课堂观察－课堂写真－课堂分析"[①]的研究模式。他们主要运用定量研究和定性观察的研究方法，分别论述了课堂生活、课堂观察、教师的期望与学生表现的关系、避免课堂问题的方法、增强学生自我管理的能力和处理学生不良行为的策略、教师如何布置对学生有吸引力的作业与学校对增强课堂动机的影响、学生积极参与课堂讨论的问题等。可以说，这本书既是一个综合性课堂研究的方法指南，又是教师改进课堂教学、从事课堂研究的手册。

梅汉是利用人种志对课堂对话进行分析的典范，于 1979 年出版了著名的《学会教学》一书。梅汉将课堂教学中的对话单位分为三种，即教师提问、学生应答、教师评价。这样就构成了一个"三项式"的对话结构，即"提问—应答—评价"。通过课堂教学对话与一般对话的比较发现：在一般对话中是二项式的单位构成体现社会关系的对话方式，即提问与回答、获取与感谢、指示与应答等；而在课堂教学中是三项式的单位结构，正因为有评价这一因素的介入，使课堂教学对话形成了蕴涵权力关系的"提问—回答—评价"封闭系统。

美国社会学家科塞对课堂冲突进行了人种志研究。科塞认为课堂中的失衡性冲突主要由于学生对教师规范文化的怀疑直到否定教师权威的合法性引起的，也因此引发学生一系列情绪反应，如失望、否定、交涉、发泄等，而教师却会竭力维护自己，并努力说服学生，以实现课堂教学的文化整合。根据这些他对课堂中的三类文化冲突，即摩擦性课堂文化冲突、失衡性课堂文化冲突、对抗性课堂文化冲突等进行了分析和研究。

（二）课堂变革的研究

关于课堂变革的研究，主要以日本学者佐藤学与道川三郎、美国学者斯坦伯格（Steinberg）等为代表。他们都强调学生学习和研究之于课堂教学的重要意义，敏锐地意识到学校变革的"重镇"在课堂，课堂变革的核心在于学生，学生学会合作学习、自主学习是课堂变革的根本。

自 20 世纪 60 年代以来，西方教育科学领域发生了重要的范式转换：在实证主义影响下探究普适性的教育规律转向寻求情境化的教育意义。这种转换在教学领域也有更为突出的表现，其中日本学者佐藤学就是一位倡导新的研究范式的代表人物。他几十年来持续"教室之旅"，坚持与一线教师合作、进行课堂观察，

---

① 古德，布罗菲.透视课堂.陶志琼，译.北京：中国轻工业出版社，2013：4.

共造访各类学校 1000 多所，积累 8000 多项课堂教学案例[①]，形成了以"学校与课堂"为基础的行动研究，将微观叙事、课堂案例、参与观察等结合，构建了课堂研究的新范式。他认为没有以课堂为中心的改革，就难以有丰硕的教育改革成果。因此，他从"教室"的研究着手，认为没有哪一个教室会与其他教室有着相同的风景，世界各国的课堂正在发生静悄悄的革命，课堂变化的目标就要创建润泽的课堂，"师生都不受主体性神话约束，大家安心地、轻松自如地构筑着人与人之间的关系，构筑着一种基本的信赖关系"[②]。

日本学者稻川三郎在传统课堂教学的基础上提出重构"第三种课堂教学"。"第一种课堂教学"即以教师为中心的填鸭式的教学；"第二种课堂教学"即强调知识的灌输有所改观，表面上照顾到学生的学习兴趣和不同学习方式，而实质上仍然是由教师操控的、启发诱导式的教学。"今天，第二种课堂教学已经是过去的产物了，不管对它如何进行梳妆打扮，都无法适应现代社会飞速发展的需求了。"[③]因此，他倡导课堂教学要培养具有一定自主性、会学习的学生，使每一位学生都能动地参与学习，从学习经验中构建自己生命的意义。

美国学者斯坦伯格从学生的视角出发来创建有意义的课堂，反映出一种全新的知识观和学生观。这种观念使我们重新审视课堂教学。他在《学生作为研究者——创建有意义的课堂》一书中既进行理论的探讨，又给予案例的展示，为中小学教师、教师教育者、教学研究与管理人员，以及未来从事教师职业的学生提供了理解教育、认识学生、设计教学以及自我反省的思路和方法。

（三）课堂教学方法的研究

关于有效教学方法的研究主要有美国学者加里·鲍里奇（Gary Boridge）、苏珊·弗罗里欧（Susan Frorio）等人。他们主要通过质性研究方法展开有效课堂教学方法的研究，或者学科教学中某一具体问题的教学方法。

鲍里奇对课堂中有效的教学方法进行了持续研究。他基于一项历时 25 年的课堂教学研究，形成《有效教学方法》一书。通过课堂观察与描述，形成了较为成熟的教学方法即"理解课堂中的学生的方法、直接教学方法的策略、间接教学方法的策略、课堂提问的策略与方法、自主学习的教学方法、合作学习的课堂教

---

① 佐藤学.课程与教师.钟启泉，译.北京：教育科学出版社，2003：4.
② 佐藤学.静悄悄的革命——创造活动的、合作的、反思的综合学习课程.李季湄，译.长春：长春出版社，2003：26.
③ 稻川三郎.第三种课堂教学：培养会学习的学生.太阳舜，译.上海：上海人民出版社，2002：2.

学方法、课堂管理的方法、评估学习者的方法等"[①]。美国学者苏珊·弗罗里欧对一个班级进行了长期的课堂人种志研究，设计出学生情境写作教学方法。她基于对该班写作教学的社会观的描述和理解发现：学生写作困难的原因在于学生觉得无话可说，因此需要设计创造学生写作情境，使学生在情境中从事写作。她还发现：教师让学生尽情交流、更多地了解写作技巧、相互之间信件往来等是克服写作困难的有效方法。

（四）其他方面的课堂研究

除了上述课堂研究之外，还有进行的文化与教科书内容的研究，他们通过一项跨国实证研究发现：即使是在相同的教科书或相同的课堂指导方针下的数理学科，不同教育体制下的教学内容也有很大差异。他们认为造成迥异的原因就在课堂文化内源性差异，即教师、学生、社会文化在文化价值体系、文化资源、表意象征符号等方面存在的差异，对课堂教学内容理解上出现的冲突所致。

加里·比特（Gary Bit）与简·莱格西（Jane M Leggey）在《课堂中的技术应用》一书中，通过研究"学与教"来强调基于技术的教学。书中图文并茂地展示了课堂教学实践中的技术运用。例如绩效工具（文字处理软件、电子表格软件等）在教育中的应用，虚拟环境在未来课堂教学中的应用，以及相关课程网站、博客、社会网络等的应用。[②]

（五）对国外课堂研究的评价

西方研究者大都将课程与教学作为一个整体研究，深入课堂实践进行持续研究，具体表现在以下几方面。

1）在课堂研究的主体方面，有专业研究者、教师、管理人员，还有人提出以学生作为研究者建构有意义的课堂，意在培养学生的批判、反思能力，成为课堂的主体。一般认为课堂研究是大学教师、专业研究人员的事情，而"学生作为研究者"的观点意在使学生在学习过程中像研究者一样地去学习、思考和交流。但是，学生作为研究者的具体理论基础、具体方法措施等方面的内容仍然有待于进一步研究。

2）从课堂研究的对象看，包括对课堂行为的观察、描述和理解，对教学管

---

① 加里·D. 鲍里奇. 有效教学方法. 易东平，译. 南京：江苏教育出版社，2002：50.

② 加里·比特，简·莱格西. 课堂中的技术应用. 余泰，等，译. 北京：中国人民大学出版社，2011：2.

理策略的剖析，对课堂实录、课堂实例的呈现与反思，从不同学科视角对课程、教师、教学变革相关问题等的诠释、重建与反思，以及对课程与教学改革的国际比较等。由此可见，国外课堂研究对象涉及从微观到宏观的各个层面。但是，不同学科与课堂研究知识的融合是一个需要考虑的问题，例如课堂研究接受社会学、人类学、心理学等学科知识的条件分析，课堂研究对相关学科知识的选择等问题。

3）从课堂研究的方法与过程来看，有理论思辨研究、质性研究、量化研究，而且以质性研究与量化研究为主，尤其以质性研究为重。几乎每一个有代表性的研究者或者著述都以课例、案例、访谈、田野调查等一种或几种方法贯穿始终。从课堂研究的过程来看，诸多研究都是扎根于课堂实践的长期系统研究，有的多达几十年之久并取得丰硕成果，而且内容涵括课堂内涵、课堂形态、课堂类型以及课堂教学要素系统等诸多方面。但是，从国外课堂研究的过程或方法来看，需要研究者投入很多精力和时间，甚至需要倾尽毕生精力，研究过程或周期较长；而且需要不同研究者具有更为广泛的学科视角、具有跨学科知识。

4）从课堂研究的目的来看，总体来看其目的是扎根实践来探寻课堂现象及问题并服务于课堂实践的。无论是动态的课堂行为分析还是静态的课堂教学内容与社会文化关系；无论是具体的小学生写作还是整体的课堂学习变革等，其最终目的都是为了通过对课堂语言、课堂互动、课堂权力关系、课堂对话、课堂学习、课堂教学方法等课堂问题的呈现和研究，解释诸多课堂现象，揭示课堂问题存在的根源，发现课堂教学的实质，从而改进课堂教学，提高课堂教学的质量和效益。但是，最终课堂研究目的的实现还需要进一步研究如何使实践工作者将理论成果与课堂教学实践结合起来，增加对课堂教学的理解，从而提高课堂教学质量、改善课堂实践。

二、国内课堂研究的内涵及其研究状况

国内课堂研究相关内容的梳理，按照本体论—理论阐述—理论与实践的结合—实践改革这一主线展开，具体包括课堂研究的本体论探讨、课堂研究构成要素的理论研究、"课堂教学实验与改革"理论走向实践的系列研究、课堂教学改革的实践探索等。

（一）课堂研究的本体论探讨

传统的教学论，即理论教学论，主要指在我国形成的以理论思辨来研究教

学理论的旧教学论，主要特点是在"文本"中做研究，是理论的再研究；而课堂
教学论则是以研究教学现象及其规律为对象，主要特点是在"课堂教学实践"中
做研究，是通过实证研究获得资料并形成理论，即实践教学论。正是认识到教学
论研究中存在的问题，面对时代的需求，学术界发出了"重返课堂，面对实事"
的呼唤，走进课堂、研究课堂、反思课堂日益成为国内课程与教学论研究者关注
的热点。在此背景下，有研究者以教学实践中的现象与问题为研究对象，提倡以
课堂为研究田野，通过大量的课例研究，进行了"课堂研究"的系统探索，形
成了一系列论著，如王鉴教授的《实践教学论》《课堂研究概论》都是推动教学
论研究范式的转型，开创课堂研究新思路的佳作[①]；"课堂志""在这里、到那里、
回到这里"等研究方法与路径也产生了很大影响。此外，还有一批学者走进课堂
做研究并形成了某些研究成果，如《重构课堂》（郑金洲）、《课堂学习论》（陈时
见）、《课堂教学论》（袁金华）等。

1. 课堂研究的内涵

王鉴教授认为，"课堂研究"即"研究者深入教学现象发生与教学规律呈现
的课堂'场域'之中，综合地开展关于课程、教学活动、师生关系、教学方法、
学习方式、教学环境等研究活动的一种研究方式"[②]。该研究者是将课堂研究作为
一种综合性的研究方式来看待的，并认为与课堂的含义相对应也可以从三个方面
理解课堂研究：①对课堂教学环境、场所的研究；②对课堂教学活动的研究；③
对课程与教学"综合体"的研究。由上述概念可知，他在应然层面所言的课堂研
究的重心在第三种研究上，要求研究者深入实践"场域"进行课堂研究。课堂研
究的本质应该是在课堂实践中进行课程与教学相关问题的研究，而非仅仅对课堂
本身的研究。

2. 课堂研究的范式

有学者认为课堂研究范式是富有解释力地探究课堂理论的分析框架。"课堂
研究范式是课堂研究的模式、模型和图式，是进行课堂研究的思考方式和研究类
型。"[③]我国有研究者指出课堂研究的范式主要有"过程-成果范式、中介过程范

---

① 尹弘飚.重返课堂，面对实事——评《课堂研究概论》.教育研究，2008，（7）：110-111.

② 王鉴.课堂研究概论.北京：人民教育出版社，2007：123.

③ Shulman L S. Paradigms and research programs in the study of teaching：A contemporary perspective//
Wittrock M C. Handbook of Research on Teaching. New York：Macmillan，1986：3-36.

式和生态文化范式"①。在其看来，不同的范式有如下具体理解，"过程-成果范式"认为通过探究引起"成果"的"过程"，就可以按此规律进行有效教学。中介过程范式成为西方许多教学专业研究者遵循的范例，"走进课堂田野，收集丰富的过程性资料，走进教师与学生的思维与心中，而后通过扎根理论方式概念化其中的情景化或实践性理论，依此作为发展教学理论的基础"②。生态文化范式的基本旨趣在于通过对教学活动深描来揭示其中的权力关系及其来源，话语分析是其重要思想工具和方法，研究发现几乎所有的课堂对话都具有很明显的"三阶段"结构，即教师提问—学生回答—教师评价。

3. 课堂研究的方法

有研究者认为就具体方法来看，"课堂研究的质性研究方法有课堂观察、课堂话语分析、主客位研究、人种志、课堂志、微型叙事研究法、教学案例分析法、深描解释法、课堂写真等；而量化研究方法有弗兰德斯互动分析系统、课堂观察量表法、课堂录像分析法等"③。这些方法实现的路径主要有校本教研等。

4. 课堂研究的主体

有研究者认为，从当前来看，课堂研究包括教师、教研员与专业研究者等。然而，由于研究出发点、目的以及评价机制等方面的原因，课堂研究的不同主体尚处在各取所需的状态。例如，"主观臆想式的研究和书斋文献的研究在我国教学论研究中处于主流地位，教学实践工作者故事式的叙事研究乱象丛生"④。因此，课堂研究需要不同研究群体互助合作。由于课堂教学的复杂异变，只靠教师个人的观察和反思是难以进行有效的课堂研究，还需要和其他研究人员合作，逐步形成双重角色：作为教学的组织者和教学的研究者，从而立足于现实问题，提高课堂教学的质量和效益；教研员要发挥"中介"作用，促进理论与实践之间的转化；专业研究者要以课堂实践中的问题为对象，深入课堂实践中，认识和把握课堂实践问题。因此，不同群体在课堂中做研究、在创新教学理论和变革教学实践方面进行通力合作，将成为我国学者研究课程与教学的一个重要取向。

---

① 赵明仁. 课堂研究的理论反思：范式的视角. 教育研究，2013，（11）：96-99.
② Fenstermacher G D，Soltis J F. Approaches to Teaching. New York and London：Teachers College Press，2004：1-4.
③ 李泽林. 课堂研究方法：基本范式与路径嬗变. 教育研究，2013，（11）：99-103.
④ 安富海. 课堂研究的形式：从各取所需到通力合作. 教育研究，2013，（11）：103-106.

5. 课堂研究的价值定位

课堂研究的主体包括专业研究者与实践工作者，双方应该具有共同的研究对象并以改善课堂实践为最终目的。但实际上前者的落脚点在构建理论，后者的落脚点在改善课堂实践。而"课堂研究的价值不仅在于为原创性教学理论提供源头活水，而且在于以理论创新推动课堂教学实践的变革"[①]。也就是说，课堂研究最终要实现课堂实践的变革，同时也应该注重理论的建构与创新，但理论创建最终还是为改善课堂实践服务。

（二）课堂研究构成要素的理论研究

1. 课堂及课堂类型的研究

有学者认为课堂可理解为：教室，课堂教学活动，课程与教学的综合体。[②]正是因为课堂作为教学场所承载着课堂内一系列教学事件以及教学参与者与教学事件的相遇，而使课堂在具有物理空间属性的同时，也使其具有了时间属性和社会属性。[③]目前对课堂内涵的认识主要有场所观、活动观、综合体观、共同体观、生命体观等[④]。随着基础教育新课程改革的推进，新的课堂类型的探索逐渐进入人们的视域，如生态课堂、"翻转"课堂、优质课堂、学生中心课堂、绿色课堂、进步课堂等。

有些学者从生态学的视角考察课堂。如李森认为，"课堂是由教师、学生、教学事件和环境组成的特殊生态系统，课堂是一个具有整体性、协变性和共变性特征的有机体"[⑤]。孙芙蓉全面分析了课堂生态研究的几个问题，包括课堂生态研究的定位、对象、方法、发展方向等[⑥]。洪蕻在"天人合一"和谐教学观下探索课堂生态[⑦]。杜丽亚以生态学理论为指导，主要采用质性研究方法，对中小学生态课堂进行了现实考察，建立了中小学生态课堂的基本标准等[⑧]。

有研究者从教育技术学视角展开探讨。何克抗认为，"翻转课堂"对我国而言，既有积极作用又有挑战，"基础教育跨越式发展创新实验研究与翻转课堂有

① 王鉴，宋生涛.课堂研究价值定位：以理论创新推动实践变革.教育研究，2013，（11）：92-95.
② 王鉴.课堂研究概论.北京：人民教育出版社，2007：59.
③ 魏宏聚.场所、事件与社会：课堂属性的多维解读.教育理论与实践，2010，（10）：23-25.
④ 陈卫东.教育技术学视野下的未来课堂研究.上海：华东师范大学，2012.
⑤ 李森.论课堂的生态本质、特征及功能.教育研究，2005，（10）：55-60.
⑥ 孙芙蓉.试论课堂生态研究的几个基本问题.教育研究，2011，（12）：59-63.
⑦ 洪蕻."天人合一"和谐教学观下的课堂生态研究.长沙：湖南师范大学，2013.
⑧ 杜亚丽.中小学生态课堂的理论与实践研究.长春：东北师范大学，2011.

着异曲同工之妙，要实现中国本土的'翻转课堂'的成功就需要课堂教学结构的根本变革"[①]。杨满福和焦建利借助"大数据"研究教学的新范例，认为"慕课"促成了全球化"大课堂"的形成并揭开了"大教学"的序幕。[②] 还有预言"未来课堂是高科技的、高互动的、智能的、舒适的等"[③]。诸如此类的课堂类型的出现不是偶然的，现实教学中有其诞生的"土壤"，也有其产生的实践价值。正是认识到传统"知识课堂"中"重理论、轻实践，重理性、轻感性，重结论、轻过程"[④]的弊端，才会出现种类繁多的趋势、富有个性色彩的课堂类型的探讨，对"生命课堂""生本课堂"的向往，对未来课堂可视化教学的关注，倡导"将课堂看作师生双方交往互动的舞台，反思教条化、静态化、模式化课堂的痼疾，关注学生的生活世界、生命价值、生存方式"等[⑤]。

还有研究者以"优质课堂"涵括新式课堂，分析优质课堂的内涵、特征、价值与发展等。如赵冬臣对小学数学优质课堂特征的分析发现，"不同年代的小学数学优质课共性与差异并存，启发我们关注教学的文化特性，教学改革的渐进性，反思教学实践的必要性，教学改革的'最近发展区'"[⑥]。纪德奎探讨了课堂优质化的变革与重建，认为"课堂优质化是一种课堂形态、一种课堂理念和一种课堂境界；基于原有课堂，遵循课堂优质化标准框架，借鉴学习型组织理论，重新确定了以生为本的建设基点，以服务、质量、长效和发展为建设取向"[⑦]。

由文献分析可知，多数学者根据一定时期的教育趋势，进行"理想课堂"的憧憬。这些"标新立异"的课堂类型的出现，一方面体现了教育者积极的课堂研究与创新意识，另一方面也提醒我们必须思考这些研究的个性特色、构建意义及其问题。研究发现，当前课堂类型建构中明显存在着"亦步亦趋式的研究、跟风追潮式的研究、新课改情结的研究、缺乏实证的研究"等问题[⑧]，这就要求我们要立足于课堂、采用适合的研究方法和视角进行课堂类型建构的合理定位和反思。

---

① 何克抗.从"翻转课堂"的本质看"翻转课堂"在我国的未来发展.电化教育研究，2014，（7）：5-16.

② 杨满福，焦建利.大教学、大数据、大变革——edX首门"慕课"研究报告的分析与启示.电化教育研究，2014，（6）：34-37.

③ 陈卫东.教育技术学视域下的未来课堂研究.上海：华东师范大学，2012.

④ 余文森.试论传统课堂教学的特征及弊端.教育研究，2001，（5）：50-52.

⑤ 郑金洲.重构课堂.华东师范大学学报（教育科学版），2001，（3）：53-63.

⑥ 赵冬臣.小学数学优质课堂的特征分析.长春：东北师范大学，2012.

⑦ 纪德奎.变革与重建：课堂优质化建设研究.兰州：西北师范大学，2008.

⑧ 陈晓端，毛红芳.近年来国内课堂类型建构研究的回顾与反思.当代教育与文化2011，（7）：59-64.

2. 课堂教学行为研究

有学者在 20 世纪 90 年代呼唤课堂要焕发生命活力，标志着我国的基础教育课堂教学改革进入了一个新阶段。21 世纪以来，新课程改革更加促使教师的课堂行为以及由此引起的师生课堂行为反应受到更多关注，认识到课堂教学必须由以"'知识'为中心转向以'人'为中心"[①]，"建构学习中心课堂"[②]。课堂教学行为"是一个由行为动因、目的、过程和结果相互作用、相互影响而成的、为教师教学行为和学生学习行为所统摄的多层次结构系统"[③]，不同研究者从社会学、语言学、教学论体系、学科教学等视角进行相关研究，集中体现在课堂权力、课堂话语、课堂交往互动等方面。

当诸多学者将社会学"目光"投向教育时，教育自身的社会系统，如教师、学生、学校、班级、课程、课堂教学等便具有了另一双眼睛看教育的"社会色彩"。有学者对课堂教学进行系统研究发现，"课堂社会中存在着特殊的社会角色，特殊的社会文化，特殊的社会行为，特殊的社会模式"[④]；也有学者认为，"教学活动具有社会性，教学交往是其社会性的外现，课程是教学活动社会性的内隐表达"[⑤]。还有研究者聚焦于特定课堂社会行为——控制与自主，透过"权力的眼睛"来考察课堂控制与学生自主问题，从中发现课堂教学权力系统的控制功能和自主价值，并提出控制和自主双重视野下的课堂教学权力系统的实践逻辑。[⑥]这种社会学视域下的微观课堂研究，使我们发现了课堂现象的新内涵，意识到了看似平常实质存在着诸多问题的课堂行为，也有了解决课堂"顽疾"的新思路。

有研究者从语言学角度，以"课堂话语"为对象展开研究，涉及话语权、话语霸权、话语理论、话语运作、话语模式以及课堂话语研究取向等。主要包括从社会学视角对课堂语言交往的研究，对教学话语与师生理解的研究，对课堂话语分析的研究，对课堂教学中教师话语权的系列研究，以及对课堂话语研究的反思、展望等方面。如刘云杉和吴康宁发现："在我国小学课堂中，师生言语交往较多；生生言语交往比重较少，且在师生言语交往中多处于被动地位。"[⑦]石鸥认为，"教学话语的形式带来意义的瞬间生成及不可重复性，也因此带来了永恒的

---

① 李桂荣，许金梅．新课程平台上重塑课堂教学艺术理念．教育科学，2004，（3）：40-42.
② 陈佑清．建构学习中心课堂——我国中小学课堂教学转型的取向探析．教育研究，2014，（3）：96-105.
③ 张建琼．课堂教学行为优化研究．兰州：西北师范大学，2005.
④ 吴康宁．课堂教学社会学．南京：南京师范大学出版社，1999：2-4.
⑤ 郭华．教学社会性之研究．北京：教育科学出版社，2002：3.
⑥ 李松林．控制与自主：课堂场域中的权力逻辑．北京：教育科学出版社，2010：2.
⑦ 刘云杉，吴康宁．学生课堂言语交往的社会学研究．南京师大学报（社会科学版），1995，（4）：56-60.

理解的差异；正是教学话语的三维结构、双重功能和双主体，使理解多元化，又使正确理解产生困难"①。钟启泉认为，课堂教学是一种沟通的过程，而"沟通理性"则是话语分析的基点②。黄伟立从语言学话题、话轮、话权三个基本维度进行常态课观察后发现：课堂教学的话语主要是问答，教师是推动对话、维持对话的主导者，教师具有"掌控权""移交权""获取权"，学生自主性并没有得到充分的体现③。安桂清认为，"对于我国的课堂话语研究来说，只有从研究视角、研究内容和研究方法上谋求突破，才能开创课堂研究的新局面"④。

有研究者进行教学论体系自身的探究，认为"教学对话之'道'具有特殊性。其对话的主体不只是师生，它以'对共同课程或教学内容的不同认识程度或水平'为条件的，教学对话是方法与过程而不是目的和定式"⑤。课堂教学具有一种"交往–对象性"的活动结构，"交往只是教育或教学活动中的一个部分、一种条件，而不是全部；交往之外还有学生独立自主进行的对象性活动"⑥。有学者采用课堂观察与录像法，对比研究发现，"专家教师与非专家教师的课堂对话方式之差异，在于由学生还是教师来质疑、解释与评价"⑦。从一定意义上说，"课堂教学"作为基本组织形式，就是为开展对话活动而组织的，理想的课堂原本应是互动的、知性灵动的天地。也有学者探讨了课堂中教育机会平等的文化，认为课堂师生互动存在着对象和方式的差异，还有研究者从课堂话语、课堂管理、课堂控制等的研究揭示课堂权力关系，权力的运作影响课堂实践中的各种教学因素及其关系，其中学生自主性与课堂控制的矛盾关系最为典型。可以说，课堂控制与学生自主问题是课堂教学领域中的一大难题，也是课堂教学研究、反思与重建的重要源头。"课堂教学权力系统所具有的肯定与限制、保障与约束等二重性，决定了它是分析和解决课堂控制与学生自主问题的根本标准，也为两方面的实现创造了可能性。"⑧考察不同课堂中的权力运作形式也使我们认识到课堂控制有其存在合理性，但是只有重视权力的生成和共享，才能够协调好学生自主性与课堂控制之间的关系。

① 石鸥.试论教学话语与师生理解.湖南师范大学社会科学学报，1995，（6）：72-77.

② 钟启泉."课堂话语分析"刍议.全球教育展望，2013，（11）：10-20.

③ 黄伟.教学对话中的师生话语权——来自课堂的观察研究.教育研究与实验，2009，（6）：41-44.

④ 安桂清.话语分析视角的课堂研究：脉络与展望.全球教育展望，2013，（11）：21-28.

⑤ 杨启亮.教学对话之"道"的特殊性.教育研究，2013，（7）：81-87.

⑥ 陈佑清.论教育活动的交往—对象性活动结构——兼与教育"交往论"者商榷.教育研究与实验，2001，（3）：12-16.

⑦ 李琼，倪玉菁.小学教学课堂对话的特点：对专家教师与非专家教师的比较.课程·教材·教法，2007，（11）：36-40.

⑧ 李松林.控制与自主——课堂教学的权力品性研究.教育学报，2006，（6）：79-83.

此外，还有研究者立足于不同的学科进行课堂教学行为研究。如刘兰英以上海市 Y 小学 10 位数学教师作为研究对象，"通过质性研究与量化分析相结合的研究方式，进行 Y 小学数学课堂中师生对话的个案分析，解读其具体特征"[1]。邢秀凤从三个方面来认识语文教学的本色，并探讨课堂对话的策略与实施[2]。叶立军对 6 位优秀教师、8 位新手教师 14 堂课堂教学录像进行比较研究数学教师课堂教学行为，发现"新手教师与优秀教师在关注学生知识掌握程度、追问语言、教学反馈行为方面都存在一定差异"[3]。

3. 有效课堂教学研究

在有效教学理念的影响下，有学者针对师生感到教与学又苦又累问题，提出要"构建一种分析框架来衡量是否进行了有效教学，并将学生发展作为教学效益的唯一指标"[4]，教学的有效与否不是靠教师教的认真与否来衡量，而是以学生学得好坏来评价其高效、低效或无效。他认为这种有效教学策略可以通过课堂观察来考量，并建构了包括"4 个维度、20 个视角和 68 个观察点的观察框架"[5]。叶澜教授也以"什么样的课才算是好课"为主题展开探讨，认为"扎实、充实、丰实、平实、真实"[6]的课就是一堂好课，因为任何课堂都不是尽善尽美的，有缺憾的课堂才是真实的课堂，而那种看似"完美"的课堂实质上却是掩盖着问题的课堂。柳夕浪在研究了国内外课堂教学有效性问题后，提出课堂有效教学的基本准则，即"根据教学结果、学生行为、教学行为本身的规范来评估教学的有效性"[7]。王鉴教授还提出了有效教学的课堂志研究，并探讨了有效教学设计、实施和评价策略。在有效教学思想的影响下，我国一批学者积极投入到课堂观察研究中，如姚利民博士运用文献法、历史法、逻辑思维方法、发生学方法、系统科学方法、问卷调查法和统计分析等研究方法对有效教学进行了系统研究[8]；孙亚玲用抽样、录制实况、观察实况录像等方法，建构了课堂教学有效性标准的框架，并进行证明和展望[9]；也有研究者对有效教学的异化提出质疑，认为教学改革不

① 刘兰英. 小学数学课堂师生对话的特征分析：上海市 Y 小学的个案研究. 上海：华东师范大学，2012.
② 邢秀凤. 回归语文教学本色的课堂对话策略及实施. 教育研究，2013，（3）：112-119.
③ 叶立军. 数学教师课堂教学行为比较研究. 南京：南京师范大学，2012.
④ 崔允漷. 有效教学：理念与策略（上）. 人民教育，2001，（7）：46-47.
⑤ 崔允漷. 论指向教学改进的课堂观察 LICC 模式. 教育测量与评价，2010，（3）：4-8.
⑥ 叶澜. 扎实、充实、丰实、平实、真实——"什么样的课算一堂好课". 基础教育，2004，（7）：13-16.
⑦ 柳夕浪. 课堂教学临床指导. 北京：人民教育出版社，2003：28.
⑧ 姚利民. 有效教学研究. 上海：华东师范大学，2004.
⑨ 孙亚玲. 课堂教学有效性标准研究. 上海：华东师范大学，2004.

能止于有效教学，教学的核心应该是学生的学习①；一些中小学也结合本校实际情况进行了不同学科的课堂观察研究。

4.课堂教学生活研究

20世纪90年代，"生活世界"的概念和理论进入教育学研究领域，一些研究者较早关注到生活世界理论。有学者认为，当今中小学课堂"由于功利化和物化的教育观，使学生的生活世界脱离现实而偏重书本，难以建构学生完满的生活世界"②；现实教学生活往往呈现出"日常化"倾向，出现了"教学生活空间的'异化'"③和教师教学生活的异化，"日常教学生活的惰性和经验主义的思维方式与活动图式使教学活动呈现出经验化、习惯化和常识化的倾向，从而遮蔽了教学个性的生发"④，因此，有人提出"要救赎教师生活、学生生活和师生共同生活，让教育生活更完满幸福"⑤。然而，我们应该认识到课堂生活是一种专业的生活世界，完整的课堂生活应包括"课堂日常生活、现实生活与课堂专业生活"⑥；而且在平常而复杂的日常课堂生活中在发生着深层的悄悄变革，需要借助于课堂田野，"厘清日常课堂教学中教师、学生的生存状态及其建构教学生活的方式，以及自我建构的实现途径"⑦。既然教育与生活难以简单地归结为"回归"的关系，课堂教学是"一种非日常化的、具有特殊性的生活形态"⑧，我们就要进一步"反思教学世界与教学生活的关系、理性对待'教学回归生活'的口号"⑨，利用"教师教学生活的智慧"⑩，在关爱人、发展人的基础上建构教学生活，"实现关注生命、关注生活、丰富教学活动方式、重视教学情景课堂教学生活的重建"⑪，并将不同学科与生活世界关系结合起来，进一步探寻学科课堂生活，如数学课堂上实现数学教育与生活世界沟通的策略，包括数学知识生活化和生活世界数学化。

---

① 成尚荣.教学改革绝不能止于"有效教学"——"有效教学"的批判性思考.人民教育，2010，（23）：36-40.

② 郭元祥.论课堂生活的重建.教育研究与实验，2000，（1）：26-29.

③ 罗儒国.教学生活空间异化现象透析.教育发展研究，2010，（10）：10-15.

④ 李德林.教学个性研究.济南：山东师范大学，2010.

⑤ 许新海.教育生活之危机与救赎——通过新教育走向新生活.苏州：苏州大学，2009.

⑥ 王鉴，王俊.课堂生活及其变革研究.课程·教材·教法，2013，（4）：26-31.

⑦ 郭华.静悄悄的革命：日常教学生活的社会建构.北京：北京师范大学出版社，2003：1.

⑧ 牛利华."回归生活世界"思潮的教育学省察——兼论教育与生活的关系样态.长春：东北师范大学，2007.

⑨ 张广君等.教学生活：建构有灵魂的科学世界.高等教育研究，2006，（5）：68-72.

⑩ 刘徐湘.论教师教学生活的智慧——一种形上关怀.重庆：西南师范大学，2005.

⑪ 刘旭东.教学生活批判与重建.华东师范大学学报（教育科学版），2010，（3）：25-30.

5. 课堂教学评价研究

随着教学理论研究的不断深化以及教学实验的不断进行，尤其是新课程改革的实施，课堂教学评价日益受到关注。一些学者围绕课堂教学评价的内涵、作用、原则、理念、价值取向、体系标准、方法等展开探讨，发现课堂教学评价仍存在"评价主客体单一性、评价方式比较传统、限于浅层次评价"[①]等问题；而且量化取向的教学评价无法兼顾教学的整体性与发展性，无法发挥评价的发展性功能；课堂教学评价研究有余而诊断改进不足等。面对这些弊端和局限性需要探寻促进学生发展的课堂教学评价，建立主体性教学评价标准与发展性课堂教学评价指标体系，从而重建课堂教学评价标准体系。例如"新基础教育"就是在教学实践与教学研究的全过程进行课堂教学评价改革，并发挥了课堂教学评价的应有促进作用。

6. 课堂教学研究的回顾与反思

进入 21 世纪以来，诸多学者对我国课堂教学相关研究进行了回顾、反思或前瞻。这些研究或纵观国内研究进程或进行横向的国际比较，最终目的都是在梳理历史、分析现状的基础上，反思或展望发展趋向或路径。如通过对话教学研究的十年回顾发现，"我国关于对话教学的研究成果丰硕，包括内容、含义、本质、理论基础、形式、意义、运用与建构诸方面；但尚存在概念含糊、重引进轻消化、重理论轻实践、研究视野狭窄等不足；未来研究的重点在于廓清基本问题、建构本土化理论、开展多学科整合研究"[②]，也有研究者针对新世纪以来各国掀起的教学改革高潮，对我国教学研究的功能和价值进行分析和检讨，认为"丰富教学理论与改进教学实践的双重功能与满足不同利益主体诉求的价值。新世纪我国教学研究的重点在于关注实践、加强教师培训、开展教改实验等"[③]。

总体来看，有研究者认为我国课堂教学研究经历了三个阶段，"追求课堂教学的完整性和规范性——探讨课堂教学的多种属性、多重过程、多重意义和内在规律——学生的学习与发展"[④]。尤其是 21 世纪以来在新一轮课程改革的推进下，进行课堂教学研究的人员日益增加，内容不断丰富，方法日趋成熟，理论逐步完

---

① 赵明仁，王嘉毅.促进学生发展的课堂教学评价.教育理论与实践，2001，（10）：41-44.
② 肖正德.我国对话教学研究十年：回顾与反思.高等教育研究，2006，（4）：68-73.
③ 王嘉毅.教学研究的功能与价值——兼论新世纪我国教学研究的重点与方向.西北师大学报（社会科学版），2002，（5）：19-21.
④ 李松林.课堂教学研究二十年：回顾、反思与重建.教育理论与实践，2008，（11）：37-40.

善，"形成了不同的研究流派，并表现出一定的发展共势"①。每一阶段的课堂教学研究都与社会发展与教育改革有着密切的关系，这些研究既促进了我国课堂教学理论的改造与建构，也推动了教学改革的深入。当然，这些研究也是我国课堂教学研究历程中的一个个"坐标点"，只有立足于社会发展、课堂教学发展和人的发展，才是我国课堂研究视野、主题和方法确立的基石。

（三）"课堂教学实验与改革"理论走向实践的系列研究

1. 裴娣娜教授主持的课堂教学改革研究

20世纪80年代初，我国有学者提出"学生是教育的主、客体"的重要观点，引起学界的广泛讨论。到80年代末开始在教育基本理论层次上进行理论思考的历程，逐步形成了主体教育思想。从90年代初，裴娣娜教授开始进行主体教育实验研究。其目的在于探索中国教育的现代化发展及中国人现代素质提高的现实路径，力图进行理论基础—理论建构—实践探索三个层面的研究。

该研究主要包括主体教育的界定、理论建构及其方法论特点等三个方面的问题，大概经历四个阶段的发展历程："第一阶段：形成理论构思及低年段实验阶段（1992—1996年）；第二阶段：延伸扩展阶段（1997—2001年）；第三阶段：专题研究阶段（2001—2005年）；第四阶段：全面发展阶段（2006年至今）。"②课堂教学中主体性教育思想得到进一步发展，"形成了发展性教学策略体系的形成；探索出集体教学、小组合作学习及个别辅导相结合的新教学形式；探究了主体性发展的有效课堂教学基本特征及其评估"③。该研究产生了很大影响，成为颇具影响的"主体性教育实验"与课堂教学改革研究。④

2. 叶澜教授主持的重构课堂教学研究

20世纪末，针对我国教学理论的实践乏力问题，叶澜教授基于对教育基本理论的反思与对时代精神的把握，在社会与人的关系上，理论与实践之间的关系上，在中国教育价值取向等方面都进行了研究。

"新基础教育"这一概念由叶澜教授最先提出，其"新"的内涵包括研究目的、性质、路径等方面。"新基础教育"实践研究中以课堂教学和班级教育的活动模

---

① 王鉴. 我国课堂教学研究的理论及其发展共势. 中国教育科学，2013，（4）：117-148.

② 裴娣娜. 主体教育实验的实践探索. 基础教育课程，2009，（z1）：110-112.

③ 武思敏. 主体教育的理论与实验——访北京师范大学裴娣娜教授. 教育研究，2000，（5）：50-54.

④ 裴娣娜. 现代教学论（第3卷）. 北京：人民教育出版社，2005：1-40.

式建构为重点。选择语数外三门课程作为课堂教学新模式探索的重点，"因为这些课程是学校的基础性课程，且其课堂教学是'应试教育'的'重灾区'，这些课程所呈现的课堂教学改革更有说服力"①。在班级建设新模式中以"把班级还给学生"来体现改革探究的重点，要求教师在"还"字上做文章。通过三个阶段的研究，"新基础教育"取得了丰硕的理论成果和实践影响：创建了"生命·实践教育学派"，引领 100 余所中小学参与并形成了课堂教学新形态。

　　总体来看，在变革时代，课堂教学实践变革亦是时代所需。以上述两例为代表的课堂教学实验改革在教学价值观、教学过程观等方面都发生了明显的变化。尤其是新一轮基础教育课程改革实践中更是生成了许多新的观念和举措。"学校是教改中心和科学探究中心，教室是实验室，课程是经验，教材是范例，教学是对话、交流与知识建构的活动，教师即研究者，学生是知识的建构者，家长是教育伙伴"②等诸如此类的实践改革对教学理论和教学实践都产生了巨大的冲击力，也提供了教学实践与教学理论相结合的典范，并为课堂研究的实践路径提供了参照。

（四）"课堂教学改革"的实践探索

1. 以"情境教学"为代表的课堂教学改革

　　李吉林教师从 1978 年语文学科的"情境教学"起步，创造性地构建出了一个充满本土气息和时代精神的教学理论与实践的体系——情境教学，并进一步开始了由情境教学向情境教育的开拓和探索。基于"对教学本质和语文学科性质的重新认识，重构了语文学科的教学过程与策略"③，并逐渐将其推及其他学科和课外活动。通过变革性实践的探索，构建了情境教学的一整套操作模式和要义。情境教学的探索经历了四个阶段："创设情境，进行片断语言训练；带入情境，提供作文题材；运用情境，进行审美教育；以及凭借情境，促进整体发展。"④

2. 以"先学后教"为代表的课堂教学改革

　　20 世纪 80—90 年代，以洋思中学和杜郎口中学为代表的农村薄弱学校，在面临严峻考验时求思、求变而进行课堂教学改革。例如，洋思中学创立了新的教

① 叶澜，李政涛，等. "新基础教育"研究史. 北京：教育科学出版社，2010：20.
② 杨小微. 现代教学论. 太原：山西教育出版社，2010：408.
③ 裴娣娜. 基于变革性实践的创新——对李吉林情境教育思想的再认识. 课程·教材·教法，2009，（6）：12-16.
④ 田慧生. 情境教学——情境教育的时代特征与意义. 课程·教材·教法，1999，（7）：18-21.

学模式，即"先学后教、当堂训练"。该模式分为三个阶段：先学（15 分钟）—后教（10 分钟）—当堂训练（15 分钟）。他们坚信"没有教不好的学生"，坚持做到堂堂清、日日清、周周清。

随着学校自下而上的课堂教学改革的开展与发展，其改革经验受到广泛关注，教育界对这种课堂教学模式进行了大量的介绍、研究与反思。有的对其进行理论解读，包括建构主义理论、结构主义教学理论、后现代主义课程观等，认为它"创立和形成了一套以学生为中心的课堂教学模式和程序，极大地调动了学生学习的主动性、积极性"[①]；同时也不乏评价与反思的声音，认为这些教学模式需要完善和发展，要解决好求知欲和表现欲的关系，学生自主学习与合作学习的关系以及与教师指导的关系等问题。

总体来说，来自实践工作者的课堂教学改革为"教师即研究者"提供了有力的证据，也为一线教师从事课堂研究提供了典范。这些实践改革或者形成了某种教学、教育理论，或者产生了较大的社会影响。

（五）国内相关研究的述评与启示

从总体上梳理现有文献发现：以"课堂研究"为对象的本体论探讨很少；以"课堂研究"为构成要素的研究占据很大比重，即以课堂、课堂教学行为、课堂教学中的师生关系、课堂教学生活、课堂教学活动等的研究较多；专业研究者走向实践的系统研究也较少，只有那些有机会参与课程与教学改革的研究人员才有机会关注教学实践，或者在一些硕士博士论文中由于研究方法需要，在一定程度上体现对实践的关照；在实践领域自发进行的、成体系的研究更少。具体分析如下。

1. 研究主体

当前"课堂研究"的相关研究，其主体构成以专业研究者为主，也有教研员与教师。从其现有成果看，专业研究者所占份额较大，发表的刊物级别较高，且以论断式的思辨研究居多、深入课堂的较少。教研员通常注重对教研工作的指导、监督和评价，所以大多是对其进行综合评价、反思或回顾。教师主要是基于学科教学经验的总结，往往以微观的课堂实际问题或行为展开，大多数是一种事实呈现或者描述的故事性叙事研究，结合操作性较强、少量的反思或策略建议等，虽然在尝试进行课堂研究，但往往感到束手无策。这一现象也正说明了"教师即研究者"的必要性，专业研究者与实践工作者改变松散的研究、形成研究共

---

① 余文森.深度解读杜郎口.基础教育课程，2010，（10）：26-31.

同体的重要性，以及形成"实践反思—同伴互助—专业引领三维立体"①的课堂研究模式的迫切性，更证明了本书的价值所在：促使专业研究者深入课堂做研究，将"知"与"行"、"理论"与"实践"结合起来，使专业研究者成为"熟悉课堂的专家"、教师成为课堂教学研究的"行动者"，从而踏上课堂研究的"归去来兮"之路。

2. 研究对象

从现有文献来看，课堂研究的对象多为课堂教学、课程改革、教学改革等较为宏观的问题，进行思辨研究后得出理论化、抽象的结论。因此，在当前课堂研究对象方面还存在着"对课堂实践问题关注不足""综合研究不足"等问题，正如有研究者所言："我们已有丰富的教学论著作，但大多只是从某一侧面或层次切入，各自强调一个侧面，或认知，或策略，或行为控制，或情感、人际关系、人格发展。这一切都有助于我们认识课堂教学，但我们依然缺乏对'课堂教学'作为一个整体的、师生交互作用着的动态过程的研究，缺乏整合，缺乏对课堂教学的理性认识。"②

3. 研究过程与方法

国内相关研究大多是"解构式"的研究，即将课堂要素教师、学生、教学原则、教学方法、教学内容、教学组织形式等分解开来，分别进行研究；且又多为"散点状"或"论断性"的思辨研究，包括理论思辨、历史研究、经验总结等。有少数研究者立足不同的学科视角或扎根课堂实践进行系列性研究，主要采用案例研究、田野调查、观察、访谈等方法，对课堂进行深入、细致、长期的观察和体验，并对课堂现象和问题进行比较全面的解释性理解。也有少数研究者采用量化研究或混合式研究，包括调查、实验、统计分析等，对课堂中可以量化的部分，如教师与学生的行为进行了词频、时间、相关比例等统计，但是，量化研究过程的规范性、数据分析的深度等也有待加强。总之，书斋文献式的理论研究与故事式的叙事研究是当前专业研究者与实践工作者的主要研究方式，量化研究、质性研究以及混合研究方法，在课堂研究领域尚处于起步或初步发展阶段；而既注重课堂事实研究和师生课堂的可能生活的建构，又注重课堂价值研究和元研究的整体"建构式"研究尚未形成。这正需要研究者走向课堂"田野"，通过观察、描述、判断、解释等获取原始资料，使课堂研究呈现出实践活力和理论深蕴。

---

① 王鉴，王泽林. 教师研究课堂：意义、路径和模式. 教育研究，2008，（9）：87-91.
② 叶澜. 让课堂焕发出生命活力——论中小学教学改革的深化. 教育研究，1997，（9）：3-7.

4. 研究目的

　　相当一部分专业研究者进行课堂研究的目的是为了基于"文本"验证已有理论，对已有理论进行批判、反思进而完善或发展该理论，或者提出、描述、建构一个新理论等，其落脚点在于理论，即为了"理论建构"。而实践工作者多数是基于课堂教学实践经验，最终为了完成教学任务，提高课堂教学质量，其落脚点在实践。只有个别研究者是基于实践改革进行持续研究，进而从整体上提升课堂教学，并上升到理论的高度，形成新的课堂理论。由此可知，不同研究者及其目的仍然不是一致的。专业研究者"以建构新的理论为目的，也是无可非议的"[①]，但是，理论最终价值在于实践，没有实践价值的理论是没有存在意义的，脱离了教学实践的教学理论是缺乏生命力的，远离教学实践的理论是缺少发展源泉的，因此，专业研究者与实践工作者要走向通力合作，走向目的交融，即走进课堂教学，创新课堂教学理论，变革课堂教学实践。这就需要课堂研究者要改变"各取所需"的状态，共同关注课堂中存在的实际问题，进行"课堂问题研究"，从而实现课堂研究的最终目的。

第三节　构思与方法

一、研究思路

　　本书以"课堂研究"这一概念界定为中心展开相关问题的探讨：课堂研究的概念、主体、对象、方式与过程。运用相关研究方法，每一个方面都从应然层面和实然状态进行论述和呈现，通过比较发现其中存在的问题与不足，进而提出转换、整合的路径或基本发展趋向。

（一）梳理与诠释核心概念"课堂研究"

　　在已有研究的基础上，进一步认识到"课堂研究"既是一种研究活动，又是一种研究方式。它是指专业研究者和实践工作者深入课堂实践，综合地开展关

---

① 叶澜.思维在断裂处穿行——教育理论与教育实践关系的再寻找.中国教育学刊，2001，（4）：1-6.

于课程、教学活动、师生关系、教学方法、学习方式、教学环境等一系列研究活动，以及对在此过程中发现的课堂实践中的问题开展持续研究的一种研究活动及其方式，即课堂研究是一种源于课堂、关于课堂、为了课堂的研究。在此基础上对"课堂研究"的近似概念、特征与目的进行论述和剖析。

（二）围绕课堂研究的主体构成展开剖析与论述

基于对专业研究者与实践工作者历史关系的梳理，探寻双方作为课堂研究主体的理论依据与现实需求，并分析两类研究主体关系对于课堂研究的重要性。然后，利用文献计量学中的内容分析法，以中国知网收录的"课程与教学理论"研究的文献数据内容为分析对象，对课堂研究的主体进行作者词频分析，得到相关作者词频知识图谱。根据图谱呈现来剖析专业研究者与实践工作者作为研究主体的状态；通过访谈法、案例分析法与对比分析法进一步分析两类研究主体交往状况。通过上述这两个方面的研究，梳理并总结他们在课堂研究中存在的问题，进而在正视他们差异的基础上提出促使双方相互影响与转化的策略。

（三）围绕课堂研究的对象进行研究

在课堂研究对象的应然分析中，从课堂研究对象的检视与厘定开始着手，提出以"课堂实践中的问题"作为研究对象的必然性，并分析课堂实践中的问题所具有的特性、分类及其意义。在此基础上利用文献计量学中的内容分析法，以中国知网收录的"课程与教学理论"研究的文献数据内容为分析对象，对课堂研究的对象进行关键词词频分析，得到关键词词频知识图谱，根据图谱剖析专业研究者与实践工作者各自在课堂研究对象的认识与把握方面的现状。通过访谈法、案例分析法与对比分析法，进一步阐释和证明课堂研究对象及其认识与把握方面存在的问题，在对此进行批判性反思基础上，提出课堂研究的对象认识与把握需要从哪些方面进行转换。

（四）具体呈现与分析课堂研究的方式

这一部分主要通过访谈、案例分析与对比分析具体呈现与分析课堂研究的方式，探寻两类研究主体各自采用的研究方式的偏好及其存在的问题；基于此对不同的研究方式进行批判性反思，提出不同研究方式的整合路径及其相关保障。

（五）分类呈现并探索课堂研究的过程

课堂研究的应然过程是确定课堂实践中的问题，进行具体的研究设计，进入课堂实践获取资料，开展反思与总结到再次回归课堂实践。通过访谈法、案例分析法与对比分析法具体呈现与分析课堂研究的过程，提炼出专业研究者进行课堂研究的模式与实践工作者开展课堂研究的模式，比较分析并总结不同模式历程中存在的问题，据此提出课堂研究过程的应然趋向。

二、研究方法

研究方法的选取是由选题的研究对象和内容决定的，适当的研究方法能够更好地对研究对象与问题做出解释、说明，有助于问题的解决。本书采用的研究方法主要有文献研究法、访谈法、内容分析法、案例分析法与对比分析法。

（一）文献研究法

教育基本理论研究对文献法具有较强的依赖性。本书通过收集、分类和分析中外相关文献资料，了解已有研究的现状，从而确定研究主题与研究起点；通过样本文献的选取，从现有的文献成果来考察，以确定课堂研究的主体实然构成，并分析存在的问题，也由此确定课堂研究的对象，并剖析实然对象与应然对象之间的矛盾及其解决途径。

（二）访谈法

深度访谈是本书主要的研究方法之一。对不同背景来源的专业研究者和实践工作者的访谈，旨在了解他们对课堂研究的看法、态度，进行课堂研究的方法、形式等，在具体研究中遇到的问题及其解决途径，以及课堂研究的作用与影响等，以进一步深化和加强对文本资料的理解与阐释。出于研究需要，本书以编码的形式表示文中所出现的省份、访谈对象及其次数。其中，省份分别以大写英文字母 A、B、C 表示，专业研究者以 F 代替，实践工作者以 T 代替，然后再把两类不同的研究者出现顺序分别用 1、2、3 等数字序号表示。如 "A-T$_1$" 就表示 "A 省的实践工作者 1"。总体访谈对象、来源与数量具体如表 1-1 所示，中小学教师来源及数量如表 1-2 所示。

表 1-1　访谈对象、来源与数量

来源	对象	人数	
		专业研究者（F）	实践工作者（T）
A省	专业研究者（F），实践工作者（T）	5	9
B省	专业研究者（F），实践工作者（T）	4	7
C省	专业研究者（F），实践工作者（T）	4	7

表 1-2　中小学教师来源及数量　　　　　（单位：人）

来源	县城及其以下	地市级	省会级
A省	3	3	3
B省	2	2	3
C省	2	2	3

注：中小学层次分为县城及以下、地市级与省会级三类，尽量兼顾性别、年龄与职称等

（三）内容分析法

"内容分析法是当代社会科学研究中采用的一种主要以文献为研究对象的研究方法。"[1]在教育研究中，内容分析法的一般步骤为："取样、确定分析的维度、统计分析、得出研究结论并给予描述和解释。"[2]在本书中，把课堂研究主体与对象的相关研究文献资料作为内容分析的资料样本，按照内容分析的基本步骤，对这些内容资料进行客观、系统的量化处理，以得到量化的结果，从而对课堂研究主体与对象的构成进行描述呈现、对其问题及其转换策略进行剖析，进而客观而系统地把握课堂研究的现状与趋势。

（四）案例分析法

案例是集中体现焦点事件或矛盾的载体，每一个案例背后都有一定的意义假设、价值观，代表着某一种现象或问题。在本书中，为了更深入地了解和把握课堂研究的现状及其问题，笔者根据不同的研究内容选取了相应的案例进行呈现和分析，以更好地支撑和阐释相关论点。这些个性化、多样化、鲜活的课堂实践中的案例，也在一定程度上弥补了笔者在理论深度上的不足或者理论解说中的不甚清晰等问题。

---

[1]　叶澜.教育研究及其方法.北京：中国科学技术出版社，1990：187.
[2]　全国教育科学规划领导小组办公室.教育科研大家谈.北京：教育科学出版社，2007：311.

（五）对比分析法

对比分析法是把客观事物进行比较以认识其本质或规律，从而做出某种评价或判断的常用方法。在本书中，通过对课堂研究的主体、对象、方式与过程的应然状态与实然状况的比较分析，发现各自需要改善之处，并进而提出完善或转化之策。

第二章

课堂研究概述

　　课堂活动是实际和千变万化的，课堂参与者（师生及课堂研究者、教育督导等）是有血有肉的、有七情六欲的活生生的现实人，课堂生活方式既单一又多变，课堂内容既固定又灵活。由于人想成为名副其实的人，便需要课堂。可是需要课堂的人又是千人千面、众口难调。复杂多样、变化莫测是课堂的特质……"走近"课堂，"走进"课堂，让课堂充满生机和活力从而来体会身临其境的智慧五味人生吧！

——古德，布罗菲[1]

---

① 古德，布罗菲.透视课堂.陶志琼，译.北京：中国轻工业出版社，2013：译者序.

第一节 课堂研究："综合体"意义上的探寻

走进课堂、反思课堂、研究课堂已经成为国内课程与教学论研究者关注的话题，越来越多的研究者认识到进入"课堂田野"的重要性和必要性，从事课堂研究需要回归课堂教学生活本身进行研究。若深入理解"课堂研究"，首先要明晰"课堂"的不同理解。"课堂，一个平常、普通而又神秘莫测的地方；课堂，一个充满了众多生灵喜怒哀乐的地方；课堂，一些人一心向往之而另一些人又唯恐避之而不及的地方；课堂，一个既严肃又活泼的地方；课堂，一个既可以远观欣赏又可以近观理解，但就是'不可亵玩'的地方！"①

一、认识"课堂"：从场所到综合体

对"课堂研究"作为一个整体概念的理解，需要首先厘清"课堂"的相关概念，在梳理"课堂"内涵的基础上，再认识"课堂研究"及其相关概念。对"课堂"的理解，既是分析课堂研究发展历史及其相关问题的逻辑起点，也是课堂研究的前提性问题。

（一）课堂与教室

课堂不等于教室。在《现代汉语词典》中，课堂被解释为"教室在用来进行教学活动时称课堂，泛指进行各种教学活动的场所"②。在英文中，课堂与教室均为 classroom 或者 schoolroom，二者的英文意义相同。由此可见，中英文语境

---

① 古德，布罗菲.透视课堂.陶志琼，译.北京：中国轻工业出版社，2013：序言.
② 中国社科院语言研究所词典编辑室编.现代汉语词典（第5版）.北京：商务印书馆，2007：776.

中，都是重点从空间层面上来理解的，教室被当作进行各种教学活动的场所时等同于课堂，这是二者的交叉点；但是，当教学活动发生在教室之外时，"课堂就是教学发生的现场，它强调即时性，是师生、环境以及连续的教学活动组成的一个'教学场'"[①]。有学者指出，"课堂不同于教室，教室只是由桌椅、讲台、黑板和门窗等所组成的房间，其本质是教师和学生上课的场所。它是构成课堂的情境因素之一。但教师和学生并不是教室的必备条件，当学生下课时，教室里可能空无一人，教室已经不再是课堂。课堂是由教师、学生和课堂情境三大因素所构成的进行教学活动的场所"[②]。因此，教室是静态的、物理层面的设施；而课堂既包括静态的空间和物理层面，还有动态的课堂中的人文因素和课程的开放性。

（二）课堂与班级

课堂也不等于班级。班级是学校里由一定人数的学生所组成的正式群体，是学校教育与教学活动的基本单位，是一个教育实体，有着特殊的社会组织形式。从二者的活动范围看，班级活动范围比课堂教学活动广泛得多。班级活动除了课堂教学活动之外，还包括课外文体活动、兴趣小组活动等，甚至还包括各种社会公益活动。我国当前的课堂教学主要是以班级为单位在教室里进行的，也有复式教学的形式，即由于条件的限制两个或两个以上的班级同时在一个教室里进行课堂教学。

班级授课制的创立使班级教学成为一种基本的教学组织形式，并一直作为主要教学组成形式延续至今。然而，随着新的科技手段不断运用于教育，各种形态的网络教学也占有一席之地，并以快速发展之势影响并改变着班级教学，尤其是"慕课"的出现，有人预言，班级教学将会消解。无论班级教学是否如某些学者预言的那样将会消失，课堂与教学的关系都难以割舍，课堂会以新的方式存在，如以网络化、数字化、虚拟化等方式存在。

从上述分析可知：教室侧重教学的空间和物理设施，班级主要指教学的组织形式，课堂则是指课程和教学系统组成的综合体。课堂基于教室又不限于教室，在特定的时空中——当教学发生在教室里时，二者是同义的；课堂的教学组织形式以班级授课为主又不囿于班级，还有个别教学、班组教学、分组教学、开放教学等；班级活动以教学活动为主又不局限于此，还包括德育活动、情感体验活动等。

---

① 李森等.课堂生态论：和谐与创造.北京：人民教育出版社，2011：110.
② 皮连生.教学设计.北京：高等教育出版社，2009：360.

（三）课堂的演进及其理解

在中国奴隶社会的夏朝就有了课堂的萌芽形态——"庠、序、校"等。"庠"，"从广羊声"，"广"是房舍的意思，"羊"代表所饲养的家畜，"庠"就是饲养"牛羊"的地方；"序"从象形字来看，它象征人在房子中练习射箭，"序"最初是教射的场所；"校，从木，交声"，"校者，教也"即是以木材围成的栅栏中饲养牛羊。①可见，"庠、序、校"既是我国最原始的教学活动场所、学校教育形态，也是最早的课堂教学形态。在中国漫长的封建社会，课堂成了专门传授知识的场所。直到近现代教育在中国的产生，课堂的功能才被进一步扩充，以班级授课制为主要特征的课堂教学逐渐形成。

"课堂"看似简单、实则复杂，貌似人人可言，却又难言其尽，难言其全。正所谓你之所言"课堂"，而非我之所理解的"课堂"，每一个研究者都有各自的理解或侧重点。尤其是随着新课程改革的推进，诸多研究者从不同学科视角对课堂进行考察和分析，有以下代表性观点。

从社会学的视角看课堂，"它是一个微型社会，是社会大系统中具有特殊功能的一个小系统。在这个系统中，教师、学生和环境之间不断发生作用，常常也会产生不可回避的矛盾和冲突。他们之间的相互作用和相互影响促进着课堂的不断变化和学生的不断发展"②。

从管理学的角度来谈，"课堂是以教室为活动场所，通过师生之间的分工合作和职权、职责的制度化而有计划地协调师生活动，以达到教育目标的一种组织系统"③。

从生态学视角进行研究，"课堂是一个生态系统，在这一系统中，课堂构成了一个特殊的环境，生活于这一特殊环境中的教师和学生为某种任务而行动"④。

从教育学视角分析发现，"课堂最少有三种主要的理解：第一种是指课堂教学的场所，即教室。第二种是指课堂教学，就是发生在教室里的教学活动。第三种是指课堂综合体，包括教学环境、教学活动、课程、师生关系等"⑤。

从课堂本质的追问而言，"课堂不同于教室，也不同于班级。广而言之，教室主要是指教学的条件设施，班级主要是指教学的组织形式，课堂则是指课程与

① 王鉴.论课堂的历史形态及其变革.西北师大学报（社会科学版），2006，（2）：85-90.
② 吴康宁.课堂教学社会学.南京：南京师范大学出版社，1999：3.
③ 皮连生.学与教的心理学.上海：华东师范大学出版社，1997：332-333.
④ Arends R I. Classroom Instruction and Management. New York：The McGraw Hill Co，1997：17.
⑤ 王鉴.论课堂的历史形态及其变革.西北师大学报（社会科学版），2006，（2）：85-90.

教学活动系统"①。

由上述关于"课堂"的界定可见，人们对其认识不尽相同，但有几点应该达成共识性的理解。

（1）课堂的基础性功能是作为教育活动的场所。

在中文语境中，"教室被用来进行教学活动时称课堂，泛指进行教学活动的场所"②。在英文中，"classroom"对应着我们所言的"课堂""教室"。从词典中的解释来看，"课堂"并不能够完全等同于"教室"，只有师生进入其中、被用作教学活动时，"教室"才成为"课堂"；否则，当师生离开、教学活动结束后，"教室"就不再是"课堂"。同时，"课堂"也不仅仅限制于"教室"之中，当教学活动发生在教室之外时，"课堂就是教学发生的现场，它强调即时性，是师生、环境以及连续的教学活动组成的一个'教学场'"③。由此可见，由物理环境和人文环境共同构成的教学活动场所是课堂的基本功能。此时，课堂被理解为由教师、学生和课堂环境等因素所构成的进行教学活动的场所。

（2）课堂作为"课堂教学活动"的常态理解是其基本功能的演化。

将课堂理解为课堂教学活动，是传统教学论研究的主题，主要对教学活动及其构成要素进行研究，即包括教学重难点的把握、教学目标的达成及其评价等。从当前课堂的相关研究来看，我们通常所言的课堂就是在课堂教学（活动）这一层面上展开的，这在国内外都表现得尤为明显。如日本学者稻川三郎提出了重构"第三种课堂教学"，国内一些学者对课堂特点的研究等都是在课堂教学的意义上进行的。如对"知识课堂"和"生命课堂"的认识中，认为"'知识课堂'的课程设置是以'知识'为中心的，教学过程就是知识传递的过程，教师是知识的传授者，学生的学习方式是机械训练的消极被动形式为主，教学方法是一种由教师操作的教学，而'生命课堂'的特点是为知识、为学生发展而进行的教学。其课程是多元、开放、生成的，教师是学习者、研究者和引导者，学生的学习是多样化的、富有体验的，教学方法是活的、有生命的教学"④。由此可见，在传统教学论领域中，"课堂"成为"课堂教学（活动）"的简称或代名词。由场所到逐渐成为课堂教学活动的主要样态的解释，是社会发展的需求，也是课堂形态和功能日益丰富的体现。

---

① 汪霞 . 我们的课堂生态了吗 . 全球教育展望，2005，（5）：17-22.
② 中国社会科学院语言研究所 . 现代汉语词典（第3版）. 北京：商务印书馆，1996：717.
③ 李森等 . 课堂生态论：和谐与创造 . 北京：人民教育出版社，2011：110.
④ 王鉴 . 课堂研究概论 . 北京：人民教育出版社，2007：71-77.

（3）将课堂视为"综合体"，是课堂多元功能和多元发展的体现。

现代意义上的课堂是作为综合体来看待的，在这种课堂中各要素形成的是一种"学习型共同体"关系，其目的在于促进学生的成长和发展以及教师专业性的提高。课堂本应该就是一个充满爱和希望，充满信任和支持的地方；同时，它也是一个有着共同规范的场所。课堂作为一个学习型共同体，是尊重差异、通过学习而构筑起来的，它既追求人在其中的自由，又强调对纪律和规范的认同；课堂问题也就是在这种共同体的矛盾冲突中呈现和解决的。当课堂以综合体形态诠释时，它便集多种关系意义于一体，呈现出物理时空属性、社会属性和人文属性的融合。

在本书中，课堂是作为一个综合体理解的，即"是一个集教学和课程及与之密切相关的课堂文化、课堂关系、课堂组织与管理、课堂环境于一体的具有多种形态和结构的综合体或系统"[①]。因此，课堂是立体的，包括时空、人、物、关系、文化等要素；教学是动态的，包括教学流程及其过程中的生成等；课程是发散的，包括国家课程规定的、教师理解和讲解的、学生体验的、即时生发的等。

二、理解"课堂研究"：从"综合体"意义出发

由上述课堂概念的梳理可知，现代意义上的课堂是课程与教学活动的综合体。与之相应，现代语境中的课堂研究也是在"综合体"这一意蕴下展开的：它以课堂实践为探讨问题和发现规律的"田野"，以课堂教学实践的改善为最终目的，以不同形式的教学活动的展开为核心，进而探索课堂实践中的课程实施、师生关系、教学环境等要素及其相互关系。

本书的对象定位于"课堂研究"，不只是对"课堂"进行研究，也不是对具体的"课堂构成要素"进行一一详述，更不是指本人亲自进入课堂做研究；而是对"课堂研究本身"进行反思，主要内容包括专业研究者和实践工作者是如何进行课堂研究的、存在哪些问题，他们应该如何进行课堂研究等。当然，课堂及其构成要素会在专业研究者和实践工作者的课堂研究中有所呈现，只是并非本人作为当事人详述这些；当论及实践工作者的课堂研究时也会深入课堂之中，获得更全面的资料信息。在本书中，专业研究者主要指从事教育基本理论研究的人员，包括高等院校、科研院（所）的专职或兼职人员。他们大多数是以现有理论为对象，通过分析比较、批判重建等一系列思维加工实现理论的推进；从研究价

---

① 纪德奎.优质课堂研究的价值、进展与愿景.西北师大学报（社会科学版），2008，（2）：36-41.

值看，教育基本理论以间接的形式作用于教育实践，而不是直接提出可操作性的措施。实践工作者包括教师、教研员、学校行政人员和其他相关教学人员，在本书中主要指中小学教师。他们是直接实施教学的人员、具有较大的研究潜能，也对我国教育发展具有决定性影响。此外，在我国，教研员大多数是从中小学教师队伍中教有专长的人员中选拔出来的，由原来的教学身份转变为现在的指导、监督身份，其主要职责是对中小学教研工作进行指导、监督和评价，而不是直接从事研究和教学工作，但是他们也是身居教学实践一线的，因此，本书也将其归为"实践工作者"行列，而专业研究者与实践工作者作为研究主体的合理性论证会在相关章节中进一步详细解说。

本书中，"课堂研究"，既在课堂之内又在课堂之外，在课堂之内是指"课堂研究"会涉及课堂里的相关要素，是立足于课堂的；在课堂之外即指并非仅仅限于课堂里发生的，还包括课堂之外发生的有关课堂的问题。也就是说，它不只是"'课堂研究'这一说法常常让人想起这样的情景：穿着白大褂（或者灰色套装）的教育研究者把那些自身开展教育活动的师生作为被试，在选取的样本学校或班级中进行研究"①。而且那些在学校或班级之外进行的有关课堂实践问题的研讨、讲座、学习等也属于课堂研究的范围。

因此，"课堂研究"就是指专业研究者和实践工作者深入课堂实践，综合地开展关于课程、教学活动、师生关系、教学方法、学习方式、教学环境等一系列研究活动，并对在此过程中发现的课堂实践问题开展持续研究的一种研究活动及其方式。也就是说，课堂研究是一种源于课堂、关于课堂、为了课堂的研究。由此可见，课堂研究的主体是专业研究者和实践工作者；课堂研究的对象是通过对课程、教学活动、师生关系等的审视而发现课堂实践中存在的问题；其研究的方式是两类不同主体基于合作的行动、反思和对话；其出发点是课堂实践，最终目的还在于改善课堂实践；其研究的过程并非历经一次实践就可以完成的，而是需要经过多次回到实践，并不断反思、总结和提升的持续过程。在课堂实践中做研究，意味着把课堂作为研究的"田野"，深居其中进行研究，对专业研究者来说，既是其理论之源，又是对理论的检验、应用与发展；对实践工作者而言，既是"认识庐山真面目"的契机，又是产生、概括、提升教学经验的最佳途径。通过课堂做研究，之于专业研究者来看，既是获取第一手资料的最佳手段，又是其研究"回归事实本身"的最佳途径；而对实践工作者来讲，既有"只缘身在其中"的便利，又有化解课堂问题的收获。为了课堂做研究，是课堂研究成果价值的体

---

① 戴维·霍普金斯.教师课堂研究指南（第3版）.杨晓琼，译.上海：华东师范大学出版社，2009：6.

现，强调研究成果的应用性，是理论与实践相结合的行动研究的价值和意义之所在。因此，课堂研究既是专业研究者的任务，又是广大实践工作者的职责。

因此，课堂研究是一种"实践性"研究。课堂研究是基于课堂实践、面向课堂实践并最终服务于课堂实践的。它直面种种课堂实践问题，诸如课程与教材的把握、加工与重组，教学方案的构想、设计与实施，课堂事件的呈现、分析与追踪，教学方法的审视、反思与改进，师生课堂状态的比较、剖析与改善等，这些都是其持续关注的日常问题。可以说，实践是贯穿课堂研究的主线，课堂实践既是不断改革与受益的对象，也是探索与再发现课堂教学规律的场域。课堂研究的开展及其认识的深化、成果的形成都与课堂实践的改革与发展密切相关，课堂教学改革实践也是课堂研究实践性体现和拓展的源泉。实践性决定了课堂研究主体从事该研究的价值取向，并直接决定着课堂研究活动将采用的主要研究方法，以及研究的进程、研究成果的呈现和评价方式。当然，课堂研究的实践品性要求它必须以课堂实践中的事实或问题为导向，并不意味着在研究过程中就全然不能够使用哲学思辨、逻辑推理、科学解释等思辨性研究方法，只是我们强调的是研究主体要进入课堂"场域"之中，把课堂作为课程与教学研究的自然实验室。虽然课堂"场域"作为一个实体场所相对而言是固定不变的，但是课堂实践作为一种活动却是丰富多彩、富有变化的。这些变化不仅表现在研究中人的变化，还有课堂氛围、人际关系的变化，以及由此引发的诸多可能性改变。课堂实践场域中每时每刻都在发生着变化，生活于其中的师生及其介入的专业研究者构成了一种"情境化"的关系，从于课堂研究主体自身而言，他们也是具有不同知识结构、观念意识和思维方式的个体，这些都打上了历史、文化环境的道德烙印，当他们面对富有变化的研究对象及其环境时，也会对不同的课堂现象和问题产生不同的思考、解释和评价。从总体上来看，他们的研究结果都是在当时课堂情境中思维的再现、反映、深化和拓展。当然，强调课堂研究的情境性并不否定课堂教学理论的相通性，相反，我们追求的课堂研究是在达到改善实践目标的同时，也能够建构一种具有一定的普遍性意义的课堂教学理论。

课堂研究又是一种反思性研究。课堂研究的反思性源于本身的实践品质，课堂实践问题的解决过程就是一种不断反思的过程，课堂研究反思性与其实践性是相生共存的。反思性的课堂研究就是研究者对已经或者正在发生的课堂教学实践问题及其背后的理论进行积极、持续、深入思考，并寻求多种方法来解决问题的过程。面对一个来自于课堂实践中的问题，它的解决与形成都不是一蹴而就的，而要经历一个认识、分析、尝试解决并多次验证的过程。其间，可能需要某些理论的介入为该问题的解决提供一种可参考性的认识框架，需要多次进入课堂实践中获取更多的相关资料以补充现有信息的不足，可能需要研究者多次研讨与商榷，需要心理学、社会学等不同学科知识再次解读师生在特定情境中的心理与社会关系等。显然，这一过程是经过不断反思而吸纳、收集、调整才逐渐走向深化与完善的。例如，有研究者对"课堂教学导入技巧"开展持续研究，从大量的课堂实践导入案例中不断的捕捉、分析、概括、提炼，在不断反思中斟酌、推敲，从而逐步提出"激发兴趣、联系生活、结合所学内容"等原则，使看似简单、不太受重视的课堂导入变得更具可操作性，使课堂教学导入原则这一实践性教学理论对课堂教学实践也更具有普遍性的、针对性的指导意义。可以说，反思是推动研究问题不断得到解决的重要动力之一，正是因为反思才使研究者对实践问题的认识有了不同的视角、尽可能多元化的方法、更高的实效性。

第二节　课堂研究的范畴：近似概念的厘清

依据《现代汉语词典》，所谓"研究"即钻研，探究事物的性质、规律等。一般认为它具有钻研、探索，考虑、商讨之意。"研究"作为学术用语的理解观点不一。通常人们认为研究就是用科学的方法对未知的探索，包括新事实、新关系、新手段、新思维、新方法等。研究可以说是一种活动，它决定了任何科学的日常行为。研究也可以说是一种过程，即通过有计划、系统的资料收集、分析和解释方法，而获得问题解决的过程。研究还可以理解为特定领域中的特定实践行为方式，通过这种方式探索未知或发现新规律。"从认识论的角度讲，研究是一种求知、致知的活动；就实践论的角度而言，研究则是一种在探究性的学术实践中'生产'知识、理论或其他形态的产品，同时在行动中实现主体（研究者）自我变革与发展的过程。"[1]

那么，课堂研究作为一种研究活动和方式，与课程研究、教学研究有何区别与联系，只有将其与相关概念进行比较分析才能深刻全面理解，因为"概念的真正意涵来自于各种关系。只有在关系系统中，这些概念才获得了它们的意涵"[2]。

① 孙元涛. 研究主体：体制化时代教育学者的学术立场与生命实践. 上海：华东师范大学出版社，2015：11.
② 皮埃尔·布尔迪厄，华康德. 实践与反思：反思社会学导引. 李猛，李康，译. 北京：中央编译出版社，2004：133.

一、教学研究

有关"教学研究"的界定大多是在活动、方法层面上来讨论的：如教学研究是以教学问题为对象，以科学方法为依托，以探索教学规律为目的的创造性认识活动[①]，教学研究的本质就是一种活动[②]，教学研究就是运用科学的理论和方法，有目的、有意识地对教学领域中的现象进行研究，以探索和认识教学规律，提高教学质量[③]。从教学研究的内容而言，所有学校教学中发生的教学现象、教学问题、教学规律等都可以作为其研究的对象。诸如教学改革中的教学观、学生观、质量观，课程的设置、实施和评价，教学组织形式，教学方法，教学模式、原则等等。也有研究者认为它是一种过程，"教学研究是运用一定的理论和方法，有目的、有意识地对实际教学问题进行研究的过程"[④]。作为一种融研究、学习与工作于一体的探索性实践活动，教学研究具有科学性、复杂性、创造性和探索性的特征，我们进行教学研究的目的在于发展教学理性，提升教师素养，改进和完善教学，促进教师的专业发展，丰富教学生活等。随着社会转型和教育改革的深入，教师进行教学研究的探索日益加强和深化，尤其是新课程改革以来，教师通过自身教学行为的自我观察和反思，以改进自身教学实践为目的的教学研究，更加受到重视，而且教学研究的功能、价值和方法等也在逐步发生一定的转换：例如从关注"课题"及其成果到强调教师作为"生命个体"的发展；从以"专业化"和"标准化"转换为"实践性"教学问题作为衡量标准；从"科学化"和"规范化"研究方法到"人文性"和"个性化"的研究方法转变。同时，教学研究也从关注宏大的、普遍性的问题到微观的、具体性的问题转变，例如教学研究中的合作问题，教学研究方法的差异性问题，教学研究方法的适切性问题等。可以说，教学研究正在从"形而上"的学理探讨走向"形而下"的实践操作，对实践工作者而言，也将会得到更多的教学研究的"支持"和"脚手架"。

二、课程研究

课程问题是学校教育的核心问题，也是教育科研的重要议题，但是，课程研究在我国还是近几十年才开始的。由于受到凯洛夫《教育学》的影响，课程研究在我国几乎没有立足之地，直到党的十一届三中全会以后，课程研究才被我国

---

①　裴新宁，王茂江.关于当前教学研究的思考.山东教育，1998，（Z2）：6-7.

②　王嘉毅.教学研究的本质与特点.教育研究，1995，（8）：28-33.

③　李定仁.论教学研究.教育研究，2000，（11）：45-49.

④　裴娣娜.教学论.北京：教育科学出版社，2007：338.

学界所重视。尤其是《课程·教材·教法》的创刊，为其提供了平台。在我国，课程研究经历了"评价阶段、探索阶段和深化阶段"[①]，其研究范围日益广阔，内容也愈加丰富，如课程概念、课程类型、课程设计、课程评价等。在已有研究中，课程研究分为"课程理论研究"和"课程实践研究"两个层面。前者较多关注的是课程的基本原理、核心命题和理论框架，意在建立作为学科的课程理论体系，其目的在于更好地指导课程实践；而后者始于课程实践的困惑，主要是发现、分析和解决课程研究过程中的各种问题。"课程研究"包括两种含义，"一是指对既有课程之特性的研究，包括对课程本身（如课程标准、课程内容、课程结构、课程类型、课程模式等）及与课程密切相关的一些问题（如课程编制、课程实施、课程评价等）的研究；其二是指对如何设置、编制及实施课程的研究。前一种研究当为后一种研究的基础"[②]。我国的课程论工作者在借鉴、吸收和移植国外先进研究成果的基础上，结合我国教学实践，也进行了诸多探索，并取得一定成果，尤其是在新课程改革之后，出现了大量的相关研究。如诸多课程改革和课程建设、课程开发的期刊论文、硕博论文，以及相关专著等，还有专业性杂志的创办，这些都是课程研究成果的体现。

三、教学研究、课程研究与课堂研究的关系

就传统观点而言，除了教学研究包括课程研究的代表性观点外；也有观点认为，教学是课程实施的手段，教学研究应该包含于课程研究之中；还有观点认为课程研究是对"教什么"的研究，而教学研究是对"为什么教""怎么教"的研究，二者应该是并列的关系。从某一方面而言，这些观点都有其言说的道理，但是也不免存在偏颇之处，无论是"包含论"还是"并列论"都不能准确地表达二者之间的关系，"包含论"是从一个极端走向另一个极端，而"并列论"是对二者的彻底割裂。因此，二者既非谁包含谁的关系，亦非孤立的平行关系，而是一种相互交叉关系。

如上文所述，"课堂研究"是对课程、教学活动、师生关系等诸多研究活动进行的一种综合研究。所以，在课堂研究中，离不开对课程因素的探讨，也不可能摆脱对教学因素的研究，也就是说无论课堂研究、课程研究和教学研究中的哪一个，只要言及一个，都不可能完全脱离其他两类研究中的某些因素，它们之间是一种"你中有我，我中有你"的相互交叉和渗透关系。当教师在考虑"怎么教"

---

① 李定仁，徐继存 . 教学论研究二十年 . 北京：人民教育出版社，2001：121-123.
② 南京师大"课程的社会学研究"课题组 . 简论课程研究的学科方式 . 课程·教材·教法，1997，（7）：8-13.

的同时，也会思考"教什么"的问题，他们会受到相关课程观的影响，教学研究与课程研究也就相互涉足。当这些问题在课堂教学场域中发生时，课堂研究也必然涉及课堂教学中的"怎么教"和"教什么"等诸如此类的问题，课程、教学关系、教与学等之间就呈现出一种立体性的、多维度的网络联系。

当然，每一种研究都有各自的侧重点、不同的内涵和外延。在分别进行每一种研究时，都是一种可以进行分析的、相对独立的研究类型，但在研究过程中不免会牵涉其他两种研究中的某些因素，而不可能在完全独立的情况下运作。因此，对待这三种研究，我们既不能混为一谈，也不能完全割裂地截然分开，三者之间是一种互相依存的交叉关系。它们既不是相互包含关系，也不是并列关系，而是一种既有各自独立性，又有相互渗透性的交叉关系。这种相互交叉关系不是平面上的、单项的，而是立体的、多维度的。课堂研究与教学研究的主要对象都指向课堂教学，课程研究中也必然会考虑到课程实施问题，也含有作为课堂教学内容的因子，所以，三者交叉之处就是"课堂教学研究"，正是因为都含有"课堂教学"之因子，才使三类研究相互交叉和渗透。可以说，三者之间的关系类似于一种"循环状"的，即是一种看似连续的循环关系为基础的分离的实体，三者之间持续进行着相互影响。其关系如图 2-1 所示。

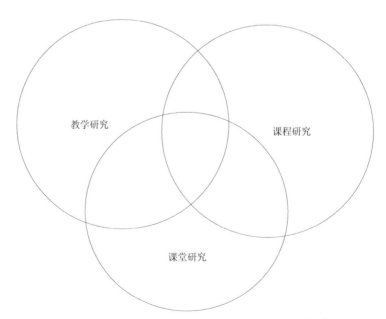

图 2-1　课堂研究、教学研究、课程研究之间的关系

第三节　课堂研究的特征：基于"实践"的动态综合

　　若要有效地进行课堂研究，理解和把握其特点是非常必要的。尽管专业研究者和实践工作者在从事该研究时可能会有各自的关注点、立足点、过程与价值取向等，现实课堂研究会因研究主体差异而呈现不同的逻辑，但从一般意义上讲，课堂研究本身具有自身的特点和功能。

一、研究主体的双重性

　　课堂研究的主体包括专业研究者与实践工作者，两类主体之间既具有明显的差异，又能够相互影响和转化。所以，其研究主体具有双重性，可以从两个层面埋解：一是双主体性，即由两类主体构成，这是双重性的表层含义；二是双重身份，即每一类研究主体又可以发生身份重构和角色转化，每一个研究者都不是作为"单面人"，而是以"双面人"存在的。

　　由于不同的价值取向、研究态度和目的，形成了固有的对课堂研究主体所承担"角色"的认知：专业研究者是课堂研究的主体，因为他们是以研究为生的，研究是他们的职业。专业研究者进行课堂研究的主要目的在于知识的生产与创新、理论的完善与建构，因此他们讲究比较严密的研究设计和严谨的研究方法。同理，实践工作者也是课堂研究的主体，虽然他们不是以研究为专门的职业，但是他们在课堂实践中也会琢磨与思考自己的课堂实践，即便这种思考形式和研究形态是处于一种非常浅显、朴素、初始的状态中，他们也应该是自己日常课堂实践活动的实施者、反思者和研究者。他们进行课堂研究的目的不是为了知识与理论的生产与更新，而是为了课堂实践问题的解决和实践的改进。虽然相对于专业研究者的研究来说，在研究的设计、研究方法的选取、研究过程等方面，大多数实践工作者的研究都不一定严格遵循严谨的套路，而只是对课堂实践的一种个体性的或集体性的讨论与反思，而且这种反思往往带有一种朴素性、自然性和片段化；但是，"实践本身就包含研究，就是研究，而且实践者的朴素研究想来不会走得太偏，它遵循基本的实践逻辑，体现基本的实践智慧"[1]，况且，也有少部分实践工作者在进行实践的"行动研究"，这也是有事先设计的、相对严谨的研究，

---

　　[1]　秦梦群，黄贞裕.教育管理研究范式与方法论.北京：教育科学出版社，2014：17.

主要围绕计划—行动—观察—反思—再计划……的研究过程逐步展开。因此说课堂研究的主体具有双重性。

二、研究对象的整体性

课堂研究是对课堂实践场域中课程与教学诸要素及其关系的系统研究。课堂研究既注重对各个构成要素的研究，又关注它们之间的相互关系及其对课堂教学的影响；既看到课堂教学中不同现象和问题发生的自然性，又注意到这些现象必然出现的人文性；既观察和解释教学现象和问题，又探索和总结教学规律等。简言之，课堂研究是把课程与教学作为一个有机整体来研究的，是将课程与课堂教学相关因素作为一个系统的、交互作用的过程来研究的，是进行整合与创造性的研究。通过这种整体的、系统的把握和探讨，既要揭示课堂教学道德实质，又要形成指导课堂教学改革实践的新理论。将课程与教学作为整体进行研究，改变了传统教学论对课堂教学各要素分解开来、分别进行研究的"解构式"研究。这种整体性研究与分解性研究相比，后者是把课堂实践分为各个部分与层面，分别加以考察和分析，进行"碎片化"的研究，致使在研究课堂现象的细节和过程中，忽视了它们之间的整体性关系，重分析轻综合；而前者是注重课堂现象、课堂活动本身的综合性，以及课堂教学系统要素之间的有机结合，进行多层面、多视角、多方位、多元方法的整体透视。

因此，课堂研究把课堂场域中的事件和过程联系起来，进行广泛的、总体地考察，将课堂实践视为动态的、变化着的，而非静止的、永恒不变的东西。也就是说它注重课堂现象和问题的事实研究，也关注课堂价值研究和课堂元理论研究，更关注对课堂中师生可能生活的解释和建构，从而使研究活动从单一走向综合、由分化走向系统、从封闭走向开放、由解构走向建构。课堂研究要科学地解释并有效地指导教学，就需要全面地把握课程与教学系统的有机整体性。课堂研究的整体性、重构式研究是课堂研究发展过程中的一个阶段，在整个不断发展的过程中，它是一个相对完善的研究阶段，它既改变了以往的散点式、片段化的研究状态，为课堂研究提供一个新的研究视域，也有助于"全景式"地诠释和解决课程与教学实际问题，促进师生发展和课堂教学质量的提升。诚如列宁所言："要真正地认识事物，就必须抓住、研究清楚它的一切方面、一切联系和'中介'。我们永远也不会完全做到这一点，但是，全面性这一要求可以使我们防止错误和僵化。"①

---

① 列宁.列宁选集（第 4 卷）.中共中央马克思恩格斯列宁斯大林著作编译局，译.北京：人民出版社，1995：419.

三、研究方式的整合性

课堂研究方式的整合性意味着不是将其研究对象的诸多因素一一罗列，简单相加、拼凑在一起，而是运用多种研究方式对这些因素进行研究，探寻它们之间的内在关联性，并揭示其研究对象的复杂性、独特性和功能的内在依据，以此达到对课堂研究对象的具体而完整的认识。

课堂研究需要多种研究方式的相互协调与配合，尽可能发挥每一种研究方式的优长，以获得最佳的研究效果。常见的课堂研究方式包括集体备课、研讨会、教学反思、听评课、理论研究等。正是通过这些看似平常的活动或工作，才使研究者在研究过程中逐步积累，通过参与一系列研究活动或关注已有研究的成果，丰富和指导自己的研究思路；并注重已有成果在教学实践中的验证，以完善和重建自己的研究思路。当然，每一个研究者所采取的研究形式都应该是以互补的视角、方法和程式同时并存的，每一种研究形式都有自身固有的特点和功效，也有其不同的着眼点。例如，研课就是"主体根据自己的经历、感受和需要，依持自己所掌握的各种理论，选取自己擅长的角度对课进行研究"[①]。在研课时，研究者往往围绕共同关注的核心话题展开对话和反思，要求参与者在综合分析课堂信息的基础上指出其中的优缺点，进行深入的对话。它的目的不在于评价教学或教师，而是在于借助教师共同体的对话来探究具体课程和教学问题，以最终改进课堂教学，促进教师的专业成长。而教学反思常常通过教育案例、教育故事或教育心得等来展开对教学实践的再认识、再思考，并以此来总结经验教训，进一步提高教育教学水平。

四、研究过程的实践性

课堂研究过程的突出特点在于根据课堂场域及其相关问题的客观记录、描述、说明等，从中解释教学现象或教学问题。它既要求研究者扎根于"课堂田野"，浸入"课堂场域"进行体验、观察、认识研究对象，或者随之进行深描和访谈，还需要通过洞察直观的课堂生活汲取其中的经验来反思课堂实践问题，以便解决新的问题、发展新的概念、完善或建构新的理论。由此可见，课堂研究的实践性包括两个方面的含义。①课堂研究拒斥理论的空洞演绎和机械复制，而主张通过对课堂教学活动的探究来理解课堂教学及其规律，这是不要猜测和假想的

---

① 李祎. 刍议"研课"——对评课的超越和发展. 福建师范大学学报（哲学社会科学版），2010，（2）：161-165.

概念抽象式研究和语词堆砌式研究，而要耳闻目睹的、直击事实的研究。②课堂研究排斥教条式的、固化的教学理论，而强调教学理论的发展是理论与实践循环往复的、相互推动的动态发展之道。这就需要研究者到教学生活真实现象发生的学校和课堂中去，通过长期观察、访谈、调查获得第一手资料，然后再整理和思考教学现象和问题，是"面对事实本身"后发现和发展教学理论。

课堂研究之所以具有很强的实践性，这是因为①课堂研究需要扎根于课堂实践中，课堂实践是其源泉，如果没有课堂实践，课堂研究就成了无源之水、无根之木。②课堂研究的结论、理论是课堂实践经验的总结、概括和升华，是课堂研究者实践经验和智慧的结晶。从某种意义上而言，课堂研究的理论总结都是抽象化和系统化的实践经验。③实践工作者即一线教师是课堂研究的主体。他们是生活于课堂实践并从中进行研究的群体，他们对课堂实践有着丰富的感性认识，这为其进行课堂研究提供了坚实的实践基础。

当然，对课堂研究实践性的认识不能进行简单化和庸俗化的理解。它的实践性并非表现在能对解决教学问题有立竿见影之效，不是指它的工具性、直接操作性，而是能够为解决实践问题提供一般性的规律性知识和理论指导，能够提供一般的图景、发展线索和原理原则等。

第四节　课堂研究的目的：最终为了课堂实践变革

毋庸置疑，课堂研究的目的重在改进课堂实践，提升课堂教学实践合理性，促进教学与研究的结合。进行课堂研究是实践工作者提高自身的教学水平和学校的教育质量，批判性地审视课堂教学的有效途径，同时也是专业研究者理论的实践化的重要手段。

一、提升课堂教学实践合理性

（一）改善课堂实践行为

自20世纪80年代以来，我国教育理论和实践领域，一直在进行课堂教学改革的探索。然而，从总体上来看，我国中小学课堂教学的整体局面并没有出现实质性变革，从课堂教学设计、教学过程及其体现出来的价值取向尚未得到根本性变革。依据日本学者稻川三郎对课堂教学类型的分析，"第一种课堂教学"是完全以教师为中心的填鸭式的教学，这是传统的知识观下的产物；"第二种课堂教学"是在注重知识掌握的基础上，一定程度上兼顾学生的学习兴趣和不同教学方法的使用，但是实质上仍然由教师掌控课堂教学过程；"第三种课堂教学"是充分体现学生自主性和主体性，注重培养学习能力，教师在整个过程中起到辅导和协助作用的教学形态。从我国当前课堂教学来看，仍然处于"第二种课堂教学"的形态阶段，也是我们力求改善的现实课堂：从教与学的功能来看，它仍然是以教为本的，学习行为还是在教师教学预设的每一步安排之中进行的；从教与学所占时空而言，教学行为占据大部分时间，而学生的自主学习仍然是形式上的、时间较少；从教学内容重难点、教学方式选择等方面来看，这些还是以"预设目标"为主要导向的课堂，教学设计、教学行为、教学过程直接指向预期的教学目标，因此造成学生的被动参与和非自主性学习。

然而，令人感到欣慰的是，当前课堂教学正处于转型性变革的前期，一些学校、研究团队、教师个体已经意识到或已经采取行动，例如以洋思中学和杜郎口中学为代表的课堂教学变革，叶澜教授主持的"新基础教育"研究等，为当前课堂教学改革提供了借鉴学习的生动素材和经验。通过和实践工作者的访谈也发现：个别中小学教师也自觉改变课堂教学行为，不断进行改善和探索，例如笔者在与一位数学教师（A-T_1）[①]的交流中了解到，为了达到一个自己比较满意的课堂教学状态，他曾经三次执教同一节课"平面图形的周长与面积整理和复习课"，通过三次授课实践和不断反思调整，进一步意识到教师课堂教学设计和教学行为改革的重大意义和作用，可以说，这一实例就是实践工作者个体不断摸索、提升课堂教学实践合理性的一个代表。

第一次教学过程，我基本上就是根据教材展开的，觉得复习课没有新内容可讲，就是按照通常意义上的复习课那样，做一些回顾和总结：

1. 课前导入，课件呈现七巧板。
2. 课前复习：学过哪些平面图形的面积和周长及其公式。
3. 授课过程：带领学生从学习的第一个平面图形的面积公式起开始逐个复习。
4. 练习巩固：利用学习的公式解决问题。

---

① 该教师对同一节课进行三次不同执教，下面就是对其内容的摘要性呈现。

经过课后反思，他意识到在课堂教学中学生表现出来的无趣、不耐烦和应付了事是与自己的重复授课行为密切相关的，认识到这节课是被教材"牵着鼻子走"的，于是进行了第二次授课。

1. 课前导入：课件呈现七巧板，让学生根据七巧板提出问题。
2. 授课过程：
点名提问个别学生，学过哪些平面图形的面积和周长及其公式；
抽出小组代表，在黑板上默写有关公式；
分小组学习：在小组内复习已有公式的基础上，提出还有哪些疑难问题。
3. 复习巩固：教师带领学生再次总结有关公式，并解决书本中的练习题。

从第二次授课而言，该教师开始注重调动学生的积极性，但是整个过程仍然没有脱离知识的识记和掌握，仍然是传统知识观和知识形态的体现。在评课中，有老师提议：复习课中首先教师本人需要改变"热剩饭"的观念，并从教学行为上体现出来。课堂教学离不开提问，但是教师不能为了"提问"而"问"，重点是提问之后的互动、评价和反馈。由此，又进行了第三次课堂教学。

1. 课前导入：课件呈现七巧板，谈话引入七巧板，让学生联系所学的知识，提出自己的数学问题。
2. 主动整理、温故知新。
首先，回顾周长和面积公式。让学生在导学案里设计好的表格中填写有关计算公式；发现在此过程中出现的问题，教师巡视收集；之后教师再次强调书写规范。
其次，沟通周长计算方法。提出问题——根据这些图形周长计算方法的区别分类；再由小组讨论汇报交流；最后师生一起总结：围成封闭图形一周的长度就是图形的周长。
再次，探索面积公式推导之间的关系。
布置任务，明确要求：小组内同伴交流、回忆每一个图形面积公式是怎么推导出来的；然后把这些图形按照先后顺序重新摆一摆，并用

"箭头号"表示它们推导之间的联系；接着再说一说，为何可以这样表示它们之间的关系。

小组活动：充分发挥教师在此过程中的指导作用。

展示交流，师生互动：提出问题，回顾长方形面积公式的推导；展示、厘清图形之间的关系；思考、对比平行四边形与三角形、梯形面积公式，为什么后面两个图形要"除以2"？

3. 错例再现、巩固提升。

错例再现：

出示错例——引导思考（这个例子大家认为解答过程是否正确，有哪些需要提醒注意之处）——对比思考（求所给另一个图形的周长和面积）

变式提升：

算所给图形周长，探寻发现——启发思考，课件所示三个图形的周长与面积，再次探索发现——追问"为何这三个图形的周长相等呢"？

4. 回顾反思、全课总结。

你有哪些新的认识？

课前我们用七巧板拼成了一只小猫，若小猫的尾巴周长为82厘米，计算小猫的尾巴面积是多少平方厘米？

从最后这次授课来看，整个教学过程都在发挥学生的自主性：学生在回忆、思考的基础上进一步探索、发现；学生讨论、交流、展示、总结等过程充满探究欲望；问题设计环环相扣，注重体现数学的本质，即数学与生活的联系；错例展示，起到巩固强化和提示强调作用。在教师指导下整节课中不断互动和生成，展现出了新意、生机和活力。

由此可见，这次"一课三上"真实地再现了课后反思、教学研讨、听评课等课堂研究方式对教师课堂行为改变所产生的积极作用，从"跟着教材亦步亦趋－带着教学设计走向学生－重组教材、联系实际、促使学生探究发现，与学生一起走向教材"的变化历程，正是教师从关注"教"到关注"学"的生动体现，也正因为经过不断地反思、研讨，才逐步使教师的课堂教学行为更趋于合理化。

（二）改进课堂实践情境

课堂实践总是在一定的情境中发生和展开的，多样、开放和民主的课堂情境容易激发教师和学生的活力，促进他们的学习。相反，单一、封闭和保守的课堂情境会造成师生之间的压抑、排斥，不利于课堂教学实践的开展。因此，要改变那种"一言堂"状态的课堂，而创建一种充满宽容、理解和对话的课堂情境。理解和对话是师生课堂教学中的一种存在方式，个体在课堂情境中通过理解和对话实现思想、心理和精神层面的交流沟通。课堂教学中的"理解"既包括对文本材料的理解，也包括对人的理解，以及对课堂环境、人际关系等诸多要素的理解。"对话"是指教师、学生之间，学生之间通过语言进行平等交流，从而进一步加深对文本、自我、他人的理解。一定程度而言，理解是对话的基础，对话是理解的途径，缺少了理解，就难以实现真正的对话，通过对话和沟通可以加深意义的理解与建构。

在课堂教学中，如果师生作为话语主体都是在以主动积极的态度投入互动合作之中，双方都会感受到对方话语带来的活力，从而引发语言的碰撞、思想的交流、观念意识的改变和心灵的震颤。因此，课堂教学中创设一种理解和对话的情境对其顺利进行具有非同寻常的意义，当然，这种对话并非漫无目的的交谈和闲聊，而是教师在一定程度上掌握着"话语优先权"的对话，即教师具有话题设置、呈现、限定的优先权。这是教师的权力职责，因为教师的引导就意味着对心智尚未完全成熟的学生的预设性指引，而不意味着教师就因此占有语言特权。正如在"维也纳生活圆舞曲"一节课中的教学，师生在共同建构的对话教学情境中交流和学习的一个片段[①]。

> （老师让学生阅读文章后三段，想一想哪些描写与音乐会、圆舞曲有关，并写下自己的体会。）
> 师：把自己的体会先与同桌交流点评，点评时先说说好的方面，再提出建议，明白了吗？
> 生：明白了。
> 师：（几分钟后）好！现在该到我们分享的时候了，哪一组先分享一下？
> 哦！最后一排两位女同学站起来了，其他学生要认真听、仔细看，一会还要发言提出建议呀！（可以从该教师这句话看出，他在很自然地组织课堂教学。）
> 生1：我体会到维也纳人很喜欢音乐，他们也希望我们和他们一起

---

① 张鹏君．课堂教学中教师话语规训的反思．当代教育科学，2014，（16）：15-19.

享受音乐的乐趣。

师：（示意生2）你来给她点评一下吧！（此刻教师已经将话语权移交给学生。）

生2：她写得很不错，因为只有在维也纳才有这样的生活。

师：你点评得也很棒耶！其他同学还有要补充的吗？（对学生的点评给予回应，并再次转交话语权。）但是，如果我是她的同桌，我还是想再加上一点可以吗？（体现出充分尊重学生，又顺理成章的补充完善点评。）

首先，她清楚表达了自己的意思；其次，她能从维也纳人中感受到这是所有人都在享受的乐趣。不过，我这里还有一个小建议，在句子结尾要加一个……（故意留白，让学生接着说）

生：（齐声说）句号。

师：一段的开头要……（仍然留白，给学生说出的机会。起到巩固又强调的双重作用。）

生：（大声说）空两格。

师：（看着生1说）还要表扬你的字体很端正，如果能做到这些就更棒啦！来，掌声欢送她们回座位。（对生1也给予评价和鼓励，掌声建议体现出对学生的表扬、尊重，也活跃了课堂气氛。）

由此可见，创设一种对话情境对课堂教学非常重要，在其中对话双方是在自发地讨论或自由地探究，他们的思考和回应是在自由的对话氛围中油然而生的、不可抑制的，既有冲动、直觉和激情，又充满理解、自主和反思。正如上述课例中，教师很自然地移交话语权，学生之间、师生之间的对话水到渠成。教师的提醒和话语的转换，既给了学生充分的话语权和自主机会，又不失时机地组织了课堂教学秩序。教师点评、学生互评、教师留白等，既活跃了课堂气氛，又收回学生的注意力，起到了加深理解、复习巩固的作用。

（三）提升教师的实践智慧

教师的实践智慧是"指导教师实践的准则，或者是为教师实践提供经过反思的合理化解释。对于研究者而言，一个更重要的任务就是同教育实践者合作，把优秀教师的实践教学法智慧系统地整理并呈现出来"[①]。由此可见，形成和发展

① 舒尔曼.实践智慧：论教学、学习与学会教学.上海：华东师范大学出版社，2014：158.

教师的实践智慧也是课堂研究改善实践的重要方面。

教师的实践智慧的生成和提升受到外部和自身诸多因素的影响，外部条件为其生成和提升提供了可能性和支持性，而教师自身的体悟和反思是关键的内部条件。"一个教师只有经常地学习、积极地探索、自觉地反思与调整，用研究的眼光看待日常工作，才能从平凡、司空见惯的事物中看出新的方向、新的特征、新的细节，才能在平凡的教学实践中寻找不平凡的感受，寻找教育的真谛。"[①] 而从事课堂研究正是为其提供了反思和研究的平台，通过与专业研究者的不断对话叩问课堂实践中的教学事件，发掘其背后的教育理论和假设，在此过程中不断发展教师的实践性知识，促进自身的专业成长。正如某小学语文教师（B-T$_1$）在体悟与反思后，再次执教所呈现的"课前导入"[②]。

> 那一次听课，我讲的是"灰椋鸟"，第一次授课导入是"猜字和改字游戏"。
>
> 师：同学们，我们准备开始上课了，在上课前，咱们玩一个猜字游戏，好吗？
>
> 生：好！（异口同声，很有热情。）
>
> 师：北京下了几滴雨——打一字。
>
> 生：（有的相互看着，有的若有所思，有的在商量议论。）
>
> 生1：是"凉爽"的"凉"
>
> 师：真聪明，同学们，还有其他的观点吗？
>
> 生：（大多数都表示就是这个"凉"字。）
>
> 师：如果将这个字左边的偏旁换成"木"字旁，是什么字？怎么读呢？
>
> 生："椋"，读做"liang"，是"二声"
>
> 师：那咱们今天就学习与这个"椋"字有关的一种鸟，叫"灰椋鸟"，请大家齐读。
>
> 在课后与专业研究者的研讨中，有专家提议说，课前导入没有真正起到"导"向作用，只是简单地由"椋"字引入鸟名即课文题目"灰椋鸟"，几乎与本文中心思想没有任何联系。而既普及灰椋鸟有关知识又增强爱鸟与护鸟意识，既能使学生产生预期的情感体验又能激发学生学习本文

---

① 邓友超．教师的实践智慧及其养成．北京：教育科学出版社，2007：1．

② 该部分内容源于对某小学一位语文教师（B-T$_1$）的访谈。

欲望的导入，才应该是本节课导入的题中应有之意。

于是，我第二次进行教学，"播放歌曲《一个真实的故事》，作为导入环节。

师：同学们，你们喜欢唱歌吗，说说喜欢哪些歌曲？

生：（积极踊跃，有的甚至还立即唱起来。）

师：现在我们共同欣赏一首歌曲——《一个真实的故事》（播放歌曲。）

生：（静静地听着，还有人在唏嘘、感慨。）

师：同学们，你们听了有何感想？

生1：被她的事迹所感动……

生2：她是我们学习的榜样，我们也要爱护鸟类。

生3：虽然她做的看起来是小事，但是她很伟大。

生……

师：看来，同学们都很有感触，也希望向她学习，更重要的是需要大家行动起来，共同保护鸟类，植树造林。刚才歌中的徐秀娟就是今天要学习的课文的作者，她不仅爱白天鹅，也爱灰椋鸟，现在，我们就一起来学习……

从第二次导入可知：课前让学生说一说自己喜欢的歌曲，起到了调动学生积极性、活跃气氛的作用；当师生共同欣赏熟悉的歌曲《一个真实的故事》时，学生被其中的情节感染、感动，这时教师抓住时机呼吁学生行动起来、爱护鸟类、植树造林，此时他将"教书"与"育人"巧妙地结合了起来；当指出歌曲中的主人翁就是今天学习的课文作者时，再次激发学生对她的崇敬之情和学习本文的欲望，也激起对灰椋鸟的热爱之情，学生的爱鸟护林意识和对林场工人辛劳的理解和体谅也油然而生。由此可见，两次不同的教学导入方法起到了完全不同的作用，通过研讨使教师认识到课堂导入语不是随意的、形式化的，而是有其特定目的和作用的，它对整节课都具有指引和奠定基调的作用。由此可见，课堂研究对于教师教学实践智慧的提升，具有极为重要的功用。

二、促进课堂教学与研究的结合

课堂教学实践是研究的基础和源泉。"教师成为研究者"的观点认为，教师应该对自己的课堂教学行为进行反思和研究，以便对其进行调整或改进，由教师来研究和改进自己的课堂实践是学校教育改革的最直接的方式。正如佐藤学教授对教学研究的认识一样,"实践不是单纯的理论应用领域,它也是实践性理论形成的领域;课堂研究也是不仅意味着'理论的实践化',更重要的是处于轴心地位的'实践的理论化'或'实践性理论'"[1],课堂研究的目的在于改进教学实践,其对象是实践性问题的解决。因此,开展研究是改变课堂实践的最佳手段和方法,课堂实践中大量实践信息和素材是研究的基础和前提。在一定程度上而言,课堂实践是研究之源,课堂研究要关照课堂实践、介入课堂实践,在其中感受、感知和感应问题。正如一位专业研究者(A-F$_1$)在听评课"客中作"中发现的问题及其思考[2]。

> 师:同学们,咱们已经学习过唐朝诗人李白的一些诗作,他经常以此抒发自己的离别之情和乡愁;今天来学习他的另一首古诗"客中作",看看这首诗中,作者抒发了一种怎么样的感情。
>
> 师:"客中作"是什么意思呢?
>
> 生:就是在他乡时作的诗。
>
> 师:(展示课件)什么是思乡诗呢?思乡即思念家乡和亲人,这类诗大多是写作者的孤独和悲凉之情。现在大家来齐读这首诗。
>
> 生:兰陵美酒郁金香,玉碗盛来琥珀光。但使主人能醉客,不知何处是他乡。
>
> 师:现在打开课本,看看是否能够理解诗的大意?(读的时候标出节奏、注意生字词)
>
> 师:该如何划分这首诗的节奏呢?押什么韵?
>
> 生:它的节奏是2-2-3,押韵是"ang"。
>
> 师:谁来说说诗的意思?
>
> 生1:兰陵美酒用郁金香酿造,玉碗盛着有一种琥珀色光芒的酒,只要一醉方休,就不知道哪里是我的家乡。
>
> 师:只要你我举杯一醉方休,哪里管这是家乡还是他乡,这寄托了作者的什么感情?在他畅饮时有何心情?(小组之间展开交流和讨论)
>
> 生2:用喝醉来忘记家乡。
>
> 生3:用酒精来麻痹自己。

---

① 佐藤学.课程与教师.钟启泉,译.北京:教育科学出版社,2003:230.
② 该部分内容来自对某高校教授(A-F$_1$)的访谈。

生4：借酒浇愁。

师：啊，同学们可能是受到我刚才的影响，我提前把"思乡诗"三个字摆出来了，其实很简单，虽然题目暗示似乎是要写客愁的，而实际上诗人在面对兰陵美酒和朋友的盛情时，却有一种愉悦兴奋之情，竟然乐而不觉为他乡了。

师：那是什么原因使诗人忘却了乡愁呢？

生5：有人陪他喝酒。

生6：主人亲切，给他安慰。

生7：他乡有酒喝，不管那么多。

……

到此为止，我们可以看出，这位教师一直在引导学生说出"诗人的心情和感受"，希望学生通过诗句的理解，能够发现与体会诗人在该诗中与其他思乡诗中不同的情绪和感情。但是，学生受到了"客中作"这一题目影响和暗示，以及教师"思乡诗"的提示，使他们一直陷入乡愁、借酒浇愁等感情体验中，而没有感受到诗人不再是借酒浇愁而是乐在其中，更难以理解诗人那种豪放不羁的个性。

其实，这一课堂实录真切地再现了课堂教学实践中存在的问题——教师的预设教学与生成教学之间的关系，即这位教师在进行教学设计、备课时对于这些问题的设置以及学生的回答，都有一定的预设——诗人的思乡愁在美酒面前被冲淡了，并因而有一种愉悦和兴奋之情。但是学生在教学过程中并没有达到教师的预期——受到思维定势和前摄抑制的影响，一直徘徊于思乡愁、借酒浇愁等感情体验中。这一问题虽然被教师发现了，并及时地引导了学生，但是其效果并不理想，也因此使学生对诗句的理解处于表面和肤浅，而没有体会到诗人的真正感情。

通过这一课堂实践案例可知：课堂实践中总是会发生诸如此类的诸多问题。但是这些问题的实质是什么？如何看待和解决这一问题呢？透过这个教学案例，研究者发现了"课堂教学预设与生成"之间的问题，接下来可能会考虑，作为研究者在课堂实践中发现问题后如何提炼出自己要研究的问题？对于相关问题采用哪些研究方法才是比较适切的？要解决此类问题还需要从课堂实践中了解和搜集哪些相关的资料和素材？……正是课堂教学实践给研究者提供了发现问题的机会和平台。

服务于课堂教学实践是研究的旨归。课堂研究的对象是课堂实践中的问题，这些问题来自于课堂实践，也必须在课堂教学活动或其他课堂实践活动中来解决，其最终目的还是要应用于课堂实践。为达到服务实践的目的，研究的主要任务包括，①在课堂实践中发现有代表性的或者突出需要解决的问题，并在此基础上，通过科学的观察、描述课堂实践中的各种关系，进而通过分析、综合、归纳等思维活动去认识课堂实践；②探索和揭示课堂实践活动中隐含的一些规律性的东西，使师生在课堂教学中能够遵循并利用它，从而使其更好地教学或学习；③探寻课堂实践活动中有哪些思想观念、行为和思维方式与课堂实践活动的内在规律存在着不相适应之处，是哪些因素制约着课堂教学实践，教学改革就是要改革这些不符合课堂教学规律的观念和做法。正如上述课例"客中作"中所反映出的教学预设与生成的关系问题，当发现了这一实际问题之后，就要在课堂实践中进一步审视和探索，进入其他学科或者其他教师的课堂教学中，观察是否也经常发生这类问题；通常在什么情境中容易出现这类问题；当出现这些问题时，教师通常是怎么做的，采取了哪些措施，是点拨引导还是按照预设的答案直接由教师呈现出来；导致这些问题形成的、背后的根源在哪里；究竟课堂教学中的预设和生成存在着什么样的关系，该用什么样的眼光来看待这种关系等；同时，还可以与授课教师进行座谈，进一步了解他在面对"学生不能体会到诗人的真正感情"时，这位教师当时是怎么想的，为什么当时直接告诉学生是思乡诗而不是引导学生逐步去体会和理解，在以往是否也经常遇到类似的问题情境，通常是怎么做的等。当课堂研究者厘清了这些相关内容，就可以基于此进行有针对性、扎实的研究，从而对课堂实践中的问题进行概括、提炼、总结和提升。

三、促进理论扩充、提升与创新

课堂研究活动是实践工作者和专业研究者展开的，它具有人的实践活动的特性。"人的活动不外乎两种：个体用手、脚、躯体和由它们把握的物质工具系统进行的改造外部物质世界的活动，我们称之为物质操作；个体通过想象、推理、潜意识运动在精神空间中进行的象征性改造和领受世界的内部活动，我们称之为精神操作。"[1] 个体的实践活动作为一种对象化活动，在进行物质操作的同时，也会进行精神操作。如果没有个体内部的精神操作，即没有对事物的认知，单独的物质操作本身就难称其为实践。"个体实践是个体物质操作和精神操作的

---

① 王晓华. 个体哲学. 上海：上海三联书店，2002：2.

互生运动，这种运动通过超越个体当下的物质生存情境而创造个体自身和他的物质生存情境。"① 所以，课堂研究作为一种实践活动，它的实践本性也应该是由物质操作和精神操作共同完成和体现的。不同研究者进入课堂实践中的观察、访谈、写真等是利用肢体感官、以自己为工具系统进行的探究课堂世界的活动，属于物质操作活动；而在课堂"场域"之外进行的通过对文本资料的想象、推理、潜意识运动而在思维和精神空间开展的课堂探究活动，属于精神操作的活动。因此，课堂研究活动的本质，就是研究者进行的物质操作和精神操作的互生运动。课堂研究者的物质操作（实践研究）作用于课堂世界并获取实践资料，精神操作（理论研究）对反馈信息进行整理加工，获得对课堂的认知（理论认知）。在这一过程中，精神操作（理论研究）对物质操作（实践研究）具有某种保持和设计功能，就意味着精神操作对物质操作具有一定的涵括和超越作用，精神操作所得认知也会在研究者后续的物质操作中得到检验、修正和完善。这就意味着，课堂研究不但需要开展获取资料的实践操作活动，为其做好质料层面的准备，而且需要进行经验的提升、理念的提炼，为其奠定理论结构层面的基础。也就是说它在改善实践的同时，也要注重理论的扩充、提升和创新。

　　当然，课堂研究的实践性并非体现在它对教师产生的"处方式"作用，亦非"一种不受价值影响的理论论述模式，或一套技术规则，而是一种倾向，它既是道德的，又是理智的，并显现在把'善'的道德知识和正确的实际判断结合起来的能力中"②。也就是说，课堂研究的实践性体现在告之教师如此这般教学的缘由，告诫他们应该如此这般教学才是趋善的教学，并以此使他们根据自己的需要和现实教学条件，合理地运用到实践中去。在课堂研究实践中，专业研究者"为了实践和通过实践赋予、锻炼、发展和提升自我的本质力量，同时，借助这种本质力量，研究主体确立对象性关系，并观念地把握对象性关系"③，变"自在之物"为"自我之物"，即将课堂"场域"中的事实、现象、经验、感性材料等统摄到自己的知识结构和思维框架中，并以结论或理论形态逻辑地表现出来，同时，将自己的思维方式和价值观也凝聚和渗透于研究过程和结论之中。这种实践经验和其中包含的对课堂实践的理解与创造是课堂研究理论产生的重要资源，由此而生的理论在以后课堂实践中又不断地修正、改进和变革，在不断超越中展现着自己的实践本真。

---

① 王晓华.个体哲学.上海：上海三联书店，2002：3.

② 卡尔.技术抑或实践——教育理论的未来.袁文辉，译.华东师范大学学报（教育科学版），1995，（2）：31-36.

③ 郝志军.教学理论的实践品格.北京：教育科学出版社，2008：36.

　　同样，教师不是"教学机器"，而是有意识、有思维和理性的主体，其课堂教学实践也是在某些教学理论、教学观、惯习等的影响或控制下进行的，只是有些可能在积极主动的、目标比较明确的、高效的层面上展开的课堂反思研究，而有些则在被动的或无意识的、较为低效的水平上展开的，这些与其研究意识的强弱、教学素养的高低、教学成就感的强弱等都有着密切的关系。因此，我们可以认为，教师开展的课堂教学活动一定有某些反思和研究的因素或成分，尽管教师主体自身可能未必能够意识到或者能够用清晰的话语系统明确地表达出来，但是教师在课堂教学中的反思和研究的一面，并不能因其没有明确言说而否定它的存在及其作用。正因为教师在课堂教学中表现出来的这种模糊、意识不强的反思和研究状态，才更需要有一种强有力的手段促使他们变得澄明、积极主动和高效，需要一个平台能够使教师的课堂教学与课堂反思密切结合，并以显性化、科学的方式展开，而课堂研究与教育研究一样，"具有强烈的自我反思特征，促使实践主体通过研究活动改变原有的教育观念，提高认识和完善教育活动的能力。这时，研究具有把作为研究者的实践者从原先的认识框架、思维和行为方式的框架中'解放'出来的功能"①。因此，通过课堂研究能够促使实践工作者基于实践进行系统地反思，并为理论的完善和创新提供源头活水，以此推动理论的扩充、提升与创新。

---

① 叶澜. 教育研究方法论初探. 上海：上海教育出版社，1999：337.

第三章
课堂研究的主体

人啊，认识你自己吧！

——古希腊神庙上铭刻的古老箴言

在《现代汉语词典》中，"主体"有两层含义：①指事物的主要部分，例如房屋的地基、承重墙、梁柱、楼盖等；②指活动的承担者，这是与客体相对而言的。从"主体"概念的发展历程来看，从苏格拉底的"认识你自己"开始，就预示着主体式思维方式的萌芽。笛卡儿的"我思故我在"则意味着近现代意义上主体概念的诞生，在他这里"我"是"一个精神性的我，一个灵魂、一个思想的东西，而不是物质的我、感性存在的我"①，是以"我思"为标志的理性主体的确立。康德在继承这一思想的同时，又对其进行批判性改造，在明显的先验性中，将人的实践性统一到主体理性之中。到了黑格尔那里，它以辩证的眼光来审视"主体"，相对于他强调的"绝对精神"是第一性的而言，主体似乎又是客体，即主体可以理解为"主体—客体"②。由此可见，黑格尔从理论上对主体和客体之间断裂的努力。马克思在前人的基础上，从感性活动和实践的高度来认识主体概念，在实践中建构、体现和发展主体自身。正如有学者指出，"主体概念的最根本含义，首先是指人对自己生命的支配活动说的，人有一个自我的生命本质，从支配自己的本能生命活动，进而才能支配人的活动对象、人的生存环境、外部世界的存在。自为存在的生命体，就意味着人是自我创造、自我规定的生命存在，这也就是作为主体的自由性"③。

　　简言之，"研究主体"就是从事研究活动的人。在人类所有的活动中，人都起着决定性作用，在课堂研究中也不例外。在我国，传统教育科学研究的主体常指"教育理论工作者"，而实质上一些学校教育管理者、教师也在进行教育科学研究，这些"教育实践工作者"也应归属于教育科学研究队伍，所以，研究主体可以统称为"研究者"。课堂研究主体指从事课堂研究这一独特认知与实践活动的承担者及其执行者，包括高校、科研院所的专职或兼职人员、中小学校直接从事教学工作或研究工作的教师、教研员以及教育行政管理工作者。鉴于学校课堂

---

① 冯俊.开启理性之门：笛卡尔哲学研究.北京：中国人民大学出版社，2005：44.
② 马克思.1844年经济学哲学手稿.刘丕坤，译.北京：人民出版社，1979：119.
③ 高清海.人的双重生命观：种生命与类生命.江海学刊，2001，(1)：77-82.

教学所涉内容的复杂性，课堂研究主体不可能是单一性的，那些直接从事课堂教学工作的教师、参与教学管理的实践者、思考课堂教学问题的专业研究者等都可能成为课堂研究人员。

第一节 课堂研究主体构成

从传统而言，专业研究者是教学研究主体，而实践工作者是教学实践的主体，现实中两类主体往往处于分离状态。从特定历史时期来看，两类主体的分离或融合都是一定社会历史的产物，因此，需要从历史梳理着手展开对课堂研究主体的考察。

一、课堂研究主体关系的历史梳理

从历史发展来看，课堂研究主体是随着社会发展和教育改革而不断变化的，从原始性合一、制度化分离、到初步共同参与再到专业化的相互建构，是一个长期、渐进的过程。

（一）原始化合一

一般地说，社会教育是由社会的生产方式、思维方式与生活方式等决定的。在人类社会早期，由于社会生产发展的影响，教育经验源于实践经验，尚未存在专门的教育机构和教育理论研究，也不存在专业教育研究者，因此，这些实践经验拥有者则当仁不让地兼具教师与"研究者"的双重身份。中国古代社会的教育"学在官府、学术官守"，教师也是"政教一体、官师一体"，如西周的"国学"教师由大乐正总其事，下设许多官员分掌各职；秦朝明确规定实行"以法为教，以吏为师"；汉代在"独尊儒术"的基本文教方针下，兴办太学，支持私学，太学的教师不但有议政、藏书、制礼等职责，还需熟悉与研习经史。汉朝的教师不但要"经明行修"，还需要考虑教什么和如何教。从一定程度而言，汉朝的教师已兼有"官""教""研"三者身份，对教育经验的总结与改进、教学方法的改善、教学效率的提升等业已成为为官的从教者关心的内容。由此可见，在中国早期社会里，教与研是原始地结合在一起的，虽然教师的教学经验仅是个体的经历或师者之间的相互模仿，还不能称为一种真正意义上的专业化的教学和研究，但其中却蕴含着教师职业化的倾向，构成了教学研究的早期形态。

在西方社会，最早职业教师为云游四方、授徒讲学的"智者派"，他们在授学的同时，也对教育问题进行广泛而深入的思考，"智者们已经较为明确地意识到教育活动的特殊性，并开始自觉地把教育现象和政治现象、道德现象等社会现象相区分。他们把教育过程当做一个运用秉赋、进行练习的过程"①，虽然这些思考尚未形成系统的教育思想与成型的教育论著，但他们的言论已经涉及一些希腊教育思想中的某些教育范畴、命题与原理，他们的教育思想也蕴含着西方教育思想发展的基本方向。

在中世纪，个别教育家曾提出过许多对教育教学方面的见解，这些虽不能称为严格意义上的教学研究结果，但其所蕴涵的富有价值的教学思想也对当时及其后的教育教学实践产生了深远的影响。虽然当时教学实践对于教学研究的要求并不高，更无今天这样的健全研究机制，但这并不意味着近代之前无相关教学研究，导致这种情形存在的主要原因在于：①教学内容渗透着浓郁的宗教与政治色彩，个体对固化的教学内容难以有自己的解释；②教学方法单一，教师主要是沿袭传统教学方法；③教学评价多以教师掌握知识的程度来予以衡量等。此外，古代与中世纪教师专业尚未职业化，从教者多是为了谋生，诸多因素致使教与研难以并驾齐驱。

（二）制度化分离

17世纪以来，近代科技发展改变了整个人类社会与教育的面貌，"知识就是力量"映射出了社会与人类对于知识的苛求，此时，真正意义上科学的出现与发展为社会带来了丰富的知识，同时，资本主义工业化的进程急需更多的人掌握更多的知识，那么，如何提高教学效率与质量成为此时教育领域的重大命题，这就使得教学越发显得重要。此外，18世纪之后师范教育的出现使教师出现了专业性训练。

另外，科学技术逐步具有了相对独立的理性力量，技术理性逐渐形成。技术理性的主要特点是，"当有了一个既定目标，其中心任务就是如何采用最适当的方法来实现此目标，所以专业实践的任务就是应用专业领域的科学知识和技术

---

① 吴式颖.外国教育史教程.北京：人民教育出版社，1999：45.

来解决问题，最终实现目标"①。随着科学技术的高速发展以及社会分工的日益精细化与复杂化，以知识生产与传授为主要任务的教师成为一种社会职业；而且，随着学术体制的建立、专门科研机构的创设，以及不同科研主体间的交流，为教师成为以学术传授和研究为主的专业学者提供了条件与制度保障。在技术理性视角下，专业活动被视为以一种应用科学与技术来解决问题的过程，技术关注的是有效性，技术理性的特点是专业知识的等级性、研究与实践的分离。当这种技术化理念渗透到社会的不同领域和各个方面时，教育领域也不免充满着技术理性的色彩。"教学被看成一门科学，教学过程是一个技术过程，实证性的知识框架是教学实践依赖的基础，教师成了教学技术员，即技术性职业的执行者。教师的专业性表现是教师应该具备技术性、可操作性的和确定性的专业知识和技能。要提升教师专业性就要不断增加教师的专门知识并提高教师教学技能。"②

渗透着技术理性的专业知识是等级化的：基础科学知识是最高层次的，它负责生产新的知识、进行理论的创新；应用科学知识居中，其任务是将基础研究的成果转换为规则、模式等，以便实践者使用；实践操作知识处于底层，它主要是将上述理论、原则、模式、工具等应用到实践中，以实现对生产力的作用。正是这种等级化的知识所具有的"专精化、科学化、标准化和界限性"的特性，使得专业研究和实践研究以及不同研究主体之间呈现出明确的分工。技术理性的逻辑认为创造基础理论是大学中科学家和学者的事情，专业工作者和技术人员则是应用这些理论的人，而专业学院的功能便是——将作为专业表现基石的普遍化和系统化的知识传递给学生，于是专业人员与实践人员便割裂开来，研究与实践就有了明显的分离，两类工作者各司其职、各行其是。专业研究者主要进行基础理论与应用科学研究，而实践者主要为前者源源不断地提供问题与研究素材，于是，两类主体走向不同的道路，久而久之，专业研究者成为深奥理论探索的化身，而实践者成为前者研究成果的消费者和应用者。这样的分工体现在教育领域中，专业研究者成为教育理论知识的专业探索者，而教师则是专门的知识传授者。这种技术理性长期充斥着教育理论和实践，使教育理论与教育实践被视为相互分离且各自独立的部分。工业思维模式应用于教育的结果就是课程目标、内容、实施与评价都被"标准化""科学化"，教师的专业化程度也靠学科专业知识、教育学、心理学的科学原理和技术来予以保障和衡量。从一定程度而言，教师专门从事教学实践活动，促进了教育实践的发展，但是当教师的这种分工界限固化

① Allen T P. The Teacher : The Theory and Practice in Teacher Education. New York : Routledge, 1989 : 27.
② 马敏，王坤庆 . 变革中的教师教育：华中师范大学免费师范生培养的理论与实践探索 . 武汉：华中师范大学出版社，2012 : 143.

了教师的身份和角色时，就为教育发展带来了困扰，使研究和实践之间产生难以逾越的鸿沟。课堂研究与课堂教学实践之间，以及其研究主体之间也呈现出分离的状态。

（三）初步的共同参与

在制度化背景下，教育领域对技术理性的过度推崇使教育理论研究与实践日益疏远，理论变得玄妙高远、空疏无用，并因此受到实践的指责。在 20 世纪初，有研究者对教师成为研究工作者进行探讨，认为教师也应该拥有研究的机会，而不应该仅仅由专业研究者所独揽。例如，杜威认为，教室是教育实验的场所，教育实验应由专业研究人员与教师共同完成，这种观点显然与专业研究者把学校当做实验结果实施的场所的看法是不同的。专业研究者认为，他们先研究出来理论，然后再到学校中予以实验，而教师就是这种负责实施研究结果的人员，但教师无须参与研究结果的获取过程。杜威则认为教师与专业研究者应共同担负研究的任务，因为教师在课堂教学中，既要研究课程、教法，还要研究学生，理解学生的思想、心理与行为等。这种具有前瞻性的声音和主张，为教师能够进行教学和研究，与专业研究者共同研究起到了促进作用，也为教师成为研究者奠定了基础。

到 20 世纪 60 年代，斯腾豪斯明确提出了"教师即研究者"，这一观点在世界范围内产生了广泛的影响。他认为在课堂教学中，教师不应作为教学内容的"搬运工"，而应成为是学生学习、自由讨论的组织者、促进者和思考者，每一位教师都应该是教育科学研究的成员。而且，他还主张教师开展独立、主动的教学研究，即不是在专家指导下进行研究，而是针对课堂实践问题来调整教学内容、变换教学方式，并在此过程中不断进行自我监控和评价，从而得到不断的改进和修正。高质量的课程研究的诉求催生教师成为研究者，并且意味着教师从此与专业研究者能够共同进行相关研究，在课堂研究中，教师也成为研究的主体，实践工作者与专业研究者开始共同拥有学术研究的权力。

（四）专业化的相互建构

虽然，教育的发展在客观上需要教学研究与教学实践的关系比以往任何时期都更密切，且研究领域在不断深化、拓展，研究理论也异彩纷呈，从一定程度而言，教学研究已经成为改进教学实践的重要力量，但是，现代教学研究与教学实践仍然延续着分离化的困境：众多研究成果被束之高阁，更多的专业研究者和实践工作者缺少共同话题，越来越多的研究成果应用到实践中，却没有产生理想的效果，实践人与理论人甚至出现了越来越多的相互指责……正是在此情况下，一种能够使教育研究主体和实践主体互相结合的趋势成为新的诉求。

自 20 世纪 60 年代，国际劳工组织和联合国教科文组织首次官方认定教师职业的专业性身份以来，在国际范围内，许多国家一直在致力于推进教师专业化进程，不断提高教师的专业水平与从业标准。尤其是 20 世纪 80 年代以来，许多国家都成立教师发展中心或者课程开发中心，教师成为课程的开发者和研究者，教师的成长与课程的开发、研究成为统一的过程，教师也成为这一过程的反思者、实践者与研究者。教师作为"反思性实践者"成为其发展遵循的重要范式，这一范式也将实践性知识和专业化联系起来，"一个从业者只有具备了这种知识，他才能胜任某一专业的工作；反过来说，某一种职业要成为专业，它的从业者也必须具备相应的实践性知识"①。这样一来，教师就是在"参与"和"反思"中进行实践的行动研究，就会在不断的行动中获得反思能力与专业发展。"对实践工作者来说，这是一个学习的过程，也是对自己的原有实践方式和与此相关的理论进行改造的过程。这种改造有时涉及的不只是认识与观点，还包括教育信念与思想方法，实在不是容易的事情。对于理论工作者来说，这是一个宣传自己的观点，使之普及到相关人员头脑中去的过程。"②然而，这一过程是曲折而又艰巨的，无疑在不同阶段出现某些困难与问题，如对于专业研究者而言，如何避免将实践者对象化和工具化，同时，实践者也理应摒弃唯"理论"是瞻的神化理论的心态。

二、课堂研究主体构成的理论依据与实践需求

从实然层面的历史梳理发现，课堂研究主体经历了原始简单合一、制度化分离到最终逐步走向相互建构阶段，这既是历史阶段性特征的必然表现，也是历史发展的趋势。从应然层面来看，课堂研究主体由两部分人构成。"一部分是专业研究人员，他们的学术背景有的以教育科学为主，有的以其他学科为主，辅之以教育学科；另一部分是来自实践一线人员，主要指各级教育管理人员和学校教师。"③因此，课堂研究主体具有双重主体性，包括实践工作者与专业研究者。

① 王卫华.教师在教育研究中的地位变迁及展望.教师教育研究，2010，（4）：19-24.

② 叶澜.我与"新基础教育"——思想笔记式的十年研究回望 // 丁钢.中国教育：研究与评论（第7辑）.北京：教育科学出版社，2004：42.

③ 叶澜.教育研究方法论初探.上海：上海教育出版社，1999：334.

　　本书中，实践工作者主要指一线教师与教研员，他们是教学工作的直接参与者，具有丰富的实践经验，同时对课程中存在的问题与课堂研究的趋向更具有发言权。教师是直接实施教学的人员，是蕴含着最大潜能的群体，也是对我国的课堂研究最终有决定性影响的群体。在我国，教育行政人员、教研员大多数是从中小学教师中教有专长的人员中选拔出来的，由原来的教学身份转变为现在的指导与监督身份，其工作职责主要是对中小学教研工作进行指导、监督和评价，虽然现在不直接从事教学工作，但因该群体曾经教有专长，并且当前的教研员身份也需经常身居实践开展教学指导工作，因此，也将其归为实践工作者的行列。

　　"如果'教'不建立在研究学生、研究教材、研究'学情'与教材之间的复杂关系的基础上，就很难真正达到所谓的'专业化'水平。"[①] 由此可见，对学情、教材及二者关系的研究是实现教师专业化、提升其专业水平的重要条件与手段，从事教学研究是教师作为专业人员的题中应有之义，他们无疑是课堂研究的主体。实际上，实践工作者也在有意识或无意识地进行着不同形式的研究，例如同一学科之间的"研课"活动、师生之间针对授课情况的交流与反思，以及教师课后的反思等，只是有些研究往往是初级的、零散的、不甚系统的，致使其研究形式不免显得"随意"与"朴素"，有时难以规范化、学术化、逻辑化与系统化的形式呈现出来，但是，这并不意味着一线教师不从事或不能从事课堂研究。虽然实践工作者缺少专业研究背景方面的优长，但并不意味着他们从事研究是"可望而不可即"的。

　　专业研究者是教育科研领域的专职人员，包括专门从事研究的教授、学者与研究员。他们通常具有扎实的专业知识储备、深厚的理论积淀与良好教育学术背景，经过多年系统的专业训练，有稳定的研究方向和科研主攻目标等。课堂研究中的专业研究者，通常以理论研究居多，通过归纳、演绎与比较的思维分析路径，进而实现理论的推进；从理论研究价值看，教育基本理论以间接的形式作用于教育实践，虽不是直接提出可操作性的建议，但它却具有根本性、指向性与总体性，通过影响实践工作者的思想观念、方法等来促使其在教学实践中进行创新。

　　实践工作者与专业研究者因角色的差异而决定了其在研究中的地位和任务有所不同，以及面对研究问题时的思考视角和采取的研究方法的差异。实践工作者（主要指教师）是课堂教学的"天然掌舵者"，也是课堂中教学现象与教学问题的"诱发者""目击者""引导者"。因此，他们的研究视角常常从这些实践问

---

　　① 孙元涛.研究主体：体制化时代教育学者的学术立场与生命实践.上海：华东师范大学出版社，2015：12.

题出发，目的也直指问题的解决、教学质量与效益的提升。专业研究者是课堂教学理论的"关注者""提炼者""建构者"，也理应成为课堂教学的"参与者"深入课堂并发现存在的问题。或许他们并非直接采取实践措施解决这些问题，而是从理论上阐释问题，这种理论诠释和规律探索，虽不直接作用于实践，但其最终目的仍是为教学实践服务的。综上所述，课堂研究主体应该由实践工作者与专业研究者构成。

（一）专业研究者走进课堂"田野"的剖析

1. 理论寻访

专业研究者不像实践工作者那样每日处于课堂"场域"之中，从事各种课堂实践活动，而主要通过理性思考来感知静态、文本性的课堂现象和问题，大多是通过文献认识课堂实践，这本身就与课堂实践存在一定的距离，如果再以"理论者"或"指导者"自居，就更难以躬身于课堂实践，容易造成课堂理论研究与课堂实践之间的"遥望"。由于长期的制度性"隔离"与人为性"断裂"，虽然现实课堂实践呼唤理论的关照，但仅靠单纯呼吁与倡导似乎仍缺少足够的说服力，因此，其合理性论证是必需的。

（1）杜威的探究认识论。

认识论是涉及知识的本性与可能性的哲学领域，如知识是什么，如何获得知识，了解事物的可能性何在等都属于认识论问题。从某种意义而言，认识论是哲学的主宰者，许多哲学家们也致力于经验与知识关系的探求。杜威在此完成了一次"哥白尼式的变革"，其意义就在于"我们并不需要把知识当作是唯一能够把握实在的对象。我们所经验到的这个世界就是一个实在的世界。但是我们所经验到的这个世界在它的原始状态上并不是我们所认知的世界，并不是我们所理解的世界，而且从理智上讲来，并不是融贯而可靠的"[①]。在杜威看来，传统的认识论根本是知识观——"知识的旁观者理论"，这种认识论的假设是知识的真实有效的认识对象是先于并独立于认识行为的，换言之，认识对象具有先在性，不受认识活动的影响，是与认识过程分离的，认识的探究者是一个被动的"旁观者"和"非参与者"。因此，在杜威看来，由于传统认识论的整个工作都是建基于这种站不住脚的知识预设，所以必须改造这种知识论，而建立新认识论——实验性的认识论或行动认识论。他认为我们所面对的世界不是外在于我们、静待我

---

① 约翰·杜威.确定性的寻求：关于知行关系的研究.傅统先，译.上海：上海世纪出版集团，2005：227.

们"反映"的世界，而是一个需要我们置身于其中，不断探究、交互作用的世界，是一个需要我们采取行动，不断探究才能呈现"如此这般景象"的情境。因为我们生活的世界是一个需要通过行动、认识、思考的世界，一个深受其影响也会反作用于它的世界，所以，我们需要在行动中体验、探究和把握这个世界的变动不居。准确地说，"探究是通过控制或引导，将不确定的情境转换为其组成成分在特性和关系上具有确定性的情境"①。情境及其问题的多样性也需要探究层次的多元化。

由杜威的认识论可知，在探究理论视野中，人们看世界的观念和行动都发生了变化：探究的知识取代了静观的知识，探究的心灵取代了静待的心灵。在他这里"探究"是指那种用来处理或解决问题"情境"的"操作"行动，"探究是一种具有一定受控性的转化行动，即由一个模糊的情境转化为明确的情境，并将原初情境中的要素有机统一起来"②。杜威的探究行动的"五步法"是我们理解其哲学思想的一个合适的入口。

当我们用杜威的探究的行动来关照当前的课堂研究时，研究者进入课堂"场域"也是一种探究行动。课堂实践中的具体情境是课堂现象或问题的"天然发源地"，这种情境问题是探究的先决条件和激发因素。当研究者面对它们时，一些可观察到的课堂事实会进入他们的视域，并引起进一步观察和思考，当这些新观察到的课堂事实与先前观察到的课堂事实或相关知识相互产生联系时，这些课堂事实的新秩序就为他们提供了修正或解决问题的思路或假设，这种新的思考又引发新的观察和思考，再次确定课堂事实的新秩序。在此过程中，专业研究者不断关注课堂问题，也进行着问题解决方案的思考或验证。因此，专业研究者的课堂研究是通过对实际"课堂情境"的具体考察而形成的一种可以不断生长的、活生生的东西；他们不再是那种端坐于书斋里的被动的感知者，而是主动地出现在课堂问题现场的探究者、研究者。

（2）伽达默尔的实践哲学。

"实践哲学"是以实践为反思对象的哲学。一般而言，实践是在与理论相对的意义上使用的，实践是理论的应用阶段。而伽达默尔则强调："'实践'一词指向我们的实践生活的总体，指向我们人类全部的行动和行为，指向人类作为世间的一个整体而做出的自我调适。简言之，我们的实践，就是我们的生活方式。"③

---

① 罗伯特·B. 塔利斯. 最伟大的思想家：杜威. 彭国华，译. 北京：中华书局，2002：67.

② John D. Logic：The Theory of Inquiry. New York：Henry Holt And Company，1938：104-105.

③ Hans-Georg G，Richard E P. Gadamer In Conversation：Reflections And Commentary. New Haven & London：Yale University Press，2001：78-79.

他的实践哲学深受亚里士多德"善"的理念的启发。亚里士多德作为实践哲学的始创者，他将人的活动划分为理论、实践和制作三种主要形式，相应地，这三种活动对应着"理论知识、实践知识和技术知识"①。在他这里的实践知识不同于理论知识，它不是一种不可改变的、必然性知识，而是一种可以改变人类践行的、并需要身体力行的知识，它是行动中的"实践智慧"，是与生活的全部相关的一种生活智慧。从某种程度而言，亚里士多德的实践知识是内含"知"与"行"统一的，他的这些思想对伽达默尔产生了深刻的影响，在其后期实践哲学思想中对实践的强调就是受此影响的表现。

然而，随着西方工业社会"工具理性"哲学的蔓延，人类生存的处境不断恶化，20世纪作为一个技术理性主导的时代，技术知识从掌握自然走向了控制社会生活，"实践不再是'内在合目的性'自我展开与实现的、自身意蕴善性的活动，而被压缩成了处于理论对立面的操作性行为"②。在实用理性的驱使下，现代社会"实践"窄化为某种操作意义上的熟练技能，异化为"工具理性"，而失去了理论与实践相结合意义上的内在目的的基础和定向，导致理论与实践对立，并导致理论与实践的紧张或断裂。基于此，伽达默尔主张那种"内在合目的性"的生活，关注致力于改变生活并在生活的先行参与中发挥作用的知识。他基于历史上的实践哲学思想，来实现对现实生活问题的关切、对实践智慧的关注，以及对理论与实践联系起来的追求。质言之，伽达默尔的实践哲学就是对人类生活的反思，对实践与理性重建的努力，他将实践理性视为一切理性的根源与哲学思想的基点。

当我们以其面对今天的课堂研究问题时，伽达默尔的实践哲学会给我们诸多启发：以实践智慧来统摄课堂研究的理论与实践，使专业研究者回归课堂实践、走向课堂实践，是使实践孕育智慧与理论的最好行动，是课堂研究走向纵深的最佳途径。

（3）布迪厄的实践逻辑。

实践逻辑是由布迪厄在社会学研究中提出的一个概念，并将其作为理论与实践相联系的中介，这对课堂研究具有一定的方法论意义。何谓实践逻辑？布迪厄似乎没有给出明确的界定，认为"实践逻辑的逻辑性的提炼要适度，逻辑概念应该是弹性化的"③。在他看来，实践逻辑既非一种纯粹理论的逻辑，也非价值的

---

① 孙元涛.教育学者介入实践：探究与论证.重庆：重庆大学出版社，2009：89.
② 孙元涛.教育学者介入实践：探究与论证.重庆：重庆大学出版社，2009：92.
③ 皮埃尔·布迪厄，华康德.实践与反思：反思社会学导引.李猛，李康，译.北京：中央编译出版社，2004：24.

逻辑,而是一种历史逻辑。这种历史逻辑是在实践者与环境的相互作用的历史活动中逐步生成的,既非客观世界中固有的,也非主观可以推断的。在布迪厄看来,惯习与场域的关系非常紧密,正如他所说的"习性的获得是经过预先社会化或者通过场域本身实施的社会化而进行的"[①]。

　　基于布迪厄对于场域的理解,我国诸多学者借鉴这一概念视角进行了理论与实践的关系、教师专业发展路径逻辑等方面的研究。石中英教授认为,"'实践逻辑'是由习性、意图时间和场域等因素所构成,是一些经由文化的长期积淀而形成的'实践图式',它支配的对象主要是身体——包括了思想、说话、姿态、动作、行为等完整的身体"[②]。它注重认识和把握现存事物的情境性和不确定性,注重以现实事件的情境性及其个体经验为指导实践的标准,并承认这种标准的价值。

　　当以"实践逻辑"来审视课堂研究时发现,专业研究者深入到课堂实践后,会引发该场域的结构性变化,包括场域中人员构成及其之间的心理氛围,以及由此带来的师生课堂教学活动、教师教学行为、教学反思、教研等各方面的变化,进而导致实践工作者(一线教师)对"惯习"的适应性调整,从而产生了专业研究者对实践工作者的某种干预,也实现了专业研究者"身体在场"的目的和价值。因为"任何一种教育理论体系总是处于特定实践情境中的主体进行理论建构的产物。尽管教育理论主体坚持的是发展理论为主的理论立场,但丝毫不排斥教育专业研究者遵循从教育实践中归纳、提炼教育理论的研究取向,即教育理论建构的'实践取向'"[③]。因此,在课堂研究中,专业研究者也应坚持从实践中归纳与提炼理论的研究取向,源于实践的归纳和提炼是课堂研究内源式发展的必然要求,对课堂实践逻辑的探寻是其根本任务。从现实来看,课堂实践逻辑主要表现为三个方面:①课堂实践中特有的问题,如班级建设、班级管理形式;②课堂教学中独有的思维,如"成事"与"成人"的目标,"教"与"学"的关系认识;③对教育教学目标的追求,例如"素质教育"的提出及其在课堂教学中的具体化等。同时,专业研究者在进入课堂实践,还要有一种对于实践的深层关怀,不断积累课堂中的"实践感悟",逐步增强对课堂实践的认同感与洞察力等。

2.实践审视

　　从中外教育研究发展看,一些专业研究者进入课堂实践的实验与研究为本

①　皮埃尔·布迪厄.实践理性:关于行为理论.谭立德,译.北京:生活·读书·新知三联书店,2007:150.
②　石中英.论教育实践的逻辑.教育研究,2006,(1):3-9.
③　杨小微.教育学研究的"实践情结".教育研究,2011,(2):34-40.

书提供了成功的先例。在国外，杜威是教育理论与实践的共生共存的典型，所创建的芝加哥实验学校是其理论与实践统一的场所；在国内，"新基础教育"研究也踏出了一条专业研究者走进课堂实践场域，理论变革与实践创新交互生成的新路，在实践层面上体现了实践对理论的需求、理论研究对实践变革的效用，以及理论与实践结合的需要与路径。

（1）课堂研究自身发展的理性选择。

课堂研究是一项理论与实践相结合的方式。如果专业研究者进行课堂研究完全以"具体"课堂理论问题为轴心，就不可避免地导致先验主义，并最终导致主观主义。然而，如果把课堂理论知识局限于主观臆想式的普适性法则，就容易导致教条主义，因此，课堂研究必须将理论与教学实践需要紧密结合起来，这就要求研究者走进实践、深入实践、扎根实践。

研究者唯有进入课堂实践问题呈现的具体场域中，通过具体情境中运用观察、访谈等研究方法，才能在实践研究中汲取所需资料，才能够根据事实进行客观地分析与说明，探求现象背后的原因和理论依据，或发现某些规律。在深入实践的过程中，研究者采用与实践相适应的研究方法和研究范式以及与此相关的话语符号系统，也使原有的这一套方法与话语体系有了新的突破，从而使实践研究得以开展。课堂实践研究是以课堂实践中的现象与问题为直接的研究对象，以考察它们的本来面貌为目的，这既是研究的源头，也是形成文本资料的源头。同时，研究者只有真正深入其中，"课堂世界"才会向其全面敞开，研究者才能认识到这个"世界"的真面目；只有生活在这个"世界"中，才能理解这个"世界"、提出真知灼见。因此，专业研究者走进实践是进行理论研究和实践研究的必然途径与最佳手段。

（2）教学实践改革的验证与趋向。

教学实践呼唤教学理论的指导，掌握丰富理论知识的专业研究者进入课堂实践自然成为课堂实践改革的需求。

自 20 世纪 80 年代以来，我国的课堂教学实践领域进行了诸多教学改革：①以学科教学为突破口展开教与学关系、教学方法以及教学组织等方面的探索；②开展了各类教学实验。有代表性的如李吉林主持的情境教学实验；裴娣娜主持的主体性教育研究；叶澜开展的"新基础教育"研究等都是在一定的理论指导下进行的。尤其是 21 世纪以来，世界各国都从战略的高度审视本国的教育与教学改革，面对世界各国出现的各类教育改革发展战略，需要大批专业研究者将其带入学校，进行推广和普及。当前，我国正在进行的基础教育课程改革是一次涉及范围广、内容多、时间长的全方位课程改革，迫切需要专业研究者全身心投入，以使这种自上而下的改革得以全方位落实和推进。

（3）课堂理论与实践融合的内在诉求。

在课堂研究中，应谨防纯粹思辨或是单纯实证两种极端的研究倾向，一方面不过分倚重实证，忽视理性反思和理论思辨，纯粹实证性研究难以使理论研究深入；同时，我们仍然认为理论滥觞于实践的土壤中，如迪尔登所言："教育理论是一种独特努力的产物，这种努力是要去获得教育实践的理智而深沉的理解。"[①] 当然，课堂教学实践是一种有意识、有目的的活动，在某些时候，课堂研究只能根据缄默的、有限度的思维图式来理解，从实践中获取经验。因此，一种先在的理论图式是从事课堂实践研究、理解教育实践的工具。

从我国课堂研究发展的现实走向来看，只有扎根于丰富的课堂教学实践，才能从理论与实践融合中找到理论的增长点。现代课堂研究不能从建构体系出发，而应从教学实践出发，对教学实践给予有力的解释。课堂研究理论体系的形成不能仅靠书斋内的遐思和杜撰，也不能依赖国外相关理论的移植和嫁接，而要走向具有本土气息的教学实践。唯有如此，才能在中国教学实践问题中形成和完善独特的研究体系，并促进中国教学论学科的建设和发展。

（二）实践工作者作为课堂研究主体的分析

从人类教育发展史来看，对教师的认识与对教育的认识几乎是同时展开的，从"对教师的研究"到"教师配合下开展研究"，再到"与教师合作进行研究"，在此过程中，"教师作为研究者"的理念逐步得以彰显和确认。

1. 为何：教师成为研究者的理论探寻

（1）教师即研究者。

20 世纪 20 年代，美国学者布金汉姆在《为了教师的研究》一书中，对教师成为研究工作者进行了探讨。他主张教育研究不应仅是知识专业人员的专有领域，教师应在课堂研究之中具有一定的话语权，如果一线教师能抓住这个机会，研究将不仅能有力地和迅速地推进教学技术的革新，并且将使教师职业更具生命力。20 世纪 60 年代，斯腾豪斯明确提出"教师即研究者"，并随后发展成为一种极具影响力的运动。在进行"人文课程计划"研究时，斯腾豪斯发现课程编制

---

① 迪尔登. 教育领域中的理论与实践 // 瞿葆奎. 教育学文集：教育与教育学卷. 北京：人民教育出版社，1993：539.

中忽视了教师作为实践主体的能动性和创造性，为此他开发了课程编制的"过程模式"，强调课程研究和改革中教师的重要性，并提出"教师即研究者"的观点。他认为："教师是课堂的负责人，从实验主义者的立场看，课堂是检验教育理论的理想实验室，而教师则是课堂和学校的潜在的实际观察者。因此，无论从哪个角度来理解'研究'，我们都很难否认教师拥有大量的研究机会。我们应该承认，每一个课堂都是一个实验室，每一位教师都是教育科学研究的成员。"[①] 虽然"教师即研究者"的观点仍存有不少质疑的声音，但是，毋庸置疑，社会对研究型教师的呼唤日益强烈，通过研究成为教学能手，成为教师专业发展的共识。

"教师即研究者"的观念在参与"人文课程计划"的埃利奥特和凯米斯那里又得到了进一步发展。埃利奥特认为斯腾豪斯虽然鼓励教师成为研究者，但仍没有真正促进教师的专业自主，只是验证课程专家的课程研究方案，因此他强调要使教师自己从教学实践中提出问题进行研究，并提出了"教师成为行动研究者"的观点。在此基础上，凯米斯主张教师在"教师的共同体"的指导下进行研究能够保证教师充分介入课堂研究之中，获得专业自主，并提出"教师成为解放性行动研究者"。从斯腾豪斯的"教师成为研究者"到埃利奥特的"教师成为行动研究者"，再到凯米斯等人的"教师成为解放性行动研究者"，这一发展过程反映出，教师在教育研究中的角色定位愈加具体化，对教师成为何种研究者的定位更清晰。

以"教师即研究者"的定位来审视当前的课堂研究，课堂实践成为研究的起点和归宿。教师利用天然的便利条件获得丰富的资料，在"教学中研究"和"研究中教学"，对教学实践中的问题保持敏感性并形成探索的习惯，不断反思，逐步提升自己对课堂实践的理性认识，这也是教师主体性的体现与彰显。

（2）教师即反思的实践者。

20世纪80年代舍恩在《反思性实践者：专家如何在行动中思考》中提出了"反思性实践者"这一概念，主张现代的专家在以"行动中的反思"为特征的"反思性实践"中发挥专业性，去替代以往的专家"科学技术之合理运用"为原理的"技术性实践"[②]。他从专业人员的实践场景来看，认为实践者身处实践的"不确定地带"，充满着复杂性、模糊性与独特性，实践者只能靠一种不确定性的和艺术的方式来探究。因此，"行动中的反思"成为反思性实践者的典型特征。反思是实践者与情境问题间的对话，实践者与情境之间是一种交互作用的关系，实践

---

① Lawrence S. What counts as research. British Journal of Educational Studies，1981，（2）：103-114.

② 卜玉华．教师教育及其研究何去何从——从教育理论与实践的关系展开的思考．教育理论与实践，2004，（11）：51-55.

者在运用行动中的知识分析问题情境的同时，"情境会通过行动的意外结果，回话给实践工作者。实践工作者会思考这些回话，也许会在情境中发现新的意义，而重新进行框定。于是他便凭借反思性对话的质量和方向，来判断问题该如何设定"①。舍恩"反思性实践者"的概念提出后，引起了学术界广泛关注与激烈争议，尽管不乏质疑与批判的声音，但是，这一观点对教师作为实践者的能动性与主体性的凸显，把反思视为教师致力于教学实践的推动力，为认识教师这一实践者群体提供了新的视角，也为教师成为课堂研究主体提供了一定的理论依据。

（3）批判的教师研究。

批判的教师研究试图超越"教师即研究者""教师即反思的实践者"等观念，主要是批判静态的知识观、否定和排斥实证主义及其研究方法，期望教师摆脱实证主义思想的控制，强调教师应具备批判反思能力。批判理论对教师的启示是，"既要批判性的接受外在理论，又要不断地反思自己的教育实践。它要求教师不满足于流行的观点、行动，不满足于不假思索地、只凭习惯而接受的实践。它要求教师在探究中思考和创造，从而获得自主性的增长和不断的解放"②。

从20世纪40—50年代美国行动研究的应用，到20世纪60—70年代英国课程改革中"教师即研究者"运动兴起，再到后来的"教师即反思的实践者"和批判性实践的观点发展，这一历程展示了教师作为研究者发展的轨迹与趋向。由此可以看出，"基础教育教师研究的主体性越来越明显，由作为专业研究者开展的研究的参与者或由专业研究者帮助开展研究到作为研究主体开展研究，走着一条由外在引发到内在自发，由参与者到主持人的道路"③，这对当前我国教师进行课堂研究具有重要的启发意义。

2. 如何：教师成为研究者的核心素养

（1）问题意识和解决能力。

在教师日常教学中，一些随机、偶发性、情境性的问题会随时发生，无论是司空见惯、习以为常的教学问题，抑或突发性的、个别现象，都是教师问题意识之源。例如，怎么让"后进生"学会积极主动发言问题，课堂教学中师生"虚假对话"问题，如何使课外读物真正有助于语文阅读素养的提升等。当教师意识

---

① 唐纳德·A. 舍恩. 反映的实践者——专业工作者如何在行动中思考. 夏林清，译. 北京：教育科学出版社，2007：113.
② 岳欣云. 理论先行还是实践先行. 兼论教育理论研究者与教师的关系. 教师教育研究，2004，（6）：61-65.
③ 李方安. 二十世纪西方教师研究运动发展脉络与启示. 华东师范大学学报（教育科学版），2009，（4）：24-29.

到这些现象的存在并对其产生了关注、进行思考时，便具有了某种问题意识；当他进一步具体化或提升这些现象时，就是在归纳问题；当其尝试采取某些举措面对这些问题的过程，就是在经历研究和解决的历程。正是对于平常而琐碎的教学事件的关注和极力想解决它，才促使教师产生一种解决问题的诉求与冲动：诸如机智地对待教学冲突、不动声色地拉回开小差的学生的注意力等。

教师要发现和提出问题，除了发现教学和生活问题外，还有对个体经验的追问、对自身生命意义的追问和教学生活的思考。如果说教师面对日常教学现象而提出问题是一种直接的行为，那么他的研究就在真实的教学生活之中。备课中精心预设问题与授课中灵活生成问题的处理、课堂活力的彰显与课堂秩序的把握、学习兴趣的激发与注意力的转移等都是在"真实"课堂教学过程中"上演"。相对而言，教师对自身问题的审视却是一种理智的行为，"更多地反映出某种实际的生命遭遇，艰难的处境与困惑，一种关于教育教学生活的矛盾、苦恼。教师的探究更多地意味着遭遇挫折的惊异与震撼之后对儿童发展可能性的寻求，对自身专业命运的叩问，对已有教学经验、个人教育信念的澄清、质疑，对教育应然的追寻；意味着教师将'不确定性''无边界性''复杂性'等作为创造的契机加以把握，给以积极的应答"[1]。

当诸如此类的问题由内而发时，教师便成了问题研究的主体，是问题的提出者、问题解决的思考者与行动者。当他们研究自己所遇到的问题时，那种自发的探究热情和急于解决的激情，以及坚持的信念是坚韧而持久的，这一研究过程也是教师重新认识、发现和理解学生与自己的过程，更是不断提升其问题解决能力的过程。

（2）反思意识和自我发展能力。

近年来，尊重儿童个性与张扬课堂生命活力的呼声日益强烈，适应不同学生兴趣和能力的个性化学习成为普遍共识。在课堂教学中，因材施教与个体之间的交响是每一位教师所必须面对的。教师需要从千差万别的学生中敏锐地感知其中微妙的变化，并使这些差异彼此碰撞交融。因此，针对这样的教学要求，教师就不能停留于精通教学计划、熟悉教学技巧的"技术熟练者"的角色中，而是需要及时省思和洞察学生的学习兴趣、需求、潜能，以及交叉内容的逻辑、深度、广度，并在此基础上反思与学生学习的契合度、适应性等，反思教学设计与学生关联和沟通的组织密切性，这些洞察、反思和判断皆是教师在实践情境中的生发和反思的结果。

---

① 柳夕浪.教师需要什么样的教育研究.教育研究与实验，2001，（3）：64-68.

　　一般而言，每当教师在日常教学实践中结束一堂课或一个学段时，都会有意识地进行梳理和总结，会进一步思考在此过程中出现的教学问题、教学行为，并总结经验得失，以便在下一次教学实践中扬长避短。虽然大多数教师都承认教学反思有利于教师及时地厘清教学思路，调整教学策略，可以为下一步教学做好充分准备，而且教师的反思意识和行为是其成为优秀教师的必然途径，然而，并不是所有教师都会及时进行这种深度反思，并能够生成有益于后续教学工作的教学实践经验的。

　　当然，教师在繁忙的教学工作中，或许来不及思量什么是真正的教学反思。但是，一些教师确实具有反思的意识和能力，这种意识和能力不仅源于对实践问题的求解，还来自于对自我发展的诉求。真正善于反思的教师"不是以'科学技术的合理运用'原理去从事实践，而是以实践情境中的省察和反思性思维为基础，同学生、家长、同事合作，解决复杂的问题"①。在此过程中，教师的教学实践、反思认识和教师的成长在一定程度上是"三位一体"的，并由此可以引发学生的反思性思考，因为具有反思性思维的教师在面对问题情境时具有一种主体式的感性和主动参与意识，并以即兴思维的形式来透视问题中的多元视点，从而能够结合具体问题表象和解决情境来不断地加工和建构教学问题。当由教师和学生组成的交往关系中，教师表现出这样的反思性思维时，这种交往的"教育性"也会对学生产生一定的目的与价值指引。同时，教师在不断的教学反思与自我反思中，也会在教学活动的认识过程中逐步完善自我，增强对自我发展的追求。教师在教学实践中的反思是在同具体情境对话、同活动过程中不断生成的认识对话、同反思性情境对话，以及与具有不同视域的研究者和实践者在开展对话，从而在对话中促进自我能力的发展。

　　（3）合作意识和对话能力。

　　课堂实践问题的提出不是自发产生的，而是需要教师具有一定的学术追求和教育理想，不安于教学现状并尽力改变。课堂问题正是研究主体的教育理想与教育现实冲突的结果，也是不同教师的观念意识、思维形式、行动等碰撞的体现。当不同教师的认识观念相一致时，可以对其先前经验起到证明和强化作用，相反，当他们的认识相冲突时就可能因此而产生碰撞，实践问题可能由此产生，如伽达默尔所提出的两种经验："一种是否符合或支持以前经验的经验（肯定的经验），另一种是不符合或推翻以前经验的经验（否定经验）。"②尤其是处于

---

　　① 佐藤学．课程与教师．钟启泉，译．北京：教育科学出版社，2003：260.

　　② 洪汉鼎．理解的真理：解读伽达默尔《真理与方法》．济南：山东人民出版社，2001：257.

不同背景下的两类研究主体进行课堂研究时，更容易因为认识不一而产生理解的偏差。这就要求专业研究者和实践工作者基于合作这一平台，增强对话意识和能力。专业研究者要加强对实践的关怀，注意从现实课堂实践中发现或提出问题，而实践工作者也需要加强学术意识，进行学术交流，树立对话意识，培养对话能力。虽然不同研究者的知识经验迥异，他们对待事物的方式以及看待事物的视角存有差异，而且对于同一个问题有着不同的期待，并由此带来对待该问题的态度差异。因此，对于课堂实践问题或现象产生不同的理解和认识，甚至采取不同的行动是很正常的，这正是课堂问题产生的动力源。重要的是不同研究者要通过对问题的认识和对问题的求解，而不是将该问题局限于自己所驾驭的理论框架中或研究视域之中，也不是限制在自己的教学情境与思维定式中，更不是固守着各自的话语体系和语言逻辑规范而自道其乐，而需要双方清楚地表达自己的立场、观点与依据并倾听对方，从而打破各自的认识局限，突破各自的认识视角或理论限制，并在不断的合作交流与对话中弥补认识中的不足与逻辑缺陷。

从一定意义上说，有价值的课堂问题的提出不仅需要教师具有较强的问题意识、解决问题的能力，以及自我反思的意识和能力，同时还需要具备群体内外的合作意识和对话能力。因为任何问题都是"知与未知""思与未思"的集合体，而面对问题的研究主体也同样需要具备相应的知识与能力，出于个体经验和能力所限，寻求合作和开展对话是洞察问题并真正解决的最佳路径。

（4）研究意识与探究态度。

"教师即研究者"设想的提出和实践对我国课堂研究产生了较大影响，尤其是新世纪以来，我国在实施新课程改革后，基础教育阶段中教师的研究者角色得以更进一步强化，教师作为实践工作者的角色是出于教学改革的实践需求和教师专业发展的内在需要，而教师需要具有较强的研究意识是由课堂教学要素的复杂性决定的。

教学关系中师生交往的复杂性需要教师的研究意识。在日常教学生活中，师生交往具有多重复杂性，如教师的教学情境具有复杂性，教学实践的价值和目的的复杂性，学生已有知识、信念和解释的复杂性等，并且这些复杂性又是同时在特定的社会条件限制下进行的，这些限制条件在不同的学校和课堂中又体现出很大的差异。因此，这些复杂性的存在使我们相信，任何外来的研究者都很难在短时间内全面把握，即便是通过一段时间的熟悉或定期访谈，也难以理解教育实践的复杂性。因此，只有一线教师才有充分的机会在自然情景中获取理解课堂的最鲜活的研究素材。对这些研究素材的解释，教师一方面要参考一定社会生活中人们所普遍接受的社会价值规范，同时又要对生活于其中的规则进行专业判断，并结合即时的教育情境来理解与审视学生的言行，从而将社会规则的指导价值予以具体化。当然，这一过程渗透着教师的研究工作：在感知教学信息的同时，也以作为当事人与研究者身份思考"为何如此"与"何以更好"的问题；在"行动—研究—行动"的行进路线中不断总结、改进与探究。

　　课程内容的复杂性也要求教师具备探究意识。在斯腾豪斯看来，所谓课程"就是用接受批判性彻查和可以有效迁移到实践的方式，传达教育建议的主要原则和基本特征的一种尝试"[①]。然而，从现实来看，"为课程提供处方，却远离课堂师生交往的那些人（如政府），似乎他们知道的最清楚，把这些课程处方转换成课程实践相对来说并不是困难的"[②]，但他们却很少研究横亘于意向与实践之间的"鸿沟"，他们提出的课程建议往往是从不接受批判性彻查的意向罗列。现实行为可能会促使未曾意料的情况发生，并进而影响课程意向的实施，这些反映在课堂实践中，"课程不是写在纸上的一组意向。它是关于学习应该如何发生、某些价值在教学中应该如何具体化的一组临时处方"[③]，而在此过程中，教师对课程意向、价值的把握可以更加能动，因此，课程作为一项日常且浩大的研究工程，教师理应担负着主要研究者的重任，这即意味着教师应成为研究者，需要以一个思考者、追问者、探究者与反思者的身份来审视课堂教学中的各种要素及其关系。

3. 何为：教师成为研究者的意义

　　教师作为课堂研究的主体反映来自多方的价值诉求，既有教师自身内在需求，又有教学实践的需要，最为重要的是课堂实践的复杂性与生成性及其对教师素养的要求，决定了一线教师必然兼具教学实践者与专业研究者双重身份。

　　（1）课堂研究源于教师解决实践问题的诉求。

　　质言之，课堂研究是源于课堂实践、通过课堂实践、为了课堂实践的研究。课堂教学实践中遇到了问题并需要解决这些问题而开展的研究，这一研究行为源于实践困惑与解惑之需，通过课堂研究解决课堂实践问题，还可能使教师从中获得一种自我反思、自我批判能力，并养成一种反思、探究的生活方式。当教师以行动者的身份参与课堂研究时，就是对自身教学情境问题的探寻与叩问，是在走

---

① Stenhouse L. An Introduction to Curriculum Research and Development. London：Heinemann，1975：4.

② 理查德·普林. 教育研究的哲学. 李伟，译. 北京：北京师范大学出版社，2008：118.

③ 理查德·普林. 教育研究的哲学. 李伟，译. 北京：北京师范大学出版社，2008：119.

一条个性化研究之路，他们可能缺少规整的研究范式，或许也难以达到专业研究人员的理论深度与研究水准，但并不能因此而轻视或否认教师课堂研究的价值。教师通过对自己或他人的课堂教学状况的观察、反思、内省与探究，进而改善教学实践。这是教师在教中研、研中教，以及教研结合的一体状态，而非是一种教学在先、研究"另起炉灶"的分离状态。当教师个体认识到课堂研究的重要性，清楚课堂研究的目标和方向，并具有主动从事该研究的愿望时，就具有了从事课堂研究的内在性动力。

（2）课堂研究是教师主体性回归的需要。

课堂研究的"草根性"定位，预示着它必将成为一线教师的"试验田"。它不但提倡专业研究者应深入至课堂实践中，同时更强调教师也成为自己课堂实践情境的研究者，通过行动研究将教学与研究结合起来，不断地改进教学，逐步提高对课堂实践的理解水平。

然而，理论上的述说不等于实践中的执行。在课堂教学实践中，教师更多是官方、成人文化代言人的形象，以普遍化的教师形象出现在学生面前的，他们在接受社会褒扬的同时，也在默默承受着由此带来的个性压抑和教师主体性的旁落。当用"能给人以尊严的只有这样的职业——在从事这些职业时，我们不是奴隶般的工具，而是在总结的领域内进行独立的创造"[1]这一标准来衡量时，教师的确需要在课堂教学中实现主体回归，被赋予独立研究的自由，体验因研究与创造带来的内在尊严和幸福。而教师进行的聚焦于课堂实践的研究为彰显其主体性创造了条件：课堂既是教师教学工作的场所，也是其进行研究的场所；课堂实践中发生的事件、出现的问题及其引发的思考皆有可能成为教师进行课堂研究的资源。

（3）课堂研究是教师专业发展的内在需求。

自20世纪60年代以来，教师专业化发展愈发受到世界各国的重视，尤其是70年代中期美国"教师专业化运动"掀起了教师专业化改革的浪潮，教师专业发展成为国际教师教育改革的趋势。教师专业发展不仅要求教师具有传统界定的专业特性，如本学科的知识结构、必备的教学技能等，且需要拥有"扩展的专业特性"，这种扩展的专业特性包括能进一步质疑与探讨自己的教学实践，并将其作为自己发展的基础；有坚定的信念和足够的技能来研究自己的教学实践；有质疑教学理论的意识；能够与他人合作，并进行真诚的交流等。由此可见，教师

① 马克思，恩格斯. 马克思恩格斯全集（第40卷）. 中共中央马克思恩格斯列宁斯大林著作编译局，译. 北京：人民出版社，1982：6.

进行课堂研究恰能为其专业特性的扩展提供良好的机会。作为研究者，教师能够充分发挥自主性，主动地、自愿地投入课堂研究之中，而非被动的、被卷入的。由对课堂研究的认可到变成职业发展中的自觉行为，这是教师职业生命的自我完善与更新，也是教师专业发展的价值彰显。在此过程中，他们不只从事教学活动，还将教学活动提升到研究的高度，在知识传承和创造过程中，不断总结、反思、研究和超越，在不断调试和思考中丰富和发展自我，进而在专业发展中寻找到了本真的"自我"。

（4）课堂研究是课堂教学实践的生成性对教师修养和创造力的要求。

课堂教学实践的生成性特征决定了教师工作的复杂性与创造性。他们"不像生产线上的工人，能读懂图纸，掌握操作工序和技能就能完成生产任务，因为再为具体的教育理论，也不能代替教师对进行中的教育活动的主动判断和策略选择"[①]。课堂实践对教师素养和创造力的要求，使教师成为应用研究者，也使教师对实践经验的理解与创造成为教育理论的重要资源，从而成为教育的专业研究者。从某种程度上说，在这种实践过程之中，教师既要不断面对和解决问题，又要不断学习、反思、理解与求证。毕竟移植别人的经验不一定适合和灵验，因此教师要在实践中亲自摸索、积累并发展自身经验。当教师成为自己行动的观察者、思考者和研究者，能够从自己的教学实践中发现问题、提出问题、解决问题，能够通过自己的教学实践反思获得发展时，他就是在作为一个自主的生命体关注和投入到课堂研究之中，就是在日常教学情境下针对教学实践问题而专注于它，就是在以个性化和人文性的研究方法聚焦于此。课堂研究也因此由"形而上"的学理探讨，逐步走向"形而下"的实践操作，教师也将获得更多的研究机会、经验和成果，并增强研究意识与能力。

总之，实践工作者进行课堂研究是取"天时、地利、人和"之便，做"义不容辞"之事。教师作为研究者的观念"是对有智慧地从事'教育实践'的一种提炼。对于那些把'教育实践'当做科学对象因此注定理解不了教育实践的人来说，这种观念是一种令人精神为之一振的平衡力量"[②]。

（三）两类主体关系对课堂研究的重要性

课堂研究主体由专业研究者和实践工作者构成是实践改善的需要，也是理论建构的需要，更是理论与实践相融合的必然选择。在课堂研究过程中，两类不

---

① 叶澜.教育研究方法论初探.上海：上海教育出版社，1999：335.
② 理查德·普林.教育研究的哲学.李伟，译.北京：北京师范大学出版社，2008：133.

同主体形成一种平等合作的、相互配合、交互共生的研究关系对于课堂研究的开展是极为有利的。处理好双方的关系，既关系到研究顺利推进的问题，更影响到作为研究主体的自身的成长与发展。

1. 两类主体应该具有的关系

（1）平等关系。

在课堂研究中，研究双方是共同参与的，每一个体都是作为完整的主体参与研究活动。专业研究者和实践工作者首先以个体性和主体性的身份加入到研究活动中来。因此，课堂研究活动是一种完整的人与人之间的交往，交往的双方应对对方的人格、兴趣、信仰、观念等予以相互尊重。在这种交往关系中，要将对方视为一个完整意义上的个体，其所具有的思想行为、直觉与理性、情感与态度等都是作为整体"你""我"交往的。"学业有专攻，术业有专长"，两大研究主体不能以己之长攻其之短，甚至无视对方。换言之，学识与能力差异不能成为隔离两类研究者的屏障，更不能以此来划分研究主体在研究过程中的主次尊卑，"平等"是专业研究者与实践工作者协作的前提，每一位研究者都应平等地参与其中。他们具有参与和继续交往的机会，有表达想法、情感与诉求的机会，有进行判断、解释、辩护、质疑的研究机会等。换言之，课堂研究是一种平等交往和研究的平台，这种研究不应被异化为一方向另一方进行思想"灌输"的行为，不是有待对话者"消费"的简单思想交流，课堂研究更不是那些"沽名钓誉"与"坐收渔利"者们的"名利场"。

然而，现实中理论者与实践者双方都有"一种自我中心的倾向，都是以自我的视角审视对方，都试图从自身立场出发为对方立法：理论人千方百计地让实践人相信——'什么是好的合理的教育实践'。实践人或者始终匍匐于理论的脚下而失语，或者以'我们需要什么样的教育理论'就是'有价值的理论'来作为'好理论'的衡量标准"①。实践工作者常处于被动状态——等待专业研究者的"指导"和"命令"，或者"伪主动"状态——主动抗拒专业研究者的高高在上的姿态及其"不符合实践需要的理论"。理论者占有优势地位，是所谓的"课堂研究"权威，掌控课堂研究话语权，因其强势地位而可能会把自己的诉求与意志强加于实践者，从而使自己成为交往中的获利者；相反，实践者常常成为交往中的被动者，"由于他们的主动意识很弱，以及自身的自卑情结，他们往往满足于聆听和接受，不习惯于付出和主动地影响理论人，从而患有交往恐惧症、交往被动症和

---

① 李政涛．论教育理论主体和实践主体的交往与转化．高等教育研究，2007，（4）：45-50．

交往无力症"①。长此以往，不管哪一方处于被动地位，都会因缺乏主动性而影响课堂研究。

诚然，课堂研究主体之间的关系应该基于平等之上的相互支持、建构与滋养。"平等"理念改变了"谁指导谁""以谁为中心""从谁走向谁"的单向思维方式，使双方变为具有内在的相互需要、互为前提和相互平等的"双向"思维方式。在课堂研究中，作为研究主体的专业研究者和实践工作者应积极主动与对方交往，尤其在自己欠缺的方面，更以谦虚的态度学习与协作，要学会有效学习与利用对方的各种信息，同时要主动地将自身资源转化为对方实践中有价值的信息。因此，双方都是在彼此需要与相互配合中获取发展的，并为对方发展提供必需的资源。

（2）交互共生关系。

课堂研究中专业研究者与实践工作者的交互性具有多重意味：①在双方互动中，他们的角色是相互兼容和转换的，专业研究者或实践工作者都兼有理论人和实践人双重身份及职责，他们在进行思想交流的同时，也在进行着角色的体验与转换。②两大主体间的知识资源的交换与互惠是交互共生关系的重要表征。一方面，实践工作者因缺少课堂研究必需的理论知识，急需向专业研究者学习，以转化为可以利用的实践资源，如教育学中的一些基本范畴、研究方法视角以及专业研究者的研究体验等；另一方面，专业研究者也要向实践工作者汲取必要的实践经验，从中提炼出有价值的问题并生成新的理论资源，如实践工作者在教学实践中的鲜活案例、实践智慧，及其处理实践事件中的思维方式、感受与体悟等。

当然，对于专业研究者和实践工作者而言，课堂研究的交互过程之于双方是有一定差异的。"对实践工作者来说，这是一个学习的过程，也是对自己的原有实践方式和与此相关的理论进行改造的过程。这种改造有时涉及的不只是认识与观点，还包括教育信念与思想方法，实在不是容易的事情。对于理论工作者来说，这是一个宣传自己的观点，使之普及到相关人员头脑中去的过程。"①

课堂研究直面实践，无论专业研究者还是实践工作者都需基于实践开展研究，即便是专业研究者单独进行的理论研究，也应是"源于实践、达成理论"的，是以对实践状况的充分认识和把握为前提条件，必然存在与实践人员的交流合作，至于专业研究者所进行的实践改革相关主题方面的研究，更需要扎根于实践并与实践工作者进行全方位的深入合作研究。直面研究对象的实践性是课堂研究

---

① 叶澜. 我与"新基础教育"——思想笔记式的十年研究展望 // 丁钢. 中国教育：研究与评论（第7辑）. 北京：教育科学出版社，2004：42.

应有的一种研究态度，这也是时代赋予课堂实践问题的表达与应答方式。唯有在日常教育实践中渗透着研究因素，并指向课堂教学变革以及教师的发展，将变革理论贯穿于课堂研究的全过程，并在此过程中两类人员持续进行不断地反思、重建和创造，方能逐步形成一种共生性的实践力量。简言之，课堂研究对象的实践性决定了它无法摆脱实践，实践工作者必须参与其中，否则，课堂研究不能被从事实践的教师理解与接受，课堂研究的价值也无从彰显。正是因为课堂研究通过实践工作者的理解与接受才造就了今天的教育实践，才使当今的课堂实践变得如此丰富多彩与高效，因此，"很难看清楚怎样才能把好的教学从教师对教学的研究立场中分离出来，这种立场在实践中检验着（公共的和私人的）教学价值，在这种立场中价值和实践是根据获得的证据进行系统反思的永恒焦点"①。

2. 处理好二者关系的重要性

两者关系的协调有利于促进课堂研究的顺利推进。课堂研究是一个持续进行的过程，在此过程中要经历不同的阶段，每一个阶段面临和解决的问题以及达到的目的是不同的，不同参与者所形成的心理氛围，加之研究时空的变换等多种因素的作用，课堂研究主体之间的关系不免会产生一定的变化。

参与课堂研究的研究主体是来自不同生活和研究背景的人员，他们所具有的实践素养和研究素养必然存在着较大的差异。如果实践工作者具有较好的理论基础，那么就更容易与专业研究者产生共鸣；反之，专业研究者若具有较多的实践经验，也易于进入实践情境并把握住实践的"脉动"。不同研究背景的人员需要相互间长期的切磋和磨合，才能取长补短，进入理想的研究、合作状态。此外，研究者个体在课堂研究中所持的心态也是课堂研究效果的重要影响因素。如果研究者怀着一种单纯的研究心态，他们更容易达成共识，而不被个体的功利心态所影响。

同时，课堂研究主体不是孤立存在的，他们以共有的课堂实践世界为存在前提。在这样的客观世界中，研究双方均会受到来自对方的影响，并作用于他们的交往。人的主体性、能动性无法超越自然、社会以及自身的限制和影响。课堂研究中专业研究者与实践工作者交往活动的类型、性质、内涵与其身处的客观世界存在着必然的联系，也与各自交往的对象密切相关。随着不同时期与阶段中研究任务和目的的变化，研究者之间交往的动机、内容、目的等也会随之发生相应的改变。在课堂研究的初期，研究主体双方的交往还处于表面的、尝试性的阶

---

① 理查德·普林. 教育研究的哲学. 李伟，译. 北京：北京师范大学出版社，2008：153.

段，研究问题的提出、研究内容的确定、研究过程的设计等可能处于制度化阶段；随着研究的深入，研究主体一方可能对对方的知识、能力、品性等方面了解也会随之更为深入，也更容易以一种信任感投入到与对方的交往中，对方给予的这种心理上的亲近感、信任感会使双方的关系更加稳定，交往也更深切，对实践的解读、对理论的领悟也更为深刻。因此，处理好两类主体之间的关系，对于课堂研究的顺利进行具有举足轻重的意义。

促进两类研究主体的共同发展。课堂研究关注微观层面上发生的教学活动及其影响因素，因此，课堂研究需要及时捕捉、感受和判断具体教育情境中的人与人之间的互动。例如，在课堂教学中，师生之间、生生之间、个体之间、群体之间因交往互动时刻在发生着变化，这种外在的变化易于被发现，而隐匿于其中的内在变化却需要依赖实践工作者敏锐的观察力、感应力、体悟力，以及足够的教育学、心理学知识，才能够做出直觉性的判断与体悟，否则就难以理解学生的真正用意，难以体察他们复杂的内心世界，更难以在一定的情境氛围中读懂学生的心态并进而解读某种具体行为意义。换言之，即便再具体的教育理论也不可能在面对复杂多变的教学情境时立即转化实践策略，无法用现成的教育理论来代替教师在特定教育活动中所作出的即时判断和策略选择。"专业知识不能与专业经验分离。理论知识则往往是单纯的、概括的、简化的。这两者之间无法一一对应，教育实践工作者无法把先前所学的知识直接拿来一一应用。"[1]教育理论绝不是教师"教学施工"的图纸，也不用寄望于读懂、理解掌握教育理论便能完成教学工序，课堂实践的生成性要求教师的工作也一样需要富有生成性和创造性，而这种创造性源于教师的实践经验及其对课堂教学实践的理解与创生，这些恰是课堂教学理论创生的重要源泉。归根到底，课堂实践的创生性决定了教师不应仅是教育理论的应用者，更要成为教育的专业研究者，否则，真正鲜活的课堂理论就会被湮灭。因此，在研究与实践的相互促进中，专业研究者与实践工作者的通力协作是必要的。一位优秀的教师同时也应该努力成为一名好的研究者，因为教师从事科研是其自身专业成长的一种有效途径，那种"教师在教学和科研中只能兼顾一方面的两难说是虚设的"[2]。

同时，专业研究者所进行课堂研究也是一种关怀实践的研究，只有当其将课堂实践内化为崇高的使命感与学术情怀时，他就不再醉心于追求那些外在的、附加的利益，而是在坚守学术的魅力。如果他们"没有这种圈外人嗤之以鼻的奇

---

① Donald A S. The Reflective Practitioner : How Professional Think in Action. New York : Basic Book Inc. Publishers，1983 : 75.

② 约翰·S.布鲁贝克.高等教育哲学.杭州：浙江教育出版社，1987：108.

特的'陶醉感',没有这份热情,没有这种'你来之前数千年悠悠岁月已逝,未来数千年在静默中等待'的壮志——全看你是否能够成功地做此臆测——你将永远没有从事学术工作的召唤;那么你应该去做别的事,因为凡是不能让人怀着热情去从事的事,就人作为人来说,都是不值得的事"①。当专业研究者以"实践情怀"以及"为了实践"的心态来看待并从事课堂研究时,课堂研究便会成为反哺和滋养他们的实践力量。当然,作为课堂研究奠基之物的"实践",不会主动呈现在专业研究者的视域之中,也不会自动成为其理论生成的根基,这需要他们以一种理论的自觉去审视课堂实践对于自身理论研究的基础性价值,将课堂实践中的问题、困境、经验、智慧等都视为课堂研究的重要资源,并将这些丰富和生动的实践经验转化和提炼为理论。当专业研究者经历了对课堂实践中的问题进行诊断和探索的历练后,他们就见证了教育理论对课堂实践的改变力量,真切感受到了课堂实践对教育理论的滋养价值。那么,专业研究者就将"实践探索与理论知识'熬'在一起,'炼'出知与行合一的新结构和新认识;把实践经验和理论表达'熬'在一起,'炼'出理论与实践之间的相互转化和融通共生"②,同时,在此过程之中,专业研究者也历练出穿透课堂实践的眼光,凝练出课堂研究的实践本领,探寻到了课堂研究中理论与实践共生的价值取向。

第二节 课堂研究主体的呈现与剖析

从理论上而言,课堂研究应包括专业研究者与实践工作者两大主体,专业研究者进入课堂田野进行课堂研究有其充分的理论依据也有迫切的现实需要,实践工作者从事课堂研究同样具有理论与实践的双重需求。那么,从实际情况来看,课堂研究主体状况究竟如何?是否就如同理论假设的应然性那样,两类主体以平等共生的关系进行着课堂研究,还是在其研究过程中出现了主导与被动、主要与次要的关系偏差,甚至出现了由一方承担的现象?基于对相关问题的考虑,本书通过对课堂研究的相关文本予以科学计量分析,以课堂研究相关文献的发文

① 马克斯·韦伯.韦伯作品集Ⅰ:学术与政治.钱永祥,等,译.桂林:广西师范大学出版社,2004:161-162.

② 吴亚萍.在历练中超越自我//叶澜,李政涛等."新基础教育"研究史.北京:教育科学出版社,2010:211.

作者与研究机构为考察对象，对课堂研究的主体构成予以概要性的描述和可视化呈现。

一、课堂研究主体构成与分析

用事实说话，是科学研究的关键，而数据作为一种浓缩的语言，可以从一个方面呈现研究的依据。因此数据和研究样本的恰当选取是进行有效研究的前提。从一定程度而言，课堂研究的进展可以从现有相关学术研究成果来体现，即公开出版的论著和学术期刊论文。而期刊论文与论著相比，期刊论文对某一学术热点、学术主题的把握也更为敏感、灵活、全面，也更有时效性，它已经成为最新研究成果的载体和同行交流的平台。正如布拉德福文献离散规律（1934）指出，"如果将科技期刊按其刊载某专业论文的数量多寡，以递减顺序排列，则可分出一个核心区和相继的几个区域。每区刊载的论文量相等，此时核心期刊和相继区域期刊数量成 $1:n:n^2$ 的关系"[①]。由此可见，某一研究领域中大多数高质量的文献通常会集中发表在少数核心期刊中，我们可以通过对这些代表性期刊中样本文献的"管窥"而预见"一斑"。

本书以中国知网收录的"课程与教学理论"研究的文献数据为分析对象，以中图分类号"G42*"为检索词，搜索条件限制为"教育理论""初等教育""中等教育"，文献类型包括期刊论文、会议论文、学位论文以及报纸，搜索时间区间设置为 2005—2014 年，人工剔除职教类与高教类的文献、无效文献，共得到相关有效文献 24 959 篇，检索时间为 2016 年 1 月 21 日，所检索年份与文献数量如表 3-1 所示。

表 3-1　2005—2014 年文献检索列表

年份	2005	2006	2007	2008	2009	2010	2011	2012	2013	2014
数量/篇	2529	2803	3046	2737	2804	2738	2459	2106	2026	1711

本书所选用的 CiteSpace 软件是由美国德雷克塞尔大学信息科学与技术学院陈超美博士研发的，它广泛应用于绘制知识图谱，进行可视化分析。本书在对文献数据对象进行时间分段处理时，阈值设置为 Top100，即每一时间切片（本书为一年）出现频次最高的前 100 个节点，算法为最小生成树法，共 643 个作者节点，149 条节点间的连线（代表作者间的合作关系）。

---

① 邱均平. 文献信息离散分布规律——布拉德福定律. 情报理论与实践，2000，（4）：315-320.

（一）课堂研究主体构成呈现

根据上述设置的参数点击设置网络节点类型为作者，进行作者频次分析，得到图 3-1 所示的课堂研究领域作者频次知识图谱。圆形节点代表作者，节点之间的连线代表作者之间的关联，连线越粗说明二者之间的关系越紧密。

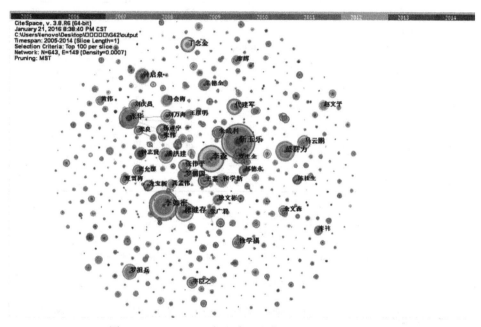

图 3-1　2005—2014 年课堂研究作者的频次知识图谱

如图 3-1 所示，在作者频次知识图谱中，节点的大小代表作者出现的频次，节点越大说明该作者发文的数量越多。由图 3-1 显示可知，靳玉乐、李如密、李森等学者所对应的节点较大，表明他们在课堂研究方面发文频次较高。然而，图中的各个节点之间连线较少、清晰度较低，由此不难看出，不同研究者在课堂研究方面的交流与联系还不太密切，不同研究者之间的合作研究有待进一步深化。

CiteSpace 信息可视化软件不仅可以清晰直观、动态多元地呈现作者的可视化图谱，而且还可以生成相应的表格数据信息，供研究者进行可视化分析。为了更直观地看出课堂研究领域不同学者的学术成就，根据 CiteSpace 分析结果统计出 2005—2014 年发文量大于或等于 20 篇的作者名单、发文量及排名列表如表 3-2 所示。

表 3-2　2005—2014 年课堂研究高产作者列表（发文量≥ 20 篇）

序号	作者	发文量/篇	序号	作者	发文量/篇	序号	作者	发文量/篇
1	靳玉乐	77	15	和学新	29	26	龙宝新	24
2	李如密	66	16	徐学福	28	30	赵文平	22
3	李森	59	16	朱成科	28	30	徐文彬	22
4	张华	46	16	张伟平	28	30	龚孟伟	22
5	盛群力	44	19	朱德全	27	30	王彦明	22
6	徐继存	43	19	钟志贤	27	30	余文森	22
7	代建军	35	19	杨道宇	27	35	张广君	21
8	罗祖兵	34	19	刘万海	27	35	陈桂生	21
8	钟启泉	34	19	马会梅	27	35	廖辉	21
10	罗儒国	33	24	刘庆昌	25	35	张良	21
10	潘洪建	33	24	罗生全	25	39	夏雪梅	20
10	丁念金	33	26	郝德永	24	39	李祎	20
13	王鉴	30	26	崔允漷	24	39	张伟	20
14	马云鹏	30	26	李臣之	24	39	黄伟	20

（二）课堂研究的主要研究机构呈现

保持上述 CiteSpace 软件的参数设置，将网络节点类型设为"研究机构"，进行研究机构频次分析，得到图 3-2 所示的课堂研究领域"研究机构"知识图谱。

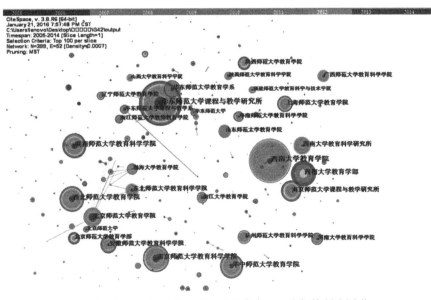

图 3-2　2005—2014 年课堂研究的高发文研究机构频次图谱

机构频次图谱可以反映出 2005—2014 年课堂研究领域主要研究机构的研究情况及其相互合作的关系。在数据处理中将阈值设置为 Top100，即每一时间切片（本书为一年）出现频次最高的前 100 个节点，算法为最小生成树法，得出节点 399个，节点间连线 52 个。由于作者发文时署名机构多为院系层面的二级单位，本书为统计方便，将其合并之后，以一级单位予以列表呈现。

　　如图 3-2 所示，每一个节点代表一个研究机构，节点大小表示研究机构发文频次的高低，节点越大，代表该机构发文的频次越高，节点之间的连线表示这些机构之间的合作情况。从图中节点看出，华东师范大学课程与教学研究所的节点最大，表明该机构发文量最大；图中的各个节点之间连线较少、清晰度较低，表明在课堂研究方面不同研究机构之间的交流和联系还不够密切，不同机构之间的合作研究有待加强。

　　为了更直观表示这些研究机构的发文情况，根据 CiteSpace 分析结果统计出2005—2014 年发文量大于等于 50 篇的机构名单的排名，如表 3-3 所示。

表 3-3　2005—2014 年课堂研究高发文机构排名（发文量 ≥ 50 篇）

序号	研究机构	发文量/篇	序号	研究机构	发文量/篇
1	华东师范大学	944	17	河南大学	156
2	西南大学	924	18	广西师范大学	154
3	南京师范大学	542	19	福建师范大学	138
4	北京师范大学	526	20	浙江大学	134
5	西北师范大学	327	21	首都师范大学	128
6	华中师范大学	305	22	江苏师范大学（2011年徐州师范大学更名江苏师范大学，此处含徐州师范大学文献）	122
7	湖南师范大学	280	23	河南师范大学	114
8	陕西师范大学	265	24	天津师范大学	109
9	东北师范大学	262	25	江西师范大学	104
10	山东师范大学	250	25	辽宁师范大学	104
11	华南师范大学	238	27	哈尔滨师范大学	103
12	上海师范大学	226	28	中国教育科学研究院[①]	92
13	渤海大学	215	29	西华师范大学	89
14	杭州师范大学	212	30	宁波大学	84
15	浙江师范大学	175	31	曲阜师范大学	77
16	安徽师范大学	170	32	四川师范大学	76

————————————

① 2011 年中央教育科学研究所更名为中国教育科学研究院，此处包括中央教育科学研究所文献。

续表

序号	研究机构	发文量/篇	序号	研究机构	发文量/篇
33	沈阳师范大学	76	38	华中科技大学	61
34	内蒙古师范大学	75	39	南京大学	54
35	徐州师范大学	71	40	新疆师范大学	53
36	山西师范大学	64	41	河北师范大学	53
37	苏州大学	63	42	温州大学	50

（三）课堂研究主体构成的分析

1. 专业研究者在当前课堂研究主体中的"凸显"

从上述知识图谱可知，课堂研究的高影响力作者（发文量≥ 20 篇）主要是居于"象牙塔"内的专业研究者，他们主要是来自于一些师范大学教育学院和其他科研院所（发文量≥ 50 篇），这些机构和研究者构成了当前课堂研究的主力。

从应然层面来看，课堂研究主体理应由专业研究者与实践工作者共同构成，然而，通过对上述相关文献的发文作者与发文机构所进行的科学计量与可视化分析发现，专业研究者在课堂研究之中占据着压倒性的优势，而实践工作者的研究成果却难以在排名中呈现，那么，这种现象究竟是由什么原因造成的呢？通过访谈、分析与研究发现，导致上述现象出现的主要原因在于：课堂教学改革的时代导向作用、研究评价体制对学术研究的"催生"作用以及专业研究者的"专有所长"等。

（1）课堂教学改革的时代导向作用。

21 世纪以来，世界各国都高度重视课堂教学改革问题。科技的飞速发展不断推动教学理论的革新，同时也加速了教学改革的步伐。世界各国（尤其是世界教育强国）在参与激烈的政治、经济、文化竞争中，对教学改革尤为重视，各国都深刻认识到教学改革对提升竞争力的重要性。在此背景下，我国在改革开放以来也加快了课堂教学改革的步伐，尤其是在中国社会步入急剧变革的转型期，教育界许多学者发出"让课堂焕发生命活力"的呐喊，开展"主体性教学"的研究活动，追求"有效教学"与"高效课堂教学"等。21 世纪以来，我国在基础教育阶段所大力推行的新课程改革，使教育研究界的视野再次投入到课堂教学改革领域。在新课程改革中，一批专家学者、硕博士生、一线教师等表现出对课堂教学的关注，并在此过程中显示出日益高涨的研究热情。例如，叶澜教授提出到唯有通过变革学校日常教育实践才能够实现全面发展人才的培养和师生生存方式的变化。因此，她以"新基础教育"作为其研究平台，从1994年9月开始一直开展着相关研究，在研究过程中追求和着力践行的目标是理论与实践的内在统一，创造了"研究性变革实践"的研究方式，进行"实地介入式研究"，由此带领团队以合作者的身份，直接进入课堂、班级，介入到教师教学、教育的研究过程之中，进而了解真实的课堂，研究师生的行为，观察课堂教学的开展方式以及师生的互动类型、主题、效果等，并因此影响和带动一批学者、硕博士生和一线教师投入到课堂研究相关领域之中。

（2）研究评价体制对学术研究的"催生"作用。

由于当前研究评价机制仍以"科研量"作为学术评价的重要指标，专业研究者身居于这种体制管理中，必须接受这种学术标准的管理和评审。虽然许多高校采取诸多举措努力协调教学与科研之间的关系，但仍难以改变以高校"唯科研是瞻"的现实局面，同时许多高校制定了严格的教师评判标准，甚至对于在岗教师的科研量予以数量规定，这些举措自然带来了高校教师科研量的激增，在很大程度上导致了专业研究者队伍中出现"追潮"现象，毕竟热点问题更容易抓住人们的目光、引起对它的关注，也催生了高校教师热衷于思辨式地"加工"著作和"赶制"论文的现象，一些面目似曾相识的学术成果不断出版，但却难以带来应有的启发，多数被"束之高阁"而无人问津。同时，课堂研究中的也不乏端坐于"象牙塔"之中、留恋于书斋中的研究者，他们很少进行真正扎根于课堂实践，即便有一些所谓的课堂调研，也多是带着课题任务或出于功利目的，多是浅层次的、象征性的。他们远离课堂实践，重理论而轻实践，研究的"文本情结"重于"实践情怀"，缺少带有实践关怀的参与和直接体悟，仍然"漂浮"于追求理论成果的层面，难以"潜沉"到实践的底部，仍然习惯于下意识地用高深玄远的理论指说实践，缺乏"真""准""稳"的课堂实践体验而发现具体问题少，理论提出多、宏观论说多，具体、有针对性、有操作性的解释和措施少。

（3）专业研究者"专有所长"。

专业研究者主要是从事理论研究与创作的人员，由于长期从事于理论研究，在理论基础、理论解析、理论归纳与提升方面较有专长，在面对实践问题时，更容易从理论的视角来审视问题背后的理论依据。由于更多地倾向于理论研究，兴趣集中于理论批判与建构之中，再加之各种因素的影响，又难以经常深入到实践中。然而，如果他们并不是带着某种功利性目的走向实践，而是出于真正的实践关怀进入课堂和感知课堂，就能够利用丰富的专业知识为实践服务，能以敏锐的学术目光感知实践中的"变与不变"以及"应该变与如何变"。正如在对某高校教科院的一位教授（A-F$_2$）访谈中，该教授提到自己经历的一次听评课活动[①]。

> 针对这节课，我大概总结三点：首先，课堂教学追求的精神面貌变了，开始追求学生怎么学了，也就是说教师考虑问题的出发点和角度在从"教"转向"学"。其次，课堂教学过程变了，开始关注教学的"现场感"，即注重教学活动情境的创设，注重生成，考虑用什么抓住学生的心，而不是一味按照预设一步步实现预期目标。再次，课堂互动需要改变，整节课任课教师都在引导学生探究、发现，这一点做得很好，但是，从课堂教学交流来看，仍然以师生交流为主，而学生与学生交流很少。在某些环节，教师还需要进一步放手，让学生充分研讨，而且要改变观念，即：研讨不一定必须有结果、有定论、有确切答案，留有余地的教学更能激起学生的探究欲望；即使必须有一个结果，也是应该有学生总结和表达，教师只需要补充、矫正，而不要代替学生做这些事情，因为这个过程正是锻炼学生思维、促使学生之间交流的良好时机。

2. 作为课堂研究主体的实践工作者的"弱化"

从上述知识图谱来看，高发文量的作者中没有出现来自于基础教育阶段的实践工作者，由此可见，实践工作者在课堂研究主体构成中被"弱化"和"边缘化"。随着基础教育阶段新一轮课程改革的进行，教师作为研究者的呼声日益高涨，其必然性也被预期，中小学教育研究也在踏上征程，然而，从庞大的教师队伍与长远的研究之道来看，当前实践工作者真正持续进行课堂研究的很少，其主要原因可归为研究素养欠缺、教学评价机制的"阻碍"以及传统教学观念影响等。

（1）研究素养欠缺。

学术期刊对刊载的学术论文的理论性、学术性、新颖性、针对性等都有较高的要求，而实践工作者平时更多地关注教学，无暇顾及科研，一些相关研究倾向于故事性和经验性的述说，即使进入课堂研究之列，也往往附着或淹没于"备课、上课、课后反思"这种基本教学环节中，难以经过提炼和凝聚而形成文本化的成果与体系化的理论，难以使研究水平有实质性的提升，这就使他们游离于课堂研究队伍之外。因此，在对相关领域的文献资料进行取样分析时，实践工作者行列中难有较高的发文量，个别的实践工作者虽有一些文本化的成果，但往往是以教学后记、教学反思等形式存在的，实践工作者由于在期刊文献中发文较少而

[①]　该部分内容来自笔者对某高校教授（A-F$_2$）的访谈整理而成。

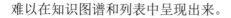

难以在知识图谱和列表中呈现出来。

（2）教学评价机制的"阻碍"。

在教学改革中，实践工作者虽逐步意识到课堂研究对于教学改革与教学实践的重要性，但绝大部分一线教师的研究意识淡薄，在现实中各种教学压力和教学评价机制的"鞭策"下，他们仍需全身心地投入本职的"教学"工作，而潜意识中将"研究"视为一种"额外负担"，偶有的"研究"也往往出于上级指示、评先评优以及职称晋升的需要。因此，这种应付性、功利性的课堂研究，与真正的课堂研究相去甚远，现实的教学评价机制也将教师阻隔于研究边缘。

（3）传统教学观念影响。

从传统教学观来看，教学是一种传授知识经验的过程，课堂教学中大部分教师的教学价值观仍然停留于"知识传授"上，虽然一些教师也有意识地关注学生学习的方法、技巧等，但多数还是为了点缀课堂。教师的作用仍然是"传道、授业、解惑"，教师花费较多的时间在讲清楚知识点和组织学生进行课堂练习上，最终目的还是为了教育学生牢固掌握知识。于是，教师的劳动价值也就更多地体现在其教学工作之上，科研甚至连所谓的"副业"都称不上。正如与某农村小学女教师（C-T$_1$）访谈中所说的[①]。

现在我们这里的农村中小学也在提倡新的教学方式，每一个教室里的课桌椅都按照分组方式排列；课堂上要求教师少讲，多让学生预习、自学、讨论；要求教师多研究新的教学方法，多研讨教学设计如何更有针对性。说实话，这种方式适合学生素质比较高的城市里的学校，在农村小学很难收效。因为学生放学后，由于家长的文化水平限制或者原因，家长几乎不能给予学生任何学习上的指导，给他们布置了预习任务，很少有学生能完成。还是需要老师像原来一样从头讲起，否则，基本的教学任务都难以完成，最终学生考试、教师考核，怎么保障？教师应对教学工作已经疲惫不堪了，各项业务检查[②]都是额外负担了，哪里还有时间搞什么研究？况且，能够研究出来什么呢？我们这里评职称时也要求在报纸上、刊物上发表文章，也有极个别文笔比较好的教师写过，绝大部分教师没有时间，也没有可写作的话题，并且写出来水平也达不到，就那些教学后记、教学反思，能叫研究吗？能发表吗？

---

① 该部分内容源于农村小学教师（C-T$_1$）的访谈。

② 通常称"小五本"，即教案、听课记录、教学后记、作业批改记录、教学反思。

二、课堂研究主体交往状况

案例一 那个难忘的真实而尴尬的疑问 [1]

　　A小学是某市一所重点小学，拥有优越的教学设施条件和优秀的师资队伍。学校现有教职工百余人，其中特级教师2人，高级职称6人，省级骨干教师6人，区名师2人等，从教人员本科及以上学历占90%，其中硕士研究生学历约占18%。总体而言，该校教师是一个以青年教师为主构成的群体。

　　由于A小学曾经是我所在教育学院一个课题的研究合作基地，所以，我的介入也是顺理成章的。那位富有改革意识和热情的校长欢迎我的到来，表示愿意为课题顺利开展尽力提供便利，课堂对我们课题组是开放的，并欢迎我们参与该小学的各类教学研讨，只要双方都方便的情况下可以随时进行有关访谈、调查等交流沟通。

　　带着对A小学校长和其他几位教学领导的殷切期望，以及自己初始的信心，我按照计划开始进入课堂，最初在不同学科组长安排的固定时间听课，每一节课都是他们预先安排好的，授课老师也会提前接到相关通知，每一节课后都会与该小学同学科听课教师与授课者进行短暂的交流和反馈。每当看到教师的忙碌、负责，看到他们课堂上的激情和娴熟，听到他们课后的自我评价和反思，我暗自感慨：如果我是他们中的一员，我的课会上得如何？

　　随着我不断进入他们的课堂和教学研讨活动中，我与这些领导和教师也逐步熟悉起来。从观察、体验和感同身受来体悟课堂实践中的点滴。然而，在与他们尽力建立起一种友好关系的同时，似乎总有一种被当成"局外人"的感觉：虽然在会议上领导一再强调、组长积极安排，总让我觉得他们在顶着压力，把我的介入当成一种外加的负担和领导命令的任务来看待；我的课堂记录会引起他们的"好奇"，想掀开瞄一眼；在课后研讨时，总是程式化地按照"三维目标"先谈自己的教学设计，然后就是"道歉"(意识到这节课中的不足)；每一次我在以变革课堂的目光去审视这节课时，不时会有学科带头人为其"掩护"，例如一

---

① 该部分内容是笔者根据对某高校教育学院一位讲师（B-F₁）的访谈整理。

位数学老教师在我评析之后说："现在都提倡让学生'我的课堂我做主'，学生啥事都做主了，时间怎么保证，知识深度如何把握，教学质量怎么有保障，所以，面对新思想我们也要考虑实际情况，当然这些提法都是好的。"

之后的一件事情，更让我体会到作为一位"专业研究者"的黯然失色和尴尬。那天听完四节"同课异构"的比赛课之后，我还沉浸在这几节课的精彩和遗憾之中，这时候，一位并不熟悉的老师走到我身边问："某某教授，你们是不是等到结题就不再来听课了，说实话，我们学校教师都很忙，这样疲于应付的研究更多的是迫于形式和压力，最终我们还是需要学生的成绩来说话，否则，家长和领导那里都难过关。就是因为课堂开放问题，前几年领导之间意见不一致还引发了矛盾，所以有一位就调离了我们学校……"

我深深感到作为一位专业研究者的不安和尴尬，似乎我怀揣的那颗"为研究而来"的心以及介入课堂实践带给他们的是"挑剔"和"窥探"，在给他们带来不安和压力的同时，我也深感介入实践的困难。我该如何"打开实践之门""叩开提防之心""打破实践阻隔"？

案例二　"常态课"——你，令我不安[①]

这是一次亲身经历的听评课小插曲：那天下午，我与几位同学一起去B小学听课，授课内容是小学四年级下册中的"求一个小数的近似数"。当我们赶到教室时，授课老师已经进班了。看我们一行到来，她非常诧异。

教授：老师，您好！我们是来听您的数学课的，向您请教学习！

L老师：不好意思，本来是安排听我的这节课，但是学校临时通知取消了。

教授：是吗？很抱歉，我们没有收到相关通知，既然来了，就进去吧，我们希望听听常态课。

L老师：我都没有准备，怎么听呢？（一直堵在门口，没有一丝让我们进去的意思。）

---

① 该部分内容源于对某高校副教授（C-F₁）的访谈整理。

教授：老师，您就按照您的原计划进行，不必多虑，原汁原味的课堂更能显示教师的教学魅力。

L 老师：（看我们一直坚持，实在不好推脱）那你们自己去隔壁办公室找板凳吧，教室没有多余的座椅了……

整个教学过程来看：从课前复习——求整数的近似数（四舍五入法）；新知识导入——结合生活实际，让学生说说自己的身高大约是多少，分别保留整数、一位小数和两位小数该怎么写，再呈现例题"地球距离月球距离是 384 400 千米，应该为多少万千米？"的单位改写以及随后的练习和总结。整体而言，学生的积极性很高，尤其在练习中，让学生结合教室中课桌、电脑、窗台等长度或宽度的估量与求近似数时，学生都很投入；而且在拓展到用"亿"作单位时，学生又大胆发挥想象，估计木星离太阳的距离约有多少亿千米等。整节课，学生都在教师指引下不断地探索、发现、讨论、思考和总结，教师也表现得很娴熟，每一个活动环节都过渡得自然、顺畅。

很快，下课铃响了，我们听课者相视而笑，意味着这节课是很值得听的。当我们起身刚走出教室门口时，这位任课老师突然问道："你们听课的目的是什么呀？实在抱歉，我没有做好别人听课的准备，估计该挨批了……"我赶忙解释，随行的一位教授也表达同样的意思：我们没有其他的目的，就是想听听常态课，了解真实的课堂状态，不是作为某种特殊的目的而来，更不会牵涉到对教师的负面评价，况且，这节课我们都认为很成功，扎实、真实、翔实而又不失活力和激情。

这位老师面带一种勉强的微笑和诸多不安，存有疑虑地走开了，我们为这节课"叫好"，也为教师对听自己的常态课表现的不安而"遗憾"，同时在反思：是什么导致了教师对专业研究者的提防和戒备？是什么让他们习惯于作秀"公开课"？实践工作者和专业研究者交往的有效理路何在？

案例三　坚持介入实践——想说"爱你不容易"[①]

作为一位教育学人，我怀着对生命的茫然、叩问和思考而走进教

[①] 该部分内容源于对一位入职 6 年的讲师（C-F_2）的访谈整理。

育学领域。在攻读博士其间曾经立志为教育做些什么，尤其是我从农村走出来，深深懂得搞好教育以及一位好教师对学生意味着什么——命运的改变。教师的一句劝慰就可能成为学生奋进的力量，促使其提升；一句恶语就可能加速其堕落。我不忍心看到一些教师默然静观其变，而借口无能为力，所以，我在初入职的几年中都经常进入本市几所中小学和家乡的农村中小学做调研，希望尽自己微薄之力，不但让老师认识到基础教育阶段对学生一生的成长有多重要，而且更重要的是促使他们行动起来。

然而，就在我暗自庆幸自己的"小有成就"，并乐此不疲地往返于自己的教学和中小学实践中时，副教授评定"震撼"了我。我前期不计报酬地进入实践，给了我满足和快乐：在我的影响下，个别教师的倦怠情绪有所消减，尤其是一位同龄的年轻教师，在我的鼓励下"斗志昂扬"，还放弃了"转行"的打算。然而，看到几位同时进来的同事顺利评上副教授，我开始怀疑自己：他们埋头伏案换来的是"科研量"，而我的穿梭来往并没有为我带来近期的"效益"。虽然，学生评教时说，许多思想都是受益于我指导的两周一次的读书会，还有在课程学习时"交谈式"的授课方式。但是，我仍然听到诸多的质疑和否定，我开始茫然：选择坚持还是逃离？坚持最后不一定成功，逃离就会有近期收益。"学术人不能太功利，不能只顾科研量；但是，你的科研水平还是需要从成果上来衡量"，这句真实而有讽刺性的话，一次次回响耳边，我想疾呼：坚持介入实践，想说爱你不容易。

从上述案例中不难发现，课堂研究主体之间在交往之中存在诸多问题：实践工作者对专业研究者进入课堂实践的防范和抵抗，专业研究者坚持进入实践的现实利益牵绊，课堂研究的主体间仍然处于一种疏离的状态。从不同主体的视角出发，他们都想按照自己的"做事规则"和"思维方式"而行动。对于专业研究者而言，他们习惯于学术化的文化环境，往往倾向于追求理论自身的逻辑，习惯于推理和演绎的语言逻辑以及思维形式，擅长进行思辨的知识阐释和理论解说；对实践工作者而言，他们长期习染于实践文化环境中，其生存方式也受到这种文化环境的影响和制约，习惯课堂实践的具体性、生动性，习惯经验化的、故事性的述说。当面对各自现有的评价体制时，都会从各自的利益诉求出发，专业研究者以"研究成果"作为衡量标准，实践工作者则以"学生成绩"为硬指标。当他们站在各自的立场上面对充斥的权利、利益纠葛时，两类不同的课堂研究主体往往更容易出现分离甚至对抗，表面化的交往难以掩盖日益加深的"裂痕"。当专业研究者带着自己的课题进入课堂实践时，往往被视为是带有一定目的、为自己的利益而来的，而带给实践的更多的是对正常教学秩序的干扰，那些表面的、言不由衷的改革"说辞"对实践来说似乎是"美丽的肥皂泡"和"海市蜃楼"般的憧憬。当专业研究者用带有成见的目光来审视课堂研究时，常常被视为利益的"攫取者"和暂时的"游说者"，而对实践工作者来说，教学才是"王道"，科研是额外的，科研理应为教学让路。

第三节　课堂研究主体的"新生"

在希腊语中，"理论"原指参与庆典或风俗活动的来访者及其在活动中的沉思状态，其本意就是真正参与一件事、真正出席在场。因此，理论与实践在原初意义上是一致的。在现实的课堂研究之中，专业研究者"如同人类学家那样，进入教育田野，进行日常性的听课、评课，日常性地与实践人共同进行诸如教学设计、管理机构设计、师生发展性评价方案设计等实践设计活动的时候，理论人就已经在时间上与空间上完成了向实践人生存方式的转化"[1]。同理，当实践工作者进行课后反思与总结，并探究"事之理"，也会将专业研究者的生存方式转化到自己的生命之中，从而双方走向一种共同的"新生"。

一、在研究身份上：注重建构双重身份

由上述课堂研究主体的有关知识图谱分析和案例呈现可知，专业研究者是课堂理论研究的"代言人"，而实践工作者是教学实践的"执行者"。原本应该穿行于课堂实践与理论之间的两类主体，却固守着在各自的领域中，缺少交流和介入对方时的身份转换。在当今课堂教学变革日益增强的时代背景下，越来越需要课堂研究主体进行持久而有效的交往，通过身份的相互转换而形成一种合作的研究共同体，并以此成为课堂研究的创生性力量。因此，课堂研究主体要以一种

① 李政涛.论教育理论主体和教育实践主体的交往与转化.高等教育研究，2007，（4）：45-50.

"实践关怀"的心态走进实践，以"学习者"的姿态进入课堂教学，以"体验者"的身份真切感知实践，以审慎的态度认识、分析、思考和理性地批判，同时又要抛弃那种"唯理论是瞻"和"拒斥理论"的观念，而在理论学习中不断提升自己的理论意识与思维水平，在联系实践经验的基础上，逐步提升自己的理论概括与提炼能力，并在其后的实践工作中不断运用、验证和完善理论，从而不断提升自己的理论素养。换言之，应学会换位思考、适当转换角色并进行身份重构，在不同的语境和情境中能够转换身份，适当融合和完善原有的生存和研究方式。"基于这样的核心理念，理论人和实践人的新使命、新工作就是学会将对方的与教育有关的各种生命资源，转化为自身生命成长的一部分，同时又主动将自身之资源转化为对方生命的一部分"①，从而在课堂研究上共同担负起改善实践和发展理论的重任。

　　当然，这种身份的重构是一个长期渐进的过程，在此过程中既要打破固有的思维范式，抛弃"谁指导谁"和"从什么走向什么"的单项对立的思维方式，又要建构二者之间的"伙伴式"与"共同体"式的平等合作关系。这一转换过程具有复杂性和动态性的特点，需要他们有清晰的认识、坚定的信念以及反思的能力，以此来共同进行课堂研究，正如叶澜教授所言："这是一个理论和实践相互依赖、锁定、孕育、碰撞、建构、生成的动态过程，也是一个充满问题、挑战、困惑、发现、突破、兴奋、苦恼、焦虑、体悟、满足的探究过程。它还要通过承担、参与这一研究的高校专业研究人员和中小学实践一线的人员各自内在观念和行为的转换，以及两类人员的相互沟通、持续合作才能实现。"②

二、在价值观上：以推动课堂实践变革为旨归

　　"课堂研究的价值就在于以理论创新推动课堂实践的变革。"③专业研究者与实践工作者的研究虽各有所侧重，但其研究对象应面对课堂实践中存在的问题，其最终目的也是为了推动课堂实践的变革。因此，无论是专业研究者深入课堂获得原创性研究成果，抑或是实践工作者解决了课堂实践问题，这些仅是课堂研究的一部分，前者还需要将其成果运用于并指导课堂实践问题，而后者还需要抽象提炼出具有科学性与普适性的理论。

　　① 李政涛.教育科学的世界.上海：华东师范大学出版社，2010：291.
　　② 叶澜.我与"新基础教育"——思想笔记式的十年研究回望 // 丁钢.中国教育：研究与评论（第7辑）.北京：教育科学出版社，2004：41.
　　③ 王鉴，宋生涛.课堂研究价值定位：以理论创新推动实践变革.教育研究，2013，（11）：92-95.

　　由此可见，实践工作者也应作为生产者与参与者进入课堂研究之中，从被作为研究对象转变为研究主体，从一定程度而言"当谈到教师是研究人员的时候，我并没有把他们同那些用控制组和实验组进行复杂实验，并用各种技术手段来验证和测量成果的人相比，而只是想到他们是那种认真地使实践理论化或者是能够系统而严格地考虑本人所从事的工作的人"①，而且"教师对学校和课堂工作进行的一种系统的、有目的的探究，是教师与研究者、教学与研究的统一"②。因此，教师一方面扮演着教学执行者的教师和研究者双重角色，同时也在经历教学与研究两种过程，这两种角色和过程是教师作为研究者的"一体两面"——在教学中进行研究与通过研究促进教学，正是两方面的有机结合才使教师作为教学者和研究者的角色凸显。其实，我们本来就很难将教学与研究绝对地分开，教学的过程本身就充满着教师不断地观察、及时地调整转换、直觉性的思考，也就是说教学中的研究常常不是以显性的状态呈现的，而多是隐匿于教学之中的，有时甚至是在潜意识或者无意识状态下进行的。因此，那些将教学作为一极，而将研究视为另一极的二元对立的观念是不合适的，把研究视为额外负担的观念，正是将教学与研究对立起来的体现。

　　因此，只要教师确实发现了有价值的问题、有自己可行的研究方案，就应该开始课堂研究，而不要追求课题立项与项目级别等外在形式，同时不应要求教师的研究成果一定要以科研文献发表出来。当然，这并不是鼓励他们只是将研究停留在经验化阶段，而是给他们一个宽松的研究环境，不是急功近利地促使课堂研究"开花、结果"，毕竟没有经历一定时期的成长，没有研究中成败得失的历练，很难结出丰硕之果。正如有研究者在《没有立项的科研也可以很精彩》③一文中所认识到的。

　　　　许多校长都试图建立自己的课题，最好还是级别比较高的"龙头"课题，但大多不能如愿。又如，即使学校建立了高等级的课题，许多教师却是"被研究"，并不是做自己想做的研究。学生有个性，教师也有个性，而且教师们所遇到的实际问题也各不相同。教师自己期望的教育科研，能立上课题的真是寥寥无几。怎么让最大的教育实践群体——教师进入教育的研究领域，并且做他们自己喜欢的研究呢？

　　① 陈桂生，赵志伟. 现代教师读本·教育卷. 南宁：广西教育出版社，2006：350.

　　② Yogev S，Yogev A. Teacher educators as researchers：A profile of research in Israeli Teacher Colleges versus University Departments of Education. Teaching and Teacher Education，2006，（22）：32-41.

　　③ 张人利. 没有立项的科研也可以很精彩. 上海教育科研，2015，（10）：45-46.

> 2013 年，上海市教委批准建立"上海市后'茶馆式'教学研究所"，至今已有四十余所中小学与研究所建立了教学研究共同体……四十余所学校教师都不必拘泥后"茶馆式"教学这个名称，重在把握好课堂教学转型的方向。课堂教学的研究是教师喜欢的，教学微技术研究是教师能做的，究竟做什么研究由教师自己定。这样，教师科研的积极性大大提高。只要教师有自己的研究方案，就可以实施，不一定要立上什么级别的课题。结果，同样有精彩的研究成果出现。

同理，专业研究者也应以理论创新来推动课堂实践变革。从隔着书本看实践转变为直面实践问题，消除课堂研究的成见和"刻板印象"以及作为专业人员的"优势心理"，开启新的"读人"过程，并从中逐步熟悉和明了。此外，专业研究者要跳出文本的窠臼和束缚，打破固有的思维定势，深入、扎实地了解实践问题以及实践工作者的意图，从而敞开心扉来面对实践中的人与问题。

三、在思维方式上：转向多元化思维

哲学家维特根斯坦说："深入地把握住困难正是困难所在。因为，如果是在表面上抓住它，困难会依旧原封不动，得不到改变。必须是连根拔起，使得我们开始以一种新的方式来思考这些事物……新的思维方式正是最难建立起来的东西。一旦新的思维方式得以建立起来，旧的问题就会消失；事实上这些问题也很难再想得起来了。"[①]可见，课堂研究主体的新生需要研究者思维方式的根本变革。

在传统教育研究中，其思维的弊端体现在简单性、静止性、封闭性以及终极性等诸多方面，具体表现在职业生活中线性地思考问题，把问题单一化，如在课堂教学实践中，由于二元思维的影响，教师表现出对确定性与分析性的过分追求。教师机械地按照教案进行教学，课堂中每一个细节、每一句话都是预先设计好的，课堂活动没有生成的时空，这种确定性思维，看似给教师的有序教学提供了保障，而实际上却使课堂教学失去生机和活力。此外，那种分割式的、碎片化的教学方式，将有机的教学过程分裂为片段化的、过度分析性的思维，也将导致学生形成断裂性的记忆，而无益于其推理能力、联系性、整体性思维的培养。

因此，课堂研究主体需要由二元对立思维转变为关系式思维、过程性思维、整体性思维和复杂性思维。例如"关系性思维"是一种人学思维，是以"人"的

---

① 维特根斯坦.文化与价值：维特根斯坦随笔.许志强，译.杭州：浙江文艺出版社，2002：87.

方式来理解人的思维范畴，因而也是一种"主体间性"的思维，具有过程性、开放性、生成性、复杂性等特征。因为关系思维的对象是处于过程中的和动态生成的，这种特征就决定了课堂研究中若要从整体上认识与考察研究对象，就必须深入到课堂实践中去深入观察、审视和思考。复杂性思维是一种新兴的科学探究的思维方式，它是对近现代以来人们认识世界的简单性思维的一种超越，具有自组织性、自我调整性、非线性、不可还原性等特点，用复杂性理论来审视课堂研究，不难发现它内在地要求用复杂性思维推动课堂研究的创新。课堂研究的特殊性需要研究者认真对待其复杂性，用复杂的逻辑思维进行探讨，这样既能揭示课堂问题背后的矛盾规律，又能解决课堂之中存在的问题以改善实践，同时从实践中提炼出理论。因此，课堂研究主体需要摆脱以往的"二元对立"性的思维认识，从机械的、预设的、简单的思维模式转向复杂性思维模式。例如在"还原论"思维方式下将教师由"单子式"个体，转化为"通识型"的教师；从"单子式"的学生观向学生是具有复杂生命成长过程、具有自我调整和自组织性的"复合式"学生观转化等。

四、在研究方式上：强调行动中的对话

"近代以来，社会科学和人文科学作为两类学术活动来说，真的是越来越走向概念化、实证化的道路了，在一定意义上脱离了现实和生活。思想家们喜欢建构庞大的理论，但却不再对人的精神整个沉浸于其中的日常生活感兴趣，他们在一定程度上陷入了语词的束缚之中不能自拔。"[①]这一现象在课堂研究中表现为，专业研究者与实践工作者各处一隅，他们在各自熟悉和擅长的领域中自说自话般地开展研究。课堂研究主体若想重获新生，就急需建立一种相互支持、相互滋养的关系，这是研究行动中开展对话的基本前提，具体而言，①课堂研究主体间的对话和沟通，通过课堂研究这一平台，实现合作中的融通和转化；②课堂研究主体与研究对象之间的对话，使理论的产生与发展楔入实践的发展过程，即让课堂实践成为理论的真正源泉，并在此过程中实现理论与实践的互动生成。换言之，课堂研究主体要从单项思维中抽离出来，从理论的旁观或者实践的旁观中跳出来，坚定一种"双重行动者"[②]的立场。一方面，专业研究者不应将自己视为一个实践的局外人，而是实践的参与者、行动者，更贴近实践观察和思考。例如，探寻究竟是哪些原因导致了实践工作者对专业研究者的敬而远之，实践工作者在教学实

---

① 石中英.教育学的文化性格.太原：山西教育出版社，2007：166.
② 孙元涛.研究主体：体制化时代教育学者的学术立场与生命实践.上海：华东师范大学出版社，2015：160.

践中的期望包括哪些内容，究竟该如何将这些期望转换为他们在实践中的理论意识和理论自觉。另一方面，实践工作者也不应成为教学理论建构的旁观者，而应认识到自己在课堂研究中的作用和所应承担的责任，在与专业研究者的接触与协作之中更直接地学习和反思理论，包括研习专业研究者诠释实践问题的方式、思维问题的视角。当课堂研究者经历一种理论的选择、理解、尝试运用、质疑、不断调适和内化之后，理论方能在实践中经受检验，并在此基础上不断丰富和提升。

由此可见，课堂研究者唯有通过积极对话和全方位参与，才会因实践支撑而夯实根基，因理论的滋养而更富理性。从这个意义上而言，课堂研究不仅是研究的"试验田"，而且是课堂研究新主体的培育"基地"与新思想产生的"根据地"。

五、在文化体验上：倡导两种文化的互动

课堂研究主体是完整的、历史的、文化的、社会的、独特的存在，同时亦会受到特定传统、习惯及行为方式的影响。文化氛围与特征差异会造就迥异的价值观念、思维方式、行为取向和精神状态。学术文化是维系人们从事学术事业的共同价值观、行为规范（科学规范）、利益和信念的纽带，它作为大学长期积淀和演进的历史产物，具有较强的辐射性、弥散性和渗透性。实践文化是在长期的教学实践活动中形成的一种教学范式、思维方式与价值观等，具有实践的生活气息、具有鲜活生动性。学术文化和实践文化是两种不同性质的文化形态，它们无时无处不在影响着课堂研究者的观念和行为。

课堂研究主体的新生需要受到不同的文化体验影响。一方面，专业研究者可通过介入实践而感受实践文化的熏陶。从价值取向来看，专业研究者更多着眼于对教学理论的完善和建构，而实践文化可以使其感受到价值取向绝非无源之水，它源于现实并深受教学实践的影响和制约；从思维方式来看，他们习惯了演绎、思辨性的思维，善于借助宏大叙事来解释其对于现实世界的理解，而故事性的叙事研究和质性的田野观察可以将其带入一种新的思维状态，能够以更为多样的思维去全面把握教学实践的本质；从精神状态来看，学术文化使其深切体悟到科学化、规范化的力量，而实践文化则更多地给予他们鲜活的、生动的实例和真实可感的研究素材，这不但可以激发他们的研究热情，还能够为其研究注入新的活力，使其精神保持放松和昂扬，以更加饱满的热情投入到课堂研究中来。

同时，学术文化对于实践工作者发挥着积极的促进作用。首先，学术文化对实践工作者的思维习惯具有一定的冲击性。实践工作者习惯于比较松散、自由、叙说性的研究，而学术文化赋予他们的则是科学严谨的思维方式，学术文化

对知识真实性的追求、对事实的尊重和对假设的验证等，会对他们盲目崇拜权威产生一定的冲击；其次，学术文化可使实践工作者感受到开放、民主、自由的共同体氛围，使其能够自由地表达研究观点，在一个宽松的文化氛围中进行平等的交流，从而体验到一种工作、学习与研究合一的职业生活方式。

　　总之，课堂研究主体应体验两种不同的文化氛围，正是通过两种文化的对话和融合，才使专业研究者与实践工作者在理论与实践中深入交往，在历史与现实中穿梭，在思辨与实证中转换，在融通的文化氛围中开展教学与研究。

第四章

课堂研究的对象

归去来兮，田园将芜胡不归？

——《归去来兮辞·并序》

随着社会转型和教育改革的推进，教师成为研究者、反思的实践者等观念已成为流行之势。在当前教育改革中，教师的参与度与积极性高低已经成为影响教育改革成败的关键性因素。例如，在新一轮基础教育课程改革中，尤其鼓励教师参与校本课程的开发与研究，提倡教师对国家课程的校本化实施与研究，以使日常教学工作成为研究性的改革实践，因此，教师有必要更深入地理解与践行课堂研究，他们这样做的起点应该是对课堂研究的对象的合理认识、定位与把握。"对象"对于课堂研究的进程具有重要意义：研究对象的确立是课堂研究开展的前提条件；研究对象的性质决定了课堂研究的特性；研究对象的逻辑呈现构成课堂研究的成果。

第一节　课堂研究对象的厘定与诠释

　　从教育发展史看，教育学、教育、教学论等的研究对象是一个众说纷纭的问题，学术界大多从现象观、现象和规律观、存在观、活动观和问题观等方面展开探讨。尽管如此，不同研究者在相关研究中仍然难以达成共识，一些研究者立足于各自的视角进行解说和辩护：有的撰文为"'教育现象'何以成为教育学的研究对象"[①]作辩解，有的认为"教育学的研究对象是'教育问题'"[②]，并进行商榷。因此，本书的意图不在于对诸多观点的对比和分析，而主要在厘定课堂研究对象的基础上，分析其现状，透视其问题，以进一步探索课堂研究对象的认识与把握应该在哪些方面发生转换。

---

① 高鹏，杨兆山."教育现象"何以是教育学的研究对象.教育研究，2014，（2）：55-60.
② 余小茅.试论教育学的研究对象是"教育问题"——兼与高鹏、杨兆山商榷.学术界，2014，（9）：115-123.

一、课堂实践中的问题作为课堂研究对象的提出

在当前教育改革中，实践工作者越来越需要以研究的态度对待教学工作，专业研究者也越来越需要具备实践的智慧，要使日常教育工作成为研究性的改革实践，提升教育质量、改善教学实践，借助课堂研究来实现这些目标，是一个便利的途径。而对课堂研究对象及其特征的把握与理解，是进行有效课堂研究的基础和前提。

（一）课堂研究对象的检视与厘定

教育研究的对象观包括"现象观""现象和规律观""问题观"等，由此论及课堂研究时，不同研究者也有类似的观点，课堂研究对象究竟定位于什么才是比较合适的，这是课堂研究需要解决的首要问题，下面就此进行简要分析。

客观存在的课堂现象只是被意识到的教育存在或者教育事实，此时它是作为一种可能的、潜在的研究对象出现的；若成为现实的研究对象，需要研究者在意识到它存在的基础上，还要具有进一步了解它的愿望和行动，将其作为一个问题开始关注、分析和尝试解决。也就是说，课堂研究者面对丰富的课堂现象，只有某些现象进入研究者的视野中、引起他们的关注和思考并成为一个问题时，才可能被探究。否则，它只是一种现象而已。所以，我们不能简单地认为课堂研究的对象是课堂现象。

课堂现象不是价值无涉的自然现象，而是在一定程度上渗透价值选择的社会现象或人文现象，在某些现象背后可能隐藏着某种客观规律。例如，在现实课堂教学活动中，在基本情况不变的条件下，同一位授课教师采取对话式教学方式可能要比传统的讲授式教学方式，更能够激发学生的学习兴趣，更易于提高学生的学习效率，解释这一现象形成的原因，就可以从其背后的动机、心理认知、心理机制等教育心理学规律来探寻。这种规律虽然存在，但它是通过研究课堂现象之后才得到的结果，而不是在一开始就作为研究对象存在的，不能成为确定课堂研究对象的起点。也就是说，课堂研究虽然也要探寻和证明教育规律，但它是以某些现象为中介来进行的。因此，规律是课堂研究的结果性认识，而不可能在一开始就作为课堂研究的对象而存在。否则，就是本末倒置的。

既然课堂现象或规律都难以成为真正的对象，那么，课堂研究的对象该如何规范与表述呢？从教育研究对象的历史考察发现，日本学者将"教育问题"作为教育学研究对象，得到了国内学者的认同，同时，在教育研究、教学论研究领

域中都出现了以"问题"为研究对象的观点和提法。他们认为研究者活动的实践领域是研究的客体，研究主体与客体之间的中介才是研究的对象，而"问题"就是这一起到联结作用的中间环节，某种性质的问题是特定学科的研究对象。虽然教育研究是始于教育问题的发现，但是，问题仍然是源于教育实践的。因此，在一定程度上可以说，课堂研究的对象就是课堂实践中的问题。因为从课堂研究活动的一个相对完整周期来看，它是以发现和提出问题为起点，以解决问题或发现新的问题为旨归的探究过程。在此过程中，问题是联结课堂实践活动和研究主体的纽带，没有课堂实践中的问题，研究主体就不会产生对课堂实践的关注和介入，正是课堂研究活动所涉足的课堂实践才是问题产生的空间。

（二）作为课堂研究对象的课堂实践中的问题

"实践"这一范畴通常被认为是人类有目的地探索和改造客观世界的物质活动，但是，从另一个方面而言，人与外部世界之间并非是一种纯粹的物质活动，人还在将自身的观念作用于活动的对象，并将其改造为理想的客体，在此过程中人是作为一种能动活动的个体来面对活动对象的。也就是说，在改造客观物质世界的活动中，人作为主体在进行着主体间的交往活动，也在自我改造与完善，从而也使这一活动对主体自身产生意义。"'实践'这个词，我用它来指许多不同活动的集合，这些活动联合在共同的目标之下，体现着特定的价值，并使其中每一个活动能够被人所理解。"① 换言之，实践是一组活动，只有从具体的某种教育观出发，才可能被理解。而从传统观点来看，"实践不过是许多原理中的一个原理，它之所以重要，只是因为实践是说明认识的基础、来源和真理的标准的基本概念。所以，通常只是把它看做'辩证唯物论的认识论的'第一的和基本的观点，而没有代表新世界观用以观察一切问题的崭新思维方式"② 。以此来看存在于实践中的问题时，实践只是理论思考的对象，它是作为理论的对立面而存在，并被缩减为操作性意义上的"术"。

而在课堂研究中，课堂实践是其原点和根基，它不仅仅只是作为思维的对象和材料而存在的。课堂研究的理论活动需要以实践的观点去衡量，需要纳入到课堂实践活动中去，并成为课堂实践活动的一部分。"课堂实践"就是指在课堂"场域"中的许多不同活动集合，这些活动的共同目标体现着课堂研究的价值，并且只有在具体的课堂"场域"中，这些活动的价值和意义才能够被理解。因此，课

---

① 理查德·普林.教育研究的哲学.李伟，译.北京：北京师范大学出版社，2008：26.
② 高清海.找回失去的"哲学自我"——哲学创新的生命本性.北京：北京师范大学出版社，2004：139.

堂实践包括三个方面的内涵：①它是课堂活动的集合；②这些课堂活动隐含着一定的预设性价值；③这些课堂活动体现着目的与价值的统一性。"课堂实践"不是单一的某一种活动，而是在某种价值导向下，为了达到共同的目的，参与者所进行的一系列活动构成了课堂实践活动的集合体。因为某种特定的课堂活动是在更广阔的背景下进行的，对其意义和价值的理解也只能在更广的范围内才能被理解，也就是说一系列相互关联的活动及这些课堂活动的价值是理解某种活动的背景。课堂活动的意义不是自我显现的，而是通过具有统一目标的、一系列的活动来呈现的，而且其中隐含着活动的价值、活动的方式等。课堂实践既是内含价值的活动，还是隐含着各种实践关系的能动活动，其中主要体现为师生之间的交往关系。可以说，作为基础性的而又充满丰富性的课堂实践是教育中现实矛盾的总根源，是教育问题的发源地，也是人们解决这些矛盾问题的源泉。

综上所述，当谈论起课堂实践中的问题时，通常指一个有待澄清的困惑、有待解决的疑难，是课堂实践活动的结果与预期之间的差距与矛盾。它能够激发起研究主体质疑问难的意识与思考状态，且在没有现成答案的情况下，期望通过探究得到解决。具体可从以下几方面理解。

1）课堂研究以课堂实践中的问题为研究对象，就意味着其理论来源并高于课堂实践生活。课堂研究以实践中的问题为直接研究对象，课堂实践就成为课堂研究的"源头活水"。课堂实践中问题的丰富性是实验研究和各种文本书所难以企及的，基于此，课堂研究可以根据事实进行客观的观察、描述、记录和说明，并在此基础上进行加工、反思和重建，因此说，课堂研究是起于课堂实践又高于课堂实践的一种研究活动。

当然，以课堂实践中的问题为对象，并不是简单地等同于课程实践领域发生的所有问题。因为"并非每种活动都叫做实践，而只有其目的实现被设想为某种普遍规划过程的原则之后果的，才叫做实践"①。换言之，研究者在处理其与课堂"场域"中的关系时，必定在其思想中感知到这种关系，并进行"目的预设"，对课堂实践的过程有一个思想内部的设计，并计划适合的方法步骤来完成这一活动，从而实现对课堂"场域"中关系的把握。同时，"课堂教学活动是教育活动的集中表现形式，也是社会组织关系的一种表现，更是个体活动和集体活动的表现形式"②。所以，课堂实践问题可能包括一些社会问题、心理问题和教学问题等，而课堂实践中的心理问题是教育心理学研究的重点，社会问题是教育社会学的研究核心，而只有在课堂"场域"中表现出来的教学问题才是课堂研究的最核

① 康德.历史理性批判文集.何兆武，译.北京：商务印书馆，1990：164.

② 王鉴.论教学现象及其研究方法.教育研究与实验，2006，（6）：6-11.

心部分，其他两类问题不是它研究的重点。那么，这类最核心的课堂实践问题主要源自何处呢？教学系统的关系，包括"教学与外部的社会系统和条件之间的关系、教学内部各因素之间的关系、各具体教学因素自身内在的联系"①，其中教学内部各因素之间的关系是教学系统中最根本的关系，而课堂实践问题主要就是因这些关系而引发，并因这些关系而存在。也就是说，它关注更多的不是教育同其他社会事物关系的外围性问题，而主要是那些发生在直接教育实践过程（主要是"教育"与"教学"）之中的问题。例如，如何促进学生的合作学习？对话教学应该遵循哪些基本原则？如何培养学生的数学思维？等等。

　　2）课堂研究以课堂实践中的问题为对象，不仅要反映课堂实践，还要干预、影响和指导课堂实践。从传统教学观而言，教师大多不赞成甚至排斥外来人员介入自己的教学实践，担心对自己的教学产生干扰。而实质上，真正融入和贴近实践的专业研究者并不是为了"挑剔"问题，反而是为了通过对课堂教学实践中现存问题的探寻与求解来促使教学实践的改善。同时，传统研究观亦是偏向于远离实践的学术建构，并逐步形成对实践的忽视甚至不屑。

　　其实，从世界各国的发展战略来看，各国在教育改革中都注重理论与实践两种力量的结合。因为，国家的教育发展策略，大都是自上而下的，这必然需要专业研究者进入实践领域，并将这些理论政策带入学校，将其具体化，只有他们根植于学校实践中，并对学校范围内实施的、自下而上的教学改革"鼎力相助"时，教育改革的推广和普及效果才可能达到预期目标。例如，我国正在开展的新一轮基础教育课程改革，成立了基础教育课程改革发展研究中心，制定了宏观的课程改革计划，既动员教育理论界的力量，导向基础教育的实践主战场，也对广大一线教师进行全员动员与培训。这种对实践的介入不但可以反映课堂实践问题，还促使"关注教学生活""走向教学实践"等实践研究系列成果的形成。正是一些专业研究者和实践工作者对课堂教学实践及其研究的反思，才促使国内掀起课堂教学研究热潮。例如，一些学者开展的系列课堂社会学研究。他们走进课堂社会、研究课堂社会并在此基础上深描和理解课堂社会，进而从社会学视角更全面地认识课堂教学，并进一步改善课堂教学。这种对课堂实践的反映、指导、影响和干预正是专业研究者和实践工作者在经历和体验课堂实践和课堂改革的过程中实施的，并在此过程中积累着以课堂实践问题为对象的第一手资料，为其课堂社会学理论奠定了实践基础。

　　3）课堂研究以课堂实践中的问题为对象，意味着课堂研究的主体是在课堂

① 吴也显. 教学论新编. 北京：教育科学出版社，1991：11.

教学实践中、在学科教学实践中开展的相关研究。"教育理论工作者的研究要把课堂放在研究中的突出地位，深入到课堂教学的实际场景中去，从理论上真正地去阐释课堂中存在的种种现象，从多学科的角度去说明课堂中出现的种种问题。"[①] 正是因为以往的诸多相关研究没有真正根植于课堂实践之中，才会很少发现其中存在的有价值问题；正是因为他们不是真的了解课堂实践，才会出现教学理论上的夸夸其谈，导致在面对实践工作者的诸多实践中的问题时显得束手无策。所以，在面对实践问题这一对象时，专业研究者应该深入实践，实践工作者也把研究纳入自己的教学行为中，学会用研究者的眼光来审视、分析和解决课堂实践问题，能够针对教学实践中的问题制定初步研究计划，并按照计划有步骤地开展系列研究活动。

4）课堂研究以课堂实践中的问题为对象，意味着其根本方法应该是实践研究的方法。虽然一定程度的思辨是不可或缺的，但这种理性的思考也应该以某些课堂事实或案例为基础，而不是主观臆想式的思辨。正如著名教学论专家赞可夫总结道："科学的教学论应建立在研究教学实践及其改造的基础上，这是无可争论的真理。对实践的研究可有各种不同的形式，既可以研究并概括教师的先进经验，也可进行实验，而实验有时是为了查明效果和解释现成的经验，有时是为了创造新的经验。"[②] 实践研究的方法虽然没有实验研究那样精确，但是它却可以因此而获得课堂实践的丰富性、本真性。当课堂研究者进入课堂"田野"，浸入课堂实践问题中进行身临其境的观察和体验时，其研究对象就是以最真实、最自然的状态来呈现的，基于此的实践研究方法正是科学的实验研究难以企及的。

5）课堂研究以课堂实践中的问题为对象，要通过实践问题的解决和各种实践关系的把握来认识课堂教学活动中表现出的一般性规律。即它要在研究和解决课堂实践问题的基础上，通过科学的观察、描述等来探索各种教学活动及其表现出来的教学关系，进而通过分析、综合、抽象、归纳、概括等思维活动形式，来认识和把握课堂教学过程中表现出来的一般的、普遍性的规律性认识。课堂实践问题总是在教学实践活动的构成要素及其相互关系之中产生和发展。"人的一切形式的活动都是处理人的各种关系的，因而是人的各种关系能动地、开放性地展开的根本机制和表现形式。人的发展总是通过人的关系的展开，而人的关系的展开又总是通过人类之间的活动来开辟道路的。"[③] 所以，对人的实践活动的讨论避不开人的关系，包括人与环境的关系、人与人之间的社会关系这两个紧密相关的

①　郑金洲．重构课堂．华东师范大学学报（教育科学版），2001，（3）：53-63.

②　赞可夫．教学论与生活．俞翔辉，杜殿坤，译．北京：教育科学出版社，2001：141.

③　夏甄陶．人：关系·活动·发展．哲学研究，1997，（10）：6-15.

方面，而人际关系又是人的本质关系。人是通过参与各种实践活动而使自己不断获得发展，并在各种关系的规定下实现发展和成长的。因此，课堂实践问题是由课堂实践中的课程、教学活动、师生关系、教学方法、教学环境等诸多因素相互之间的错综复杂的关系而形成的，并从中表现出来一定的存在方式。简言之，就是课堂实践中的人与人、人与事、人与环境等之间的关系。所以，课堂实践问题的研究，应该在这种动态变化和发展着的关系中来探讨，而不是在一种静止不变的关系中研究的。

总之，课堂研究以课堂实践问题为研究对象，它就成为"有源之水，有本之木"。正如布迪厄所说："最抽象的概念困惑如果不通过系统地联系经验现实，也不可能得以充分地澄清。最超凡脱俗的理论家也不能不花费精力去胼手胝足地与经验琐事打交道。"① 可以说，课堂研究与教学论以及整个教育学一样，都是为实践服务的。

（三）课堂实践中的问题的性质

1. 课堂实践中的问题是生成性的存在

"进行课堂研究最初常会令人感到信心不足，有时甚至让人觉得'可怕'。尝试任何东西都有不确定性，教师研究尤其如此。因此确定课堂研究的主题，把它恰当地表达出来，并全力以赴地完成课题研究任务——是很重要的。"② 但是，在课堂研究中，通常是以课堂实践为着眼点来逐步形成研究问题的，因此，"你不必从一个'问题'着手。你所需要的就是某个方面需要改进这样一个大致的想法。你之所以产生这样的大致想法要么是受到一个非常好的观点的启发，要么是因为认识到现在的做法达不到你原本的期望"②。也就是说，课堂实践中的问题是在课堂教学实践中或者其他实践活动中产生或发现的，所以，它是一种生成性存在。从课堂实践出发形成研究问题有以下几种情况。

（1）由课堂实践活动中迫切需要解决的问题直接转化而来。

例如，在当前课程改革过程中，反映师生关系的"教师话语规训"问题就是一个迫切需要面对的问题。因为在课堂教学中，教师话语规训虽然有其存在的必要性与合理性，但是当这种规训运用过度时，也会产生危机。正如在"青蛙卖

---

① 皮埃尔·布迪厄，华康德.实践与反思：反思社会学导引.李猛，李康，译.北京：中央编译出版社，2004：37.

② 戴维·霍普金斯.教师课堂研究指南.杨晓琼，译.上海：华东师范大学出版社，2009：50.

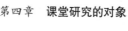

泥塘"这节课中的一个片段①。

> 在"青蛙卖泥塘"一文学习中，老师要求学生分组讨论，多个学生还没有结合好小组已经被老师喊停。老师让他认为已经讨论出结果的小组学生回答讨论结果，而还没有分好小组讨论的学生似乎显出遗憾又无奈的神情。一个学生小声说道："哎，还没讨论呢。"另一个学生也抱怨道："真没劲！"

由此可见，教师"拔苗助长"般的催促，剥夺了学生思考的权利和机会，也因此受到学生的质疑、不解和抱怨。这一实例只是现实的一个"缩影"，但是在提倡"以学习为中心"的课堂教学改革时代背景下，培养他们学会学习已经成为关键性问题，因此，课堂教学中教师话语规训问题就可以作为迫切需要解决的对象来研究。

（2）从课堂实践矛盾和困惑中发现研究问题。

在课堂实践中，经常会出现不同类型的矛盾或者困惑。例如，教师期望学生在课堂上专心，但是学生时常会因为各种原因开小差；我们期望教师能够教学和研究兼顾，并使二者相互促进，但现实往往是教师仅仅专注于教学等等。这正如一位受访的教师（B-T$_2$）坦言。

> 专家和领导在听评课时，都一再强调"对话式教学"，我也认为它的确比传统讲授式的教学更能够调动学生的积极性，而且能够锻炼学生的思维和语言表达能力。但是，课堂时间怎么保障呢？只要让学生充分展开对话，就难以在有限的时间内完成教学任务，而且对于争议度较大的问题，讨论起来时很难转移到另一个话题中。这对我们来说，是一个很大的困扰，到底能如何更好地利用对话式教学呢？②

由此可见，在课堂实践中，当我们无法准确地判断某事物的合理性或者限度时，怀疑、困惑就可能产生，于是，在原本看似正常的地方就可能发现有研究价值的问题。

---

① 张鹏君.课堂教学中教师话语规训的反思.当代教育科学，2014，（16）：15-19.
② 该部分来自对一位中学教师（B-T$_2$）的访谈。

（3）从参与课堂实践的灵感、联想中形成研究问题。

例如，对你在课堂实践中经历的一件事情，可能会思考这一问题产生的原因是什么，我能做些什么，如果想改善某一方面，如何能达到目的？这些想法能在课堂上尝试吗？当在思考这些相关的问题时，你的脑海中可能会浮现有关课堂研究的一些想法或话题。这些想法或许与学校发展计划的某些工作有关，或许与学校的目的有关，更可能涉及某些实际的、需要解决的课堂实践问题，例如某个难以管理的班级、某个捣乱的学生等。由此可知，作为课堂研究对象的问题并不一定都是立即产生的，有时候相关的联想也会促发一个问题的形成。

2. 课堂实践中的问题是科学性、人文性和意义性的存在

课堂实践问题表现为具有普遍性的教育科学问题和具有情境性的教学人文问题。因此，课堂研究"既要探索总结课堂教学的一些科学规律，又要解释课堂教学中生成的人文现象，既把这些课堂中的要素分解研究，又研究它们之间的相互关系"[①]。

课堂实践中的问题总是发生在课堂实践活动的构成要素及其相互关系之中。它是教学实践中的师生、教师与教材、学生与教材、教师与教学方法、学生与学习方法、师生与教学环境等因素在复杂的关系中表现出来的存在方式，它反映了围绕人生成的诸多关系，包括人与人、人与物、人与环境、人与知识信息等。例如，身处课堂实践关系中的教师与学生都会表现出不同的个性特点和差异，这也是课堂实践人文性和特殊性的反映，因此，课堂实践中的问题也是一种人文性的存在。

课堂实践中的问题作为意义性存在就意味着它的可理解性和价值性。就像一块化石，对于古生物学家来说，它不是一块普通的石头，而是将其与古生物相联系；而对于缺少相应知识的人来说，它就是一块普通的石头而已。因此，课堂实践中的问题作为一种被关注到的存在，其内在意义是通过课堂研究主体的理解而呈现的，课堂研究者对实践问题的追问，不仅包括认知方面的可理解性问题，还包括价值层面的意义。虽然，问题的可理解性在一定程度上与人的理解能力、看问题的态度和视角等有关，但是，研究者自身的内在价值立场才是更重要的方面。课堂研究主体对问题的解读、分析，为什么关注此类问题而不是其他问题，其中是渗透他们的意义判断的。在面对课堂实践问题时，还需要结合特定的情境来探讨，看到它的情境性和人文性所体现出来的即时性、特殊性，从而给予其合理的解释和解决。

---

①   王鉴 . 课堂研究概论 . 北京：人民教育出版社，2007：123.

（四）课堂实践中的问题之特征

（1）客观性与主观性。

客观存在是课堂研究对象的基本属性，作为一种客观存在，其内在本质和规律是不以人的意志为转移的，课堂研究主体只能在科学研究的实践中去认识、把握它，而不能够去"创造"它，这就是它所具有的客观性。当这种客观存在与相应的主体建立起一种对应的联系时，它就从客观存在转化为客体；作为客体要成为主体的研究对象，还需要主体对客体做出某种认识上的选择和取舍，客体才成为研究的对象。课堂实践中的问题作为课堂研究的对象就是一种主观化了的客观存在，这具体表现为，在复杂的课堂实践中，不是所有的实践问题都会成为课堂研究的对象，而且问题本身也不会自动地成为其研究对象，研究主体从客观现实中选取某些问题作为研究的对象，并从一定的角度进行分析，就是因为研究主体关注到它，并认为具有探索的价值，这种选择本身就体现了课堂实践中的问题具有主体性的一面。随着课堂实践的发展和研究的深化，不同研究者可能从不同的视角进行探究，其研究对象的主观化程度也随之加深。虽然课堂实践中的问题本质上是具有一定的主观性的，但并不代表对某一问题的认识完全没有共识，在同一时代或者相同文化背景下的不同研究者往往关注某些相同的问题，他们之间是存在共同关注点的，只是各自从不同的研究视角出发而已。例如，当今时代对基础教育课程改革问题、以学习为中心的问题、对话教学问题等都是同时代的研究者共同关注的问题。因此说，课堂实践中的问题作为主观化的客观存在，这里的"主观化"并非脱离社会和历史的、孤立的个人意志和价值观，而是社会历史、文化的产物，打上了文化的烙印。所以，这种主观性从根本上说是来源于社会历史文化发展需要的。当然，无论这种主观性程度有多大，作为研究对象它始终都会保持着自身的客观性，无论研究者对其如何把握和掌控，也只能在尊重它的客观性基础上而有所作为，所以，课堂实践中的问题作为一种对象化了的客观存在，具有客观性和主观性的统一。

（2）发展性与稳定性。

人的社会实践活动是一个历史发展的过程，人的历史是人的活动过程及结果，人在各种实践活动中交往，并在不断进步的社会中发展，同时，人与社会发展之间的矛盾也在不断发展。所以，作为人类的社会实践活动的一部分，课堂实践也是一个逐步深化的过程，作为推动课堂实践活动发展的矛盾问题也具有发展性。从一定的时空维度看，课堂实践一直处于运动和变化之中，不同时代和不同情境中的问题都带有鲜明的时代和情境特征。此外，不同研究者的兴趣、关注点和知识储备等主观因素，也会使课堂实践中的问题具有多样性和流变性。当然，课堂实践中的问题在发展、流变的同时，也具有相对的稳定性，当它一旦被提出并作为某些研究者集中的研究对象时，在一定时段内就具有稳定性，从而能够使对其关注的研究者可以进行持续研究。随着时间的推移，会有新质生成，使研究者在不同阶段面对不同侧重点，正是在这种"变"与"不变"的相对时空中，经历着发现与解决问题的过程，课堂实践就是在不断解决这些问题的过程中获得改善和发展的。

（3）复杂性与有限性。

课堂实践中的问题是教育实践中的特有矛盾，与人自身的主观能动性、理解性和创造性密切相关。课堂研究主体在面对课堂实践中的问题时，是带有自己的知识架构、价值观和主观愿望的，正是这种问题的"人为性"，使课堂实践中的问题也成为一种主体性问题，并因人的观念意识、思维方式、人格特征等的复杂多样性，而使课堂实践中的问题也会呈现出一定的复杂性。课堂实践中的问题反映了不同因素之间的关系，例如，"课堂"对课堂这一概念进行考察，就必须考虑到课程、教学活动、师生关系、课堂环境等不同变量的影响。课堂实践中的问题通常是政治、经济、文化、社会发展等多种因素综合交织作用的结果，成为教育问题只是诸多社会关系中的一个"纽结"，它的解决不但需要课堂研究者的智慧和探究，也需要其他社会制度、政策保障等方面条件的支持。同时，从具体某一时期内的课堂实践中的问题来看，它所具有的问题域边界反映了该时期的社会特点，是这一阶段中课堂实践中特有矛盾的显著表达，虽然这些问题的存在是不以人的意志为转移的，而且问题本身是复杂多样的，但是在特定时期内人们可以凭借现有的认识水平和实践能力来探究问题中的主要矛盾和矛盾的主要方面。从这个意义上说，虽然揭开对象的全貌是一个无穷尽的过程，但是就某一时期、某一部分问题成为课堂研究主体认识和改造的对象而言，课堂实践中的问题又是具有有限性的。

（4）事实性和价值性。

"事实"指的是实在的一些特征，这些特征有助于我们以特定的方式来恰当地描述事件。课堂实践中的问题所具有的事实性就是指课堂研究主体所观察到的并以描述课堂实践世界的特定方式而存在的东西，它反映了课堂世界的一些特征，这些特征规定了我们做何种描述才是恰当的。虽然，研究者可以用不同的方式来描述课堂世界，但是，课堂研究主体并不是在绝对自在的状态下探求真理的，其过程中的价值因素、文化传统等是其不可回避的问题。"事实和价值总是很难保持截然对立，因为事实与我们对世界的描述有关，这些描述又包含着价值判断。"[①] 例如，对学校中的"欺负弱小"问题的研究，不同研究者可能会从不同的方面来界定何谓"欺负"和"弱小"，并对这种行为具有不同的观点：有些研究者可能认为，这是一种很严重的问题，对于被欺负者会造成情绪干扰和心理阴影，甚至会影响其正常的交往和心理发展；有些研究者则从理性的角度认为，这只是一种阶段性问题，这是学生成长过程中的正常现象，我们无须以成人的眼光去"审查"孩子之间发生的问题，有时候对他们而言，所谓的欺负就是他们眼中的一种交往，所以，我们完全不必采用强制性措施来制止，否则，就会强化这种"不良行为"，而不予理睬可能使其更容易淡化和消退；还有些研究者从生物学角度看，认为这就是一种"竞争"，这可以使弱小者逐步变得强大，或者学会如何躲避对自己不利的因素等。由此可见，不同的研究者对于同一问题，也会有不同的评价，他们的价值观就渗透在对实在的描述之中、对问题的解析之中。因此，当课堂研究主体在探究不同的课堂问题时，也会从不同的视角出发，采用不同的方法，这实际上也是赋予了课堂问题不同的价值取向。可以说，课堂实践作为人特有的实践活动，本身就蕴含着属人的、应然的本质和价值规范性特点，因此，对课堂实践中的问题的解读和解答必然反映研究者的价值观念。

二、课堂实践问题的类型及其意义

有学者将科学的历史研究中的全部问题归纳为三类：即事实性问题、解释性问题和理论性问题。[②] 事实性问题即陈述产生了什么的问题，这类问题经常采用描述、叙述的方式来回答；解释性问题即诠释为什么发生了这样的问题，为何这样发生等，主要采用解说的方式来回答，当然，也可以用描述的形式达到解释的结果；理论性问题则是探寻或发现了什么规律，主要采用理论的、概括的方式来回答。由此可见，这种对于问题的划分主要从问题回答的视角来进行。

鉴于上述划分，又根据课堂研究的实践性特征，从其主要目的和任务的视角出发，可以将课堂实践中的问题分为事实性问题、解释性问题、改进性问题和理论性问题。课堂实践中的事实性问题主要是指"是什么"的一类问题；解释性问题即"为什么"的问题；改进性问题即"怎么办"的问题；理论性问题即对前三类具有统摄性的问题，例如要探寻课堂实践中某个或者某类问题的理论基础、

---

① 理查德·普林.教育研究的哲学.李伟，译.北京：北京师范大学出版社，2008：74.
② 汝信.社会科学新辞典.重庆：重庆出版社，1988：941.

理论前提、内在依据，就属于此类，这里的理论性问题并非作为实践性问题相对立的意义上而言的，而是作为实践问题探讨的依据、基础等密切关系上来说的。例如，以六年级学生分数应用题解题出错的研究，就可以将其分解为对不同类型问题的研究：事实性问题研究即"学生对于什么类型的分数应用题容易出错""哪些学生容易在分数应用题方面出错"等；解释性问题研究即"为什么某些类型的分数应用题易于出错""为何某些学生易于出现错误"；改进性问题研究即"针对易于出现解题错误的分数应用题，应该从哪些角度入手指导学生""如何帮助学生避免分数应用题解题过程中的错误"；理论性问题研究即"六年级学生分数应用题解题错误进行分类的基本理论依据""六年级学生分数应用题解题的内在认知规律"等。

1. 事实性问题

尽管"事实"这个概念看起来有些让人难以捉摸，事实就是实际存在的一些特征，正是这些特征使得我们可以用某种特定的方式来描述这些特征，并因此可以陈述某些命题。事实反映了真实世界的一些特征，这些特征规定着做哪种描述才是适合的、恰当的。也就是说，"事实并不是人们观察到的、独立于描述世界的特定方式而存在的东西，不是盯着你的脸，径直地把自己印入你脑中，它不是那种可以收集可以加减的东西"[①]，而是在特定描述方式中被确定的。例如，在课堂教学中，如果学生自己出现骚乱时，教师就可能调查其中的事实，在其调查引发学生骚乱之因的过程中，也就对事实的东西进行了描述，这些事实就是有助于说明和解释引起骚乱的事件（课堂实践中的事物、关系等）。因此，课堂实践中的事实性问题应该是"教育事实（即被人认可了的教育现象）中客观存在的教育矛盾和疑难，其大小和范围足以达到研究的目的，并且有充分的变量和现实的可能性"[②]，这种事实上的冲突、矛盾或者不一致，是现实存在于课堂实践之中的，而不是主观臆想的。例如，以课堂教学中的师生互动为例，在课堂教学中，师生之间应该体现出积极主动的对话、互动等双向或者多维交流，但事实上并非如此，他们之间经常存在着"虚假互动"。这样实然与应然之间就出现了矛盾或者冲突，而且这一矛盾是客观存在的事实，发生在课堂实践之中的问题。

---

① 理查德·普林. 教育研究的哲学. 李伟，译. 北京：北京师范大学出版社，2008：72.
② 陶志琼，袁圣军. 关于"教育问题"的研究——教育研究对象辨析. 宁波大学学报（教育科学版），1999，（4）：37-41.

2. 解释性问题

课堂实践面对的是活生生的人，他们具有丰富的内心活动、精神世界和实践智慧。在不同的实践情境中，他们的言语或行动可能具有不同的意义，要做出恰当的理解取决于不同的语境和行动者不同的意图。因此，要寻求某些行动的意义，就需要按照行动者特定的行为方式来进行解释。解释性问题主要是根据课堂实践问题产生的背景，以解释问题形成的原因、影响、深层意义等为主要目的和任务。例如，心理学研究者进入突发事件现场，体验受到惊吓的群众的心理活动特点，进而对其心理问题进行解释；课堂研究中的专业研究者进入课堂实践中，通过观察、访谈等来体验现实课堂生活，并形成一定的实践经验，进而对课堂教学中的问题进行合理的解释等，这些都属于解释性问题研究。解释性问题经常采用的解释方式包括：用基本理论来解释问题；用权威观点来解说问题；用客观事实来解析问题等。无论采用哪种解释方法，都需要进行有针对性的解析，揭示隐藏在现象背后的东西，这才是解释的关键之所在。

3. 改进性问题

课堂研究不只是对课堂实践中的问题进行描述、解释和说明，它同样需要在此基础上进行改进性思考。因此，在面对事实性问题和解释性问题的同时，对改进性问题研究也是非常重要的方面。改进性问题通常是指"怎么办"的策略性问题。课堂研究工作就是在不断地了解课堂实践、不断改进现状的过程中逐步展开的，通过真实地感知课堂实践而不断改进课堂教学实践是课堂研究最终目的之所在。否则，就如斯克里文对医学研究的批判——"如果医学的研究仅仅为了解释疾病，既不识别疾病也不治疗疾病，那么我们会毫不犹豫地说医学没有履行自己主要的社会责任"[①]。因此，课堂研究中对改进性问题的探寻也是其题中应有之意。

4. 理论性问题

"实践在一定程度上是由教师的意向、信念和价值规定的，是由教师置身于其中感受他们任务的制度和社会背景规定的。教师的信念和价值、教师工作于其中并从中获得他或她权威的制度框架所包含的信念和价值，是不是可以叫做'理论'，取决于它们的反思水平或者清晰度。"[②]其实，教师个体在课堂实践中有许

---

① 理查德·普林.教育研究的哲学.李伟，译.北京：北京师范大学出版社，2008：4.
② 理查德·普林.教育研究的哲学.李伟，译.北京：北京师范大学出版社，2008：122.

多缄默化的知识，蕴含在教育现场的缄默性知识，是理论的另一种表达，正是这些理论在支撑着他们的教学行为，例如，哪些教学手段有利于激励学习兴趣的信念，如何管理学生课堂行为的信念等。因此，"企图把实践，包括教育实践作为一种似乎全无理论的东西进行思考，其结果，看来会产生一个不真实的二元论。任何实践都处在理论框架之内，即有关世界、人类和值得追求价值的相互联系的信念框架之内，它可以用命题的形式表达，并接受批判的分析"[①]。由此可见，课堂实践中的问题并非完全与理论无关，而其中的理论性问题就是指那些潜隐在实践背后的行动依据，潜在地支持研究者的立场或方式的理论框架等相关问题。例如，"什么理由使一位语文教师采取对话式教学"的问题，就是为了理解这位教师这样做的目的、信念和价值，在这个意义上，这个问题探寻的不是"原因"而是"理由"，这种理由就是支持教师实践行为的理论依据。当把这一问题放在一个思想体系或者理论框架中来看时，其更容易被理解或认可。因为如果从事某一实践的时候，潜在地引用了某种理论立场或者特定化的理论化方式，无论我们持有的立场和方式多么的粗糙和没有被意识到，实践者的活动都会受限于其所引用理论框架的局限。也就是说，如果课堂研究主体具有某种信念或者理论，即使他们意识不到自己具有这样的信念，他与没有这样的信念的研究者相比，他们在课堂实践中的观念意识、行为追求、思维方式都会是不同的。一定程度上，在课堂实践活动中，人们是相信某些理论假设的，并且从中也在进行着不同程度的理论活动，进行着理论性问题的分析与思考。正是具有一定的理论视角及其相互联系的一套信念，才使研究者在课堂实践中把某些资料而不是其他资料作为重要资料挑出来，并将某些特征而非其他特征作为重要特征加以强调，从而对这些资料给予这种解释而非另一种解释。

对研究的问题进行分类是一种逻辑性活动，是人们按照一定的原则或者标准对复杂的研究对象进行整理的过程。在课堂研究中对其研究对象进行一定的系统梳理是进行研究的基础性工作，这对于实践建设和理论发展，以及认识论方面都具有积极意义。从认识论意义而言，课堂实践中问题的分类有利于研究者结构性地把握相关问题，从而进行系统深入的研究。在研究者对课堂实践中的问题介入之前，它本来是以一种"自在"的方式存在的，虽然它本身具有一定的结构性，但是只有经过研究者的理性分析和思考，才能够发现它的结构性和秩序性，因此，对问题的分类和系统整理能够使复杂多样的问题更具有显性化和可操作性，这样更方便研究者在一个合适的问题框架内定位相关研究。这既可以使研究者更

---

① 理查德·普林.教育研究的哲学.李伟,译.北京：北京师范大学出版社，2008：123.

集中于问题的深度思考，又能够为不同研究者提供交流探讨的标准和基础。它避免了研究者主观任意或者凭借感觉和兴趣而对问题的概括，减少由此而引发的争论和误解等。从实践意义来看，这种分类整理可以为实践工作者和教育决策提供一种问题系统和标准依据，从而为解决此类问题寻求可行的解决方案。研究者在一种问题系统中来解决问题时，就能够以一个科学的问题解决顺序来面对它，比如它的性质、相关问题联系、重要性等。此外，从理论建设上看，可以为同类研究提供一个可借鉴的分析方法和理论框架。从一定意义而言，分类的结果就是形成一种具有方法论意义的理论框架，它能使一类研究成为有机整体。

第二节　课堂研究对象的实然呈现与反思

　　本章第一节关于课堂研究对象的澄清与厘定，是对现实进行考察的基础。因为一个真正有研究情怀的研究者，应该站在高处、落到实处。站得高是说要具有一定的理论素养、比较开阔的视野与思想，对一些基本概念范畴、基础性问题的认识要有一个清晰的、合理的理解和把握；落得实是指既要有一定的实践经验，又要掌握充分的、有价值的实际资料，还要真正服务于并达到研究目的。从理论上而言，课堂实践中的问题理应成为课堂研究的对象，成为课堂研究者的核心议题，而实际上是否的确以此为对象，将课堂实践中的问题及其解决落到实处，还需要借助某些手段和方法进行检验，进而管窥课堂研究对象的实然状况。

一、实践操作中的课堂研究对象

　　"关键词"是学术论文的"题眼"和"精髓"，是学术文献主要思想的提炼与概括，通过关键词可以大致了解学术文献研究的主题和所属领域。在科学计量研究中，关键词也是一个重要的指标，通过一个关键词在有关领域文献中出现的次数可以判断该领域的研究主题和热点问题。如果某个（些）关键词出现的词频越多，就说明它越是该领域的研究主题。而本书对于课堂研究对象的审视，也可以采用分析样本期刊所载论文中关键词的方法，来把握它的对象主要集中在哪些关键词上，通过对高频关键词的分析来审视课堂研究的对象。在课堂研究的关键词共现图谱中，某些关键词词频越高，说明它们作为课堂研究对象的机会越多。

与"课堂研究的主体"（第三章）相同，以 G42* 所收录的"课程与教学理论"研究的文献数据内容为分析对象，以"G42*"为检索词，利用中国知网搜索引擎检索相关文献，搜索条件限制为"教育理论"、"初等教育"与"中等教育"，文献类型包括期刊论文、会议论文、学位论文以及报纸，搜索时间区间设置为 2005—2014 年，人工剔除职教类与高教类的文献、无效文献，共得到相关有限文献 24 959 篇。在进行数据处理时其时区设置、阈值选择均不变，阈值设置为 Top100，即每一时间切片（本书为一年）出现词频最高的前 100 个节点，算法为最小生成树法。在保持上一章总体参数设置的基础上，将网络节点类型设为关键词，进行关键词词频分析，得到课堂研究的关键词词频知识图谱（图4-1），圆形节点表示关键词，节点之间的连线代表关键词之间的关联，连线越粗说明二者之间的关系越紧密。

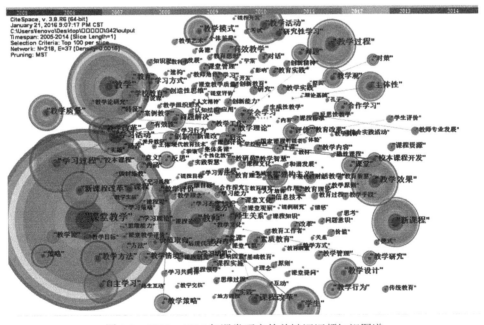

图 4-1　2005—2014 年课堂研究的关键词词频知识图谱

同时，通过 CiteSpace 的后台处理获得与图谱相对应的关键词被引词频（Frep $\geqslant$ 100）、排序等数据，得出表 4-1。

表 4-1 2005—2014 年课堂研究的相关文献高频关键词列表（出现词频≥100 次）

序号	关键词	出现词频	序号	关键词	出现词频	序号	关键词	出现词频	序号	关键词	出现词频
1	课堂教学	2176	28	教学策略	247	55	对话教学	154	82	特征	120
2	教学	1046	28	教学行为	247	56	对话	150	82	研究	120
3	教师	978	30	素质教育	244	57	新课改	149	82	有效性	120
4	学习过程	722	31	学校教育	236	58	评课	146	85	意义	118
5	教学过程	615	32	学习方式	235	59	学习理论	145	85	课堂文化	118
6	新课程	612	33	教学评价	233	59	学习	145	87	教师专业发展	115
7	教学效果	610	33	问题	233	59	方法	145	87	课堂观察	115
8	课程改革	580	35	反思	228	59	教育实践	145	87	创新能力	115
9	学生	500	36	合作学习	227	63	教学实践	144	90	价值	112
10	新课程改革	480	37	评价	218	64	实践	143	91	思维能力	111
11	教学活动	479	38	教学理论	214	65	课堂管理	141	91	课程标准	111
12	学习活动	477	39	教学研究	203	66	一堂课	140	91	课程文化	111
13	教学质量	453	40	教育	197	66	教育理论	140	94	教学目标	109
14	自主学习	449	40	校本课程开发	197	68	教研员	139	94	反思性教学	109
15	教学方法	447	42	价值取向	195	69	内涵	136	96	学生评价	107
16	课程	433	42	学会学习	195	70	知识	134	97	应用	106
17	教学模式	395	42	创新	195	70	信息技术	134	97	学习态度	106
18	主体性	387	45	研究性学习	192	72	创造性思维	130	99	影响因素	105
19	教学设计	369	46	教学情境	191	72	教学工作	130	100	说课	103
20	教学改革	350	47	教学论	184	74	教育理念	129	102	教学文化	103
21	有效教学	329	48	教学反思	176	75	改革	128	102	教育工作者	101
22	策略	311	48	启示	176	76	学习动机	126	103	学习共同体	101
23	师生关系	298	50	校本课程	174	77	教学管理	125	104	创新精神	100
24	建构主义	296	51	对策	167	78	案例教学	124	104	教学手段	100
25	教学观	275	51	培养	167	79	教学内容	123			
26	问题解决	268	53	教育改革	161	80	教学智慧	121			
27	课堂	247	54	课程实施	154	80	课程资源	121			

图 4-1 中圆形节点大小代表该关键词出现的词频，节点越大表示该关键词在来源文献中出现的次数越多，并且关键词的字体越大，代表它的中心性越强，"'中心性'反映了一个节点在整个网络中的'媒介'能力，也就是说其他节点联络时必须通过它，它占据'媒介'的位置越多，就说明它的中心性越高"①。因此，中心性能够体现出节点对图谱中关键词网络的控制能力，在一定程度上可以表示

---

① 尹丽春.科学学知识图谱.大连：大连理工大学出版社，2008：46.

研究的热点问题。由图 4-1 可知，课堂教学的节点最大，其次是教学、教师、教学过程、学习过程、教学效果、课程改革、新课程等，课堂观察、课堂文化、课堂管理、评课等有关课堂实践具体问题的节点较小。这说明在课堂研究中，研究者更注重课堂教学、教学效果、教学过程、课程改革等较为宏大的、理论性的问题，而对课堂中具体的、实践性问题的关注相对较少。由表 4-1 可知，课堂教学的词频最高，为 2176 次，与教学研究有关的教学、教学过程、教学方法都处于较靠前的位置；与课程研究有关的新课程、课程改革、新课程改革、新课改等也比较靠前，虽然这些名词用语稍有差异，其实都是围绕新课程改革来谈的，总词频也超过了 1800 次。课堂、课堂观察、课堂文化等出现词频远远低于上述关键词的词频，这也再次证实了我们的判断：当前课堂研究中，其对象多为教学研究、课程改革等较为宏观的、抽象性的问题，而较少以课堂实践中的具体问题如课堂提问、课堂评价等为研究对象。也就是说，在课堂研究中，其研究对象更多的不是源于对课堂实践的关注，不是针对课堂实践问题的解决。

二、课堂研究对象中存在的矛盾

从现实文本呈现来看，当前的课堂研究大多数属于理论的探讨，其实然对象如课堂教学、教学效果、教学过程与课程改革等都是宏观的、抽象的问题，而非具体实践问题。这种研究是对课堂教学一般概念和原理的认识与超越，是理论地探讨课堂相关问题。它主要指向课堂教学理论，寻求新的课堂"场域"中的事实，阐明新的理论或重新评价原有理论，旨在探讨课程与课堂教学相关的知识、观念、目的、价值和意义，目的在于为现有的理论体系增添新的内涵。

这种实然对象的研究关注的是课堂教学的理论性知识，而这种理论性知识是具有普遍性的，通常可以通过研究者的阅读、学习等方式获得，包括课程和课堂教学的原理类知识；通常表现在研究者的观念中和口头上，是研究者根据课堂研究的某些外在的标准认为"应该如此的理论"。

从其研究对象和性质看，它是对课堂相关普遍性知识的再认识、反思、批判和再生成，主要指向课堂研究认识领域，是对课程与课堂教学甚至课堂研究自身的审视，所以，从某种意义上而言是一种"元理论"的研究；而不是对课堂现象及其问题的直接探讨。

从功能看，它虽然要面对课堂教学世界，要研究和解决课堂教学世界的问题，但是由于它所探索的是课堂教学的普遍性的、一般的规律问题，它不能只是简单地描述课堂教学活动及其关系，而是需要通过分析、综合、抽象、概括等一系列思维加工活动过程，建立起一定的理论体系——"这样的理论体系只能为解决具体的教学问题提供一般规律性的知识或科学的一般原理，不能要求它提供现成的教学方案，解决种种特殊的教学问题"①。

从这种实然对象的研究方法看，多采用思辨—类推式研究、文献研究、历史研究等方法。例如思辨-类推式研究就是通过思辨，由类似物来推理研究对象的一种思维方式。这一研究方式之所以在课堂研究中能够占据主流，原因主要在于：①由于课堂教学这一组织形式在一定历史时期中的稳定性、传承性，使古今中外的一些课堂教学的思想认识和论述都可以为我所用，帮助我们理解、深化和拓展对它的理解，所以，课堂研究者能够在已有相关理论知识的基础上，通过思辨-类推来探讨和建构课堂理论。②课堂研究者在受教育和做研究的过程中，所形成的对课堂教学的感知、体悟、认识和反思也是建构课堂理论的重要来源。此外，课堂专业研究者在不进入课堂"场域"的情况下，通过由普遍性知识形塑的心智模式来想象、假设、揣测、理解课堂实践中的事之因果和人之意图。正如著名经济学家哈耶克所言："研究者一般都会采取类推的方法，亦即根据自己的理解去解释被研究者的行动；也就是说，我们会把其他人的行动及他们行动的客体归入到只是根据我们自己的知识而知道的那些类型或范畴中去。"②

然而，课堂研究的对象应该面对的是课堂实践中的问题，需要"在教育实践基础上，通过对感性经验梳理、分析、概括和归纳，从而发现需要研究解决的教育实际矛盾和理论疑难"③。因此，它是基于课堂生活实践世界的，以真实的课堂问题作为研究的基本内容，挖掘其价值并进行意义诠释等。"并不是简单地利用所学的课堂理论性知识，而是以一种'在行动中反思'的方式发现课堂问题，形成研究的假设，采取对应的策略。"④ 在此，研究者对于课堂实践的把握和"触摸"不再是单纯依靠对课堂经验的回忆和臆想，不再是对已有研究经验的再理解，而是一种探寻课堂实践的真正"神入"，意味着研究者能够以一种"在场"的方式，通过观察、课堂写真、课堂深描与教育叙事等途径获得对课堂实践问题的理解和认识。

综上所述，课堂研究对象在实然与应然层面存在着一定的矛盾。面对这种矛盾问题时，我们需要立足现实进行深刻的批判与反思，从而在课堂研究对象的认识与把握上发生一定的转换。

① 徐继存.教学论导论.兰州：甘肃省教育出版社，2001：31.
② 哈耶克.个人主义与经济秩序.邓正来，译.北京：生活·读书·新知三联书店，2003：96.
③ 刘献君.教育研究中的四个基本要素.高等工程教育研究，2011，（5）：54-58.
④ 斯蒂芬·D.布鲁克菲尔德.批判反思型教师ABC.张伟，译.北京：中国轻工业出版社，2002：257.

三、对课堂研究对象的批判性反思

对课堂研究对象的批判与反思，源于课堂研究对象中存在的矛盾和问题。这些问题表现在：一是课堂研究中的"去实践化"，即课堂研究脱离实践；二是课堂研究中的"去研究化"，即失却了研究意蕴或沦为伪研究。换言之，对课堂研究对象的认识与把握缺少实践意识和研究意识。

（一）课堂研究中"去实践化"的分析

如前文所述，课堂研究对象的实然和应然状态出现了明显的矛盾和"二分"现象，其一表现为"去实践化"，即课堂研究对象的认识和探究缺少"实践性"。

专业研究者多以研究和传播教育理论作为"不言而喻"的责任，往往把自己的研究指向已有理论，并由分析、比较、批判、重构等思维形式推进理论，可以说这正是一个理论人要具备的基本素养，本是无可非议的，但我们需要反思的是：他们的研究对象的视野是否需要突破？如果有必要，应该朝向哪里？正如叶澜教授通过自己的认识和实践体验所感受的一样，"突破仅以业已形成的理论为研究对象的局限是必要的，这种突破的价值，首先不在于从实践中去找证实或证伪某种理论的例证，也不在于用自己的理论去指导教育变革的实践，而是在于研究主体有可能去认识一个变革着的社会与教育"①。由此可见，面对当今社会的重大转型期和教育改革的关键期，在课堂研究中，把研究对象的视野拓展到富有变革性和生动性的课堂实践中就显得尤为必要。当他们把生动的课堂实践纳入课堂研究的视野时，实践不但对其有一种精神滋养作用，还能促使其形成新的问题域、新的理论。当然，要求专业研究者面对课堂实践中的问题，并不是要求他们的研究能够对课堂实践具有"立竿见影"之效，而需要他们确立起课堂研究的"实践意识"，并将这种意识转化为一种"实践自觉"，善于从实践中提炼案例与提升经验，进而丰富应用研究理论。

（二）课堂研究中"去研究化"的分析

课堂研究中的"去研究化"就是指在课堂研究中抛开问题的因果关系而靠自己的臆想进行自说自话或者停留在对问题的肤浅描述层面上，从而导致课堂研究的随意化。课堂研究中"去研究化"倾向表现为"主观臆想式"研究和"简单

---

① 叶澜.思维在断裂处穿行——教育理论与教育实践关系的再寻找.中国教育学刊，2001，（4）：1-6.

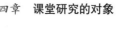

描述式"研究。

课堂研究者并非都走上深入课堂实践的研究理路，更多的是身居书斋在文献中搞研究。专业研究者和实践工作者都在寻求以最便捷的方式完成任务、多出成果，由此大量的思辨性文章被"催生"，因为这种思辨性文章要比来自于实证调查研究的文章来得更容易些，他们的研究越来越成为一种沉溺于文献资料中的"主观臆想式"研究。正是因为"用观念来想象事物，总比实际考察来得方便快捷，人们往往用观念来代替实际事物，有时候甚至把自己的想象当做事物的实质"①。当这种主观臆想与文本的结合成为研究主流时，课堂研究就会面临"失却"研究和"伪研究"的危机。

由于缺少"教育现场"的亲身体验，没有长期的"课堂田野"研究，没有深度的"个案"剖析和扎实的"实证"支撑，其研究就会流于空洞肤浅，对其中的问题也仅仅停留于客观记录和描述的层面上，而缺少深入与深刻。同样，实践工作者基于课堂现象只是进行"流程化"的教学后记和课后反思，或者进行"碎片化"的描述或故事性的记录，而缺少相关理论学习与思考支撑，课堂研究也同样会流于"随意"和"肤浅"。

因此，课堂研究者迫切需要确立起"研究意识"，抛开主观臆想、走出书斋，走向课堂、回归实践；注重客观描述又不能被其束缚，超越简单的故事性记录；既要有相关理论研究的深度和广度，也要有课堂实践的"底气"，在面对课堂实践问题时从整体性出发，用联系的、发展的观点去解析它；同时，还要把握住课堂实践中问题的"关节点"，以动态性和复杂性思维来对待课堂实践中的问题。

第三节 课堂研究对象认识与把握的转换

课堂实践中的问题作为课堂研究的对象，多是在应然层面上来谈的，而实然层面上体现不足。因此，在认识与把握课堂研究对象时首先要转变对待课堂实践问题的态度，即由忽视问题到提出问题，从理论抽象性问题到实践具体性问题，由审视教的问题转向反思学的问题；在思维方式上从实体性思维走向关系思维来探究问题；在研究方式上强调以质性研究面对问题；在研究过程中注重系统

① 埃米尔·迪尔凯姆.社会学方法的法则.胡伟，译.北京：华夏出版社，1999：14.

动态地把握问题。

一、转变看待问题的态度与视角

（一）由忽视问题到提出问题

忽视问题就意味着对问题的淡漠、躲避或视而不见。不同的研究主体都习惯于在自己当前的研究状态下重复每日的工作，专业研究者习惯于宏观的、理论化问题的探讨，实践工作者习惯于每天的教学工作。当他们日复一日地专注于自己习惯化的工作时，丝毫没有感到自己对课堂实践问题的忽视，这种状态可能是由多种因素导致的：将相关问题视为社会问题在教育领域中的投射，并且认为教育很难有力量来化解这些问题。将问题归为当前教育体制的影响，只是口头上的"抱怨""牢骚"，并做出一种有利于自己的外归因解释。将日常教学实践问题归因为自身缺少关注或者知识、能力欠缺，并基于自己的立场开脱，专业研究者以理论研究为己任，实践工作者以搞好教学为第一要务，甚至有时候会把自己的不足视为理论引导作用不够或者实践工作者不配合等原因。

因此，课堂研究者要从事课堂研究、正视课堂研究对象、关注课堂实践中的问题，最重要的就是从当前的习惯性的状态转变为在实践中质疑、提出问题的状态，从习惯、躲避到质问和面对问题，这就意味着他们要置身于复杂的、不确定的课堂实践情境中，要在课堂实践中采取行动，要进行理智地探索、分析和批判。为了更好地呈现由习惯到质疑的转变，笔者也从自己参与的、大量的课堂实践案例中试举一例来进一步分析和说明。

在中小学课堂教学中，课堂提问是一种常见的活动形式，通常由教师提出问题，让学生独立思考或小组讨论交流，然后由学生作答，最后再由教师进行正误评判。这是一种传统的、惯用的课堂教学方法，也是以此为主要手段推动课堂教学活动的展开和延续。如果没有仔细考究，我们不会从中发现什么问题，完全可以将其视为一种传统的方法来看待，似乎也没有什么不妥之处，但是，通过多次课堂观察发现，数学课堂教学中普遍存在着以"教师提问、学生回答、教师评价"为定型规则的对话方式，数学课堂教学就是这样的多个"三项式"对话单位组成的循环。下面以小学五年级的一堂数学课为例，从中可窥一斑[①]。

（2014年某市实验小学数学复习整理课"平面图形的周长和面积"中的片段。）

[①]　该部分源自笔者的一次听课经历。

课堂导入语：

师：老师现在给大家展示一幅图画，这是什么呀？

生：七巧板。

师：嗯，大家说得很准确。看到它，谁能说说你想到了与前几节课相关的哪些知识？

生：它的周长是多少？面积是多少？计算公式是什么？

师：真棒！看到这个图就想起了这么多问题呀！这就是今天要学习的内容。

授课片段：

师：哪位能回忆一下曾学习过哪些平面图形的面积和周长？

生：三角形、平行四边形、正方形、圆形……

师：说得很全面。

师：谁能说说想到哪些图形的周长公式？

生1：$C_圆 = \pi d = 2\pi r$

生2：$C_正 = 4a$

师：这两位同学说得很正确，谁知道 π、r、a 分别代表什么？

……

从上述数学课堂对话的展开可知：教师作为知者或检查者向学生提出问题；学生作为未知者或者被考查者回答问题；教师作为评判者对其进行评价。整个过程都是由教师掌控着对话的起止与转向，问题的提出径直地指向目标，借学生之口复习巩固和强化记忆平面图形的周长与面积公式相关知识；评价的目的是为了做出正误判断或者引入另一个问题。这种对话是由"提问—应答—评价"组成的"三项式"对话，教师的"问"与"评"以及学生的"答"组成了一个闭合的、稳定的三角结构。教师的"问"和"评"都指向学生的"答"，三者之间没有形成两两之间的对话系列。而且，学生之间的交流不足，学生的回答缺少交集，都是针对教师的问题和评价。从一定程度上说，这种"三项式"对话结构用"问答式"教学来命名更为恰当。"教师不断地提问，学生习惯性地举手，教师指名，学生短促地回答，教师简单评价或补充讲解，下一个问题的设定……"[①]

① 钟启泉等.基础教育课程改革纲要（试行）解读.上海：华东师范大学出版社，2001：217.

上述对数学课堂教学中问题的发现、提出和对该问题的"三项式"结构分析，正是反映出作为研究者是如何从习以为常的课堂教学活动中，发现并提出被忽略而又普遍存在的问题的。通常，那些新颖的、有创意的问题更容易引起人们的注意，也易于激发研究者的热情，但是此类问题的发现与提出也往往需要站在学术前沿、具有更为广阔的学术视野，而且要有扎实的学术积累与敏锐的问题感知力。相对而言，这些日见而不鲜的问题往往不被重视，甚至因习惯了它的存在而无视。实际上，正是这些日常课堂实践问题才是影响课堂教学效果、阻碍课堂教学改革的根本性因素。研究者只有关注并致力于这些问题的研究与尝试解决，只有抛开习惯性思维的牵制，从新的角度看待旧问题，以及对实践的深刻把握和创造性的想象力潜入课堂实践时，才可能真正发掘出有价值、有意义的问题。

（二）从理论抽象性问题到实践具体性问题

我们强调以课堂实践中的问题为对象，并非要求课堂研究只关注实践问题，不顾其理论提升或理论性问题，而意在注重从课堂实践中发现和提炼问题，并对实践问题进行理性分析、总结，以及结论的凝练和提升。实践性作为课堂研究本身的一种学术品质决定了它对实践的关照，其理论分析也是基于课堂实践中的事实和案例而进行的。如结合上述"平面图形的周长和面积"案例，就可以对课堂实践中的具体问题从以下几点进行理性分析：

（1）数学课堂"三项式"对话中教师教学观念分析。

为何在数学课堂对话中，往往由教师首先发问和最后评价呢？经多次进入课堂观察和了解发现，正是一些偏误的教学观念导致了这一现象的发生：①认为学生不会提问。这正是长期以教师为中心的课堂教学传统根深蒂固的表现。教师一时难以摆脱习惯性的讲解，而又要顺应课程改革的要求，就通过"满堂问"来激发学生的积极性，体现所谓"以学生为中心"的教学。在此，教师忽略了儿童天生俱来的四大本能——"交谈或交流本能、探究或发现本能、制作或建造本能和艺术表现本能"[①]；没有认识到如何以最低限度而有效地讲解来保证学生能充分地交流、探究、制作，而这些正是发现和提出问题的前奏。②认为学生把握问题的方向性和准确度没有保证。一些教师认为他们对问题的理解和把握最有利于直接、便捷地达成教学目标，而学生的理解水平、知识层次、所处高度决定其难以提出直达目标的问题。这些也许是现存的实情，但正因为欠缺才更需要经历以加

---

① 约翰·杜威.学校与社会·明日之学校.赵祥麟，任钟印，吴志宏，译.北京：人民教育出版社，1994：50.

深对问题的认识和体会。③认为学生的提问和评价会有较大主观性和局限性，而教师相对更具有理性和客观性。其实，教师评价并非都是合情合理的、必需的。有时候并不需要教师回应或即时回应，适当的延迟评价或者让学生互相评价正是在给学生营造思考的空间以及进一步激发问题、生发答案的机会。

（2）数学课堂中"三项式"对话的人称关系分析。

数学课堂对话与一般对话不同点之一就是语言运用的人际关系方面。教师大多用"老师"代替"我"；用"谁（哪位）"指代"你（学生）"。正如上述课例中，教师在课堂导入中就说："老师给大家展示一幅图画……谁能够……"从"我与你"到"老师与谁"的转换是教师的习惯使然还是另有他意呢？从美国哈佛大学著名的课堂对话研究者卡兹登（C. Cazden）教授基于课堂话语的状态和功能的划分来看，"课堂的语言、控制的语言、个人认同的语言，这三种话语分别对应着三种功能，即认知功能、社会功能、表达功能"①。在"三项式"对话结构中师生的地位不同。从教师方面说：在认知功能中，"我"转化为"教师"，使教师个体同化于普遍性的"教师"，从而使自己的发言和评价具有权威的力量；在社会功能方面，"我"的丧失使"制度性人际关系"凸显；在表达功能领域，"我"的遮蔽导致教师在课堂中的抽象化及其人生经验的剥夺。就学生方面看，个体学生同化为普遍化的"谁"，造成第一人称的缺失，而导致了非人称化和非主体化。因此，"师生的个人关系失去了'我与你'的对话关系性质，而转变为内含权利关系的'师生关系'"②。

（3）数学课堂中"三项式"对话的知识分析。

从数学课堂对话中体现出的知识内容来看，师生对话主要围绕知性目标展开，体现在对数学知识的理解和识记，以及数学读写算和逻辑思维等认知技能的发展方面。在上述课例中，从教师话题的引入到具体问题的提出，都偏向于围绕预期的知识学习和目标达成，如有关图形的周长公式、面积公式，π、r、a 各自的指代意义等。同时，在学生听讲、练习等符号性活动中，在同座讨论、小组合作的交往性活动中，对操作性、反思性知识的体验不足；"是什么"和"是不是"等问题引发的检查性知识较多，而"为什么"与"怎么办"等问题生发的探究性知识较少；更多的是客观的、可测的知识，即精细的、全面的教材知识。此外，教师未能针对学生的回答来分析问题与学生想法的相关性，展开探索性追问，激发学生发表不同的见解，放手让学生独立自主地学习；学生的认识和表达

①　考特尼·卡兹登.教室言谈：教与学的语言.蔡敏玲，彭海燕，译.台北：心理出版社，2001：4.

②　佐藤学.学习的快乐——走向对话.钟启泉，译.北京：教育科学出版社，2004：111-113.

没有被视为不可置换的个性文化而受到尊重，却更多地在迎合老师的希望、要求和暗示而进行思考和行动。这些都是课堂对话本质的异化，也是对学生表达认识和表达自我归属的"真实性"的剥夺，因而，也难以激发其学习动机、通过个别答疑和反馈评价培养学生自主探索学习的能力、真正实现以学习为中心的数学课堂教学。

（三）从审视"教"的问题转向"学"的问题

21世纪以来的新一轮基础教育课程改革，强调课堂教学的重心应该由注重教师的"教"转变为学生的"学"，提倡课堂教学要以学生为中心，充分调动学生的积极性主动性。但是，受传统教学和研究范式的影响，注重"学"的教学研究依然没有成为主流，因此，在认识和把握课堂研究对象时，不但要研究"教"的方面，更要研究"学"的问题，从"教师、教材和教法"转向"学生、学习和学法"。如果仍然结合上述"平面图形的周长和面积"案例，可以从学生的视角出发，分析数学课堂教学中"三项式"对话对学生产生的不利影响：

1. 导致学生提问能力欠缺

教师长期主导课堂的传统使学生过度依赖教师安排好的一切，他们仅仅听从指示、按要求行事即可，使学生产生依赖思想。似乎提问就是教师的职责，回答才是学生分内的事，教师不问、学生就不会问。由于缺少培养学生提出问题的意识，教师经常代替学生提出问题，甚至在问题中就传递着答案，使学生的思维处于停滞状态，难以提出有深度的问题。因为学生平时没有形成提问的良好习惯，一旦被要求提问时就容易偏离主题、游离于核心话题的外围，且学生之间的主动提问较少，即使听命于教师的指示，也难以进行有秩序的、有效的对话交流，更多地表现为散漫的、机械问答。

2. 阻碍学生数学思维水平提升

在"三项式"对话的数学课堂中，学生没有尽情地表达自己的数学想法和数学见解，也较少进行高水平的数学思维活动；教师不是尽可能多地倾听学生的所思所想，不是基于学生的想法进行探索性和开放性追问以激发学生的发散思维和创新思维，而总是在考虑如何使学生头脑中"嫁接"出预设的结果，并由学生之口说出想要的答案。这些本来应该由学生自己用大脑想象的东西变成了靠视觉和听觉获取的东西，教师代替学生的数学思维剥夺了学生自主思维的机会，削弱了学生对数学的感知、理解和自主建构，阻碍了参与数学学习获得的思维水平的提升。

3．致使师生关系疏离

教师真诚的评价能够给学生被尊重感和被认可感。然而，形式化的、敷衍的回应既是对学生的不负责，也给学生一种无形的疏离感。教师容易对学生不太清晰的问题或者缺少条理的表达缺乏耐心，对学生的提问和质疑缺少兴趣，对学生的问题敏感性不足，没有移情式的倾听与针对性的评价等都会影响学生情感的满足，从而影响师生关系的亲密性和信任度。

4．妨碍良好课堂氛围营造

数学课堂中的"三项式"对话不利于师生之间知识和情感的双向交流和反馈，被提问到的学生可能绷紧神经，以最快的速度搜寻教师想要的答案；没有被提问的学生可能会分散注意力，引起课堂秩序的混乱。教师提问和评价主导的数学教学，"不去设法在学生身上形成情绪高涨、智力振奋的内部状态，数学知识的传递也只能引起一种冷漠的态度，而不动感情的脑力劳动只会带来疲劳。甚至最勤奋的学生，尽管他有意识地集中自己的努力去识记教材，他也会很快地'越出轨道'，丧失理解因果联系的能力"[1]。这种对话所形成的课堂氛围极易导致学生的思维迟钝和被动应付。

二、以关系性思维探究问题

"课堂"既不是真空的密室状态，也非游离于社会而存在。课堂实践亦是在各种关系中存在的，它是由三种关系的重建而展开的实践，"同客观世界的关系、同课堂内外的他者的关系、同自己的关系"[2]，在这些关系中，师生展开与客体世界的对话、与他者的对话以及与自身的对话。在与个体世界的关系中形成认识性、技术性的问题；在人际关系中形成政治性、社会性问题；在自我内在关系中形成实在性、伦理性问题。课堂实践中的问题都是现时代社会与文化的缩影与反映，也与课堂之外的社会问题息息相关。因此，课堂实践中的问题应该置于广阔的社会关系和文化背景中来研究。课堂实践过程中各种构成要素和影响因素及其相互关系，都是影响课堂实践问题的因子，以最典型的课堂人际关系为例，当

---

① 瓦·阿·苏霍姆林斯基．给教师的建议．杜殿坤，译．北京：教育科学出版社，1984：85.
② 佐藤学．课程与教师．钟启泉，译．北京：教育科学出版社，2003：143.

课堂被视为一个微型社会时，其中的人际关系包括原始共同体关系、群集性关系与学习共同体关系。第一种关系状态，是班级社会的成员对班集体的直接性归属意识及其对班级规范的无意识承认相结合而形成的，这是一种带有自在性的共同体；第二种关系状态，是课堂社会中因为权利义务的契约关系以及制度性的角色关系所构成的，是一种自主性的共同体；而第三种关系状态，则是依靠共同拥有的知识和伦理为纽带，所结成的自觉化的共同体，也即"具有共同舆论的共同体"。可以说，现实课堂社会在不同程度上呈现出上述三种关系状态，它们相互交织在一起影响课堂实践中人际关系问题及相关问题的解决。

　　具体到当前课堂研究中，之所以关注对宏观抽象问题的普适性研究，这与其实体性思维方式有很大关系。这种思维最大的特点是预设世界的本原，并以对这种终极性本原的探索为目的，运用理性抽象的研究方式，期望从抽象概念、逻辑演绎中获得对教学的真理性认识。因此，它具有终极性、封闭性、简单性与静止性等特征，是一种二元对立的思维方式。例如，在教学领域出现的个体本位与社会本位、教师本位与学生本位、知识本位与能力本位等不同价值取向的对立和争论，就是这种思维的典型表现。这些本位论将"关系"中的某一项孤立地看待和研究，就是对教学的复杂性、教学因素的多样性的忽视。在这种思维的影响下，课堂研究对"本质"和"规律"的过度追求，使专业研究者成为不顾课堂实践的纯粹理论思辨的研究者。因此，课堂研究主体要改变那种二元对立的思维方式，以关系性思维认识课堂实践中的问题。关系思维即"从事物与事物的关系中去理解事物，具体说，就是理解一个事物时，不是从此事物去理解此事物，而是从与此事物有关的他事物去理解此事物，即从一事物的存在去把握相关的他事物，或从他事物的存在去把握相关的一事物"[1]。由此可见，对课堂实践中的问题的研究就应该从某一问题与其他问题的关系中去把握和理解，并进而分析和解决。也就是说，要将教师、学生、课程、教学环境等放在"关系"中，立足于"关系性"存在，多维度、立体式地看待问题。

　　例如，在关于"平行四边形面积和周长计算复习整理课"中，就可以从关系思维的视角来研究"三项式"对话的完善策略，如可以把构建多维的"话语共同体"作为其中一种完善策略。话语共同体"与学习共同体""学习型组织"等概念在本质上是一致的，只不过它更加强调共同体内部个体之间的实质性的交往、对话与合作关系，更加强调共同体成员之间的有机联结和互动共生，更加强调共同体内在的精神文化导向性和价值目标融通性。[2]在数学课堂教学中建构

① 王智.关系思维与关系属性.东岳论丛，2005，（5）：153-157.
② 安世遨.对话共同体：大学校园文化建设新取向.现代教育管理，2010，（7）：48-52.

"话语共同体"的最终目的就在于，通过每个人的学习的分化和个性差异，实现课堂文化的多样性和课堂对话的多维性，利用课堂交流活动机制和具有数学学科特点的课堂语言，达到共同体的预期目标；从而避免传统课堂中竭力缩小每一个学生的差异而导致的课堂同质性和课堂对话的形式化。我们所提倡的话语共同体不是同质的，而是异质的、和谐的。在这样的共同体中，"教师还能时刻看到他们中的每一个人，其他的学生并没有黯然失色，没有在集体里融化得看不见，而是每一个学生都在教师的'注意圈'里"[①]。在这节复习整理课中，师生通过彼此之间的互动和对话，提出周长和面积的相关问题，表达自己的观点、倾听别人的意见；作为共同体中平等的一员交流个体认识与共享知识的形成，从而建构一种交往型、关系型的实践活动。固然，"当学生们提出问题、主动回答问题、提出一个论断或者大胆提出批判之时，学生们都在冒险，特别是在他们不知道教师的期望目标或者仅有有限的对话经验的情况下。当教师对学生的发言持一种热情、鼓励的态度时，学生们就为以后的对话奠定了基础"[②]。因此，对话共同体的建构就是为了给学生营造无拘无束的学习环境和探究协作的学习场所。共同体中动态性和生成性能够激发学生求知的渴望，引起对问题的警觉、寻求与问题的吻合，引发他们的质疑、反驳与争论等。如此一来，他们之间的交流、讨论就不再是单向的，而是多轮回、多维度形成的有意义关系、交往关系的话语群。师生是用个性化语言表达自我，课堂对话空间也因此呈现出多元化和层次化。

由此可见，在课堂研究对象的探究中，我们不能用简单的、线性的思维去言说课堂实践中种种复杂性问题，而应该用整体性、关系性、复杂性思维来审视之。课堂研究者只有转变思维方式，才能更好地反思与重构课堂研究对象，更有利于推进课堂实践的实质性变革和新理论的诞生。正如埃德加·莫兰在《复杂性理论与教育问题》一书中所言："在朝向我们的生活和行为方式的根本变革而前进的过程中，在其最广泛意义上的教育起着一个决定性的作用……我们要接受的一个最困难的挑战将是改变我们的思维方式，使之能够面对形成我们世界特点的日益增长的复杂性、变化的迅速性和不可预见性。"[③]同样，迈克尔·富兰也认为，"我们需要一张不同的处方，以便抓住问题的核心，或者说到达另一个山头。一句话，我们对教育变革需要有一个新的思维方式"[④]。

① 列·符·赞可夫.和教师的谈话.杜殿坤，译.北京：教育科学出版社，1980：35.

② Brookfield SD., Preskill S. Discussion as a Way of Teaching. Buckingham：SRHE and Open University Press，1999：77-78.

③ 埃德加·莫兰.复杂性理论与教育问题.陈一壮，译.北京：北京大学出版社，2004：4.

④ 迈克尔·富兰.变革的力量：透视教育变革.中央教育科学研究所，等，译.北京：教育科学出版社，2004：10.

三、强调以质性研究面对问题

从研究方式上来看，对课堂研究对象的考察要注重理解人文科学的研究范式，即质性研究的应用。"质的研究是以研究者本人作为研究工具，在自然情境下采用多种资料收集方法对社会现象进行整体性探究，使用归纳法分析资料和形成理论，通过与研究对象互动对其行为和意义建构获得解释性理解的一种活动"①，它主要以解释学和现象学作为哲学基础，遵循现象学、阐释学的传统。在本体论上，它强调用整体的、联系的观点看待问题，反对那种还原论与解构性地对待人与生活，因为人的行为都是内蕴意义的，研究的重点不是人的行为表现，而是人的行为背后的原因与意义的揭示，从而达成某种具有共识性的理解。在认识论上，它认为研究主体对于研究对象的认识是在二者互动中进行的，是主体对于对象的重读和重构，所以，研究主体与研究对象之间不是截然二分的，而是相互联系的、相互渗透的。在方法论上，它注重研究主体深入现场，在自然情景中与被研究者互动，并在尽可能自然的状态下了解实践和研究对象，在原始资料的基础上建构研究的结果或者理论，并对自己的思想观点、研究方法进行反思和调整，从而再现和重构研究对象的意义系统。

由于课堂实践中的问题是一种情境性、人为性和意义性的存在，它自然会倾向于"意义存在""因果联系""价值选择"等方面的探究，而这些正是质性研究对研究对象的认识实质所在。因此，"我们不能只是靠着把自然科学的研究方法直接移植到我们人文科学的领域，这丝毫不能表明我们就成为广大科学家的真正门人。我们必须使自己的知识适用我们的研究对象的本性，只有以此为基点，才是科学家对待他们研究对象的方式"②。质性的课堂研究是以研究者本人作为研究工具，在课堂实践中用观察、访谈、深描等研究方法收集资料，对课堂现象和问题进行整体性探究，通过归纳法分析资料、形成理论，并在课堂"场域"中通过与研究对象的互动对其行为和意义进行建构性理解的一种研究方式。质性范式在课堂研究中有以下特点。

1）质性的课堂研究认为课堂实践是人有目的、有意识的人为活动，具有主观性、情境性、价值性和复杂性，因而课堂世界是一种主观的、人文的、意义的世界，课堂研究就要追求这种主观性、人文性和意义性，通过实践体验、理解和表达来揭示课堂问题背后的意义。

2）它将课程与课堂教学视作一个整体，注重将课堂实践中的人与事及其相

① 陈向明. 质的研究方法与社会科学研究. 北京：教育科学出版社，2000：12.
② 邹进. 现代德国文化教育学. 太原：山西教育出版社，1992：26.

互关系结合起来进行考究，反对将整体的课堂问题肢解和片段性分析，而是在问题与其所处的各种关系中来理解和考察。

3）研究者本人往往作为研究的工具进入课堂实践，他们是带着已有的"前见"介入课堂实践中的，这种介入可以使其直接进入课堂或者介入到教师教学研究过程中，追求对研究对象的意义理解和建构，并进行意义建构的自我反思。

4）这种研究的目的不是为了单纯描述外显的课堂问题，不只是要从客观量化的研究中了解问题，而是关注课堂"场域"中的权力、人际互动、文化背景等，是要了解和解释课堂事实背后的意义，并以此作为批判和改进课堂问题的基础，进而改善课堂实践。

目前，在我国课堂研究中，质性研究已经成为较有发展前景的研究范式。在相关大中小学合作研究中，得到了较多的运用。如叶澜教授主持的"新基础教育"研究，就是以"主动深入介入"的方式，在课堂教学层面探索教学改革之道，通过这一研究与实践，提出了重建课堂教学的系统理论，开创了"理论与实践的双向建构"的研究方法论，形成一种新的以双向构成为核心的"理论—实践思维"，创造了"生命·实践"教育学派。吴康宁教授进行的课堂教学社会学研究，以课堂为微观社会，基于师生的社会文化背景，对课堂上师生的社会行为进行研究；认为课堂教学是一种社会活动体系，存在着竞争、合作、冲突、对立等；课堂教学过程就是课堂中的各种角色相互作用并发挥其作用的过程，通过观察可以考察不同角色之间的交往互动行为。[1]在此基础上，引导一批学者基于课堂实践的社会学视角，进行了较多探索，完成了诸多著述，并形成了课堂教学社会学理论流派。

然而，质性的课堂研究虽然得到广泛应用，但因其强调对课堂实践材料的"原生态"呈现，注重生动性、情境性，而缺乏抽象性和普遍性，致使研究结果的理论化程度不高，使用不当甚至会有"新闻采访"[2]之嫌疑；而且在实际运用中存在简单化和随意化倾向。因此，质性的课堂研究虽然注重"课堂深描"，但是不能止于对课堂现象的简单描述，而应该由此提出本土化的理论线索，并与已有的理论展开对话。同时，质性的课堂研究虽然没有普适性的研究规范，但是它并非是随意使用的，在课堂研究中，研究者对问题提出、研究设计、进入课堂"场域"、资料的获取和分析、形成结论和建构理论、形成文本等也需要遵循研究的程序。当然，并不是说如果研究者遵循了这些研究环节，就自然而然地完成了质性的课堂研究，它还需要研究者具有发现课堂现象、提炼出课堂问题、捕捉课堂实践中的灵感，并运用直觉和想象的思维能力，在此基础上展开资料的编码、分析和反思。

①　吴康宁.课堂教学社会学.南京师范大学出版社，1999：157-206.
②　侯龙龙.质的研究还是新闻采访——同陈向明博士等商榷.社会学研究，2001，（1）：108-115.

四、注重系统动态地把握问题

在传统的课堂研究中，专业研究者或者进行静态的、解构式的思辨研究，把课堂的构成要素如教师、教材、教学方法、教学环境等作为研究的对象；或者一方面把课堂实践过程作为"黑匣子"，"一方面，用量化方法（科学方法）致力于揭示因果关系，另一方面，通过教学过程的描述求得质性分析的人们，也不去经验实践者的内心世界，而是通过专业领域的玻璃窗，来观察、记录、描述教学。主要依据他们透过玻璃观察到的记录的分析结果，来评价、评论执教者的实践"[①]。在这种课堂研究中，看似他们在以"客观""科学""理论"的研究态度来对待课堂实践中的问题，而实际上在研究过程中并没有真正打开"黑匣子"和"玻璃盒"，没有真正钻研课堂实践中的具体问题。

然而，课堂研究是一种重构性的研究，就是要改变那种把各个部分分离开来的、解构式的研究，而注重从整体上把握课堂研究的对象，强调整体视角、整体内不同要素的综合融通。因此，课堂研究主体要做到"仿佛你必须道尽万事万物，才可说出其一；仿佛你必须对整个体系作出概要的说明，始可以阐明一个新的思想"[②]。当然，在其过程中也离不开对课堂实践中部分、侧面和环节的分析和统筹，因为每一种要素都在特定的情境中发挥着独有的作用，影响着问题的形成和发展，但更为重要的是进行系统综合，揭示课堂实践中的问题的关联和意义。课堂研究所具有的整体性特征就决定了它在处理问题时，要摒弃那种"只见树木，不见森林"的认识方式，而把课堂实践中的问题联系起来，进行总体的考察。

同时，对课堂实践中的问题的探讨还需要以动态的、发展的眼光来看待。课堂实践既是"教育的"，又是"实践的"。课堂实践中的问题总是与特定的时空、人、物密切相关的。我们无法确定在未来的课堂实践情境中将会出现什么样的情况，因此也难以预测这种境况中的问题，无法提前制定有效的应对策略。因为，随着时间的推移、人的活动、主题的变更等，相应的问题也会随着出现，问题的发展性决定了课堂研究者必须在实践情境中动态地审视和解决实践问题；此外，研究者还需要在其中进行实践性学习，通过研究者个体的自觉和自主，有意识地深入课堂实践，充分利用已有的经验与他人对话，不断提升自己的实践智慧，探寻实践问题背后的支撑，并为个体在解决实践问题时所采取的决策和行动进行辩护。

---

① 佐藤学.课程与教师.钟启泉，译.北京：教育科学出版社，2003：223.
② 叶维廉.历史整体性与中国现代文学的研究之省思//叶维廉.中国诗学.北京：生活·读书·新知三联书店，1992：184.

第五章
课堂研究的方式

工欲善其事，必先利其器。

——《论语·卫灵公》

在本章中，之所以选用"方式"而不是"方法"一词，意在弄清课堂研究是"经由哪些途径""通过哪些形式"进行的，而不在于重复阐释通常所言的具体的研究方法。通过对不同研究者所采用方式的呈现和例析，能够明晰他们侧重于以何种途径和方式进行课堂研究，从而发现其中存在的问题并进一步思考课堂研究方式的转换。目前，专业研究者进行课堂研究的方式通常是进行思辨研究、开展学术研讨活动、听评课、教育调查等；实践工作者则往往以备课、教学反思、作业研究、教学研讨等方式展开。课堂研究的应然对象决定其不能仅仅采取理论思辨的方式，而需要在合作、行动、反思与对话的基础上实现理论研究与实践研究的整合。

第一节　课堂研究方式的呈现与分析

教育研究方式是研究者在进行教育研究时所采取的步骤、手段和方法的总称，是教育研究中的关键因素，它决定着研究的进展和质量。在课堂研究中，分析专业研究者与实践工作者所采用的研究方式，探寻其中存在的问题，是改善课堂研究方式不可或缺的，也对提高课堂研究水平大有裨益。下面就从课堂研究者进行课堂研究方式的现状呈现着手，进而展开一系列的探索。

一、专业研究者的课堂研究方式

从当前来看，我国的教学研究已经取得了较大的成绩，研究队伍不断壮大、研究领域日益拓展、研究成果也日趋丰富。尤其是随着新课程改革的推进，在新课程理念下，一些专业研究者开始走向课堂实践、进行课堂研究，有些实践工作者也开始关注并从事课堂研究，专业研究者与实践工作者之间因为课堂研究也有了更多的接触和了解，其关系也在不断发生变化。然而，由于不同的研究目的、方法路径、研究任务和身处的体制环境等原因，当前的课堂研究也存在着不同程度的问题，从其形式看，当前课堂研究面临的主要问题表现在两个方面："一是专业研究者解构式的思辨研究仍在继续；二是教学实践工作者故事式的叙事研究乱象丛生。在过去很长的一个时期内，'主观臆想式的研究'和书斋文献式的研究在我国教学论研究中处于主流地位……这种实践者'缺场'、专业研究者作为'局外人''一厢情愿'的、近似于'殖民'式的思辨研究方式不可能为教学实践的改进提供真正意义上的理论支持，也不可能生成具有本土经验的教学理论。这也是我国教学理论与教学实践长期以来存在"两张皮"现象的根源所在。"[1] 那么，在课堂研究实践中，专业研究者采用哪些研究方式、有何问题？下面就结合一些实践或实例进行分析和呈现。

（一）思辨研究：惯用性研究

在课堂研究中，专业研究者主要运用了哪些研究方式，可以通过一定的抽样分析，来大概呈现其现状。因此，本书利用中国知网，在文献分类目录中选择"社会科学Ⅱ辑"，年限为2000—2014年，期刊来源为"核心期刊"与"中文社会科学引文索引"（CSSCI）两种，以"课堂研究"为关键词进行精确查询，共搜到116篇论文。其中剔除会议、综述类7篇、述评3篇、高校类2篇、期刊选文的范围介绍1篇、重复出现6篇，共计除去19篇，剩余97篇。根据本书对课堂研究方法的分类和概念界定制作编码手册，并根据编码手册对所得97篇样本期刊进行逐项编码，并运用"元分析方法"对样本进行统计分析。具体如表5-1～表5-3所示。

表 5-1　课堂研究方法分类及概念界定 [2]

研究方法	内涵
思辨研究	研究者主要运用辩证法等哲学方法，通过对事物或现象进行逻辑分析，阐述自己的思想或理论，包括理论思辨、历史研究、经验总结等具体方法
量化研究	研究者依靠对事物可以量化的部分及其相关关系进行测量、计算和分析，以达到对事物本质的把握，包括统计调查、实验法（含准实验）、二次分析、内容分析等具体方法
质性研究	研究者通过和被研究者之间的互动对事物进行深入、细致、长期的体验，然后对事物的质得到一个比较全面的解释性理解，包括叙事研究、案例研究、田野调查等方法
混合研究	研究者基于实用主义的主张，在研究过程中同时选择量化和质性两种方法

① 安富海.课堂研究的形式：从各取所需到通力合作.教育研究，2013，（11）：103-106.

② 姚计海，王喜雪.近十年来我国教育研究方法的分析与反思.教育研究，2013，（3）：20-24.

表 5-2　课堂研究各种研究方法频次分布

研究方法	词频	有效百分比/%
思辨研究	79	81.4
量化研究	2	2.1
质性研究	11	11.3
混合研究	5	5.2
总计	97	100

表 5-3　思辨研究具体方法频次分布

具体方法	篇数	比例/%
理论思辨	49	62.0
文献研究	2	2.5
经验总结	21	26.5
历史研究	7	9.0
总计	79	100

根据表 5-1 中对课堂研究方式的不同类型划分，对样本论文进行"元分析"得到如表 5-2 和表 5-3 所示的不同研究方式的使用情况。由表 5-2 可知，在所抽取的样本中，运用最多的仍然是思辨研究，占据样本总量的 81.4%；其次是质性研究，占样本总量的 11.3%；混合研究的为 5.2%，最少的是量化研究。质性研究相对量化研究与混合研究而言百分比也比较高，这主要是由课堂研究本身的性质决定的，因为在课堂研究中，访谈调查、课堂观察等质性研究方法使用得较为普遍。而将思辨研究进行再细化时，其中理论思辨仍然占据思辨研究的主流，为样本总量的 62.0%；其次是经验总结，为 26.5%；历史研究占到 9.0%；文献研究最少，为 2.5%。经验总结相对来说占据约 1/4，在一定程度上说明课堂研究中，经验总结是一种比较常用的研究方式，这与课堂研究中常用的听评课、教学研讨等研究方式也有着密切的关系。

（二）各种学术研讨活动：定期性研究

各种学术研讨活动是专业研究者进行沟通交流、激发思维的有效手段，一些新的思想正是在交流、争辩中逐步澄明和产生的。其具体形式包括专家报告、学术沙龙、读书会等。在与不同的专业研究者进行访谈时，他们也都谈到会定期举行诸如此类的活动。

"××讲坛"——学术引领的平台[①]

"××讲坛"自开办以来已经进行了100多期，这就意味着有100多位专家学者与全院师生、慕名而来的校外师生进行学术思想的交流。这些来自国内外的专家学者以不同的专题带给我们丰富的学术盛宴：从哲学、心理学、管理学、社会学、图书馆学、情报学等宏观的学科视角到文献综述、论文写作、研究方法、数据处理等微观的具体操作；从国内的教育研究热点、社会问题在教育中的映现，中外不同教育思想、方法的比较，到国外新的教育思想、教学模式的引介、分析和批判性研讨；从基础教育到高等教育等，不同视角、不同问题、不同思想、不同方法的呈现和研讨，让每一个参与者都从中受益颇多。但是，由于这种学术活动都是定期举办的，似乎仍然满足不了师生的需求。虽然这种讲座形式的研讨能更便捷地接触到不同领域中的最新研究成果，但与学术沙龙、读书会相比，因为参与人数多、时间有限，现场的互动交流不如后者开展得更充分。

"教育与教育学人生的感悟"学术沙龙[②]

本次学术沙龙在主持人开场白提出的问题中热烈展开：第一，哲学人生思考的文章很多，而教育学人生思考的文章为何那么少？第二，教育学与个体人生的关系、与群体的关系，没有选择教育职业却与其关系密切的人群（即"具有教育学品性"的人）？第三，教育学带给个人的幸福感为何这么少，而困惑却那么多？

问题一提出，便有学生感慨道：教育学人应该做一个"有根"的人，就是有"生活之根""实践之眼""学术之思""学境之域"。刚开始进入教育学的学习时，感觉自己就是"无根"的，没有清晰的意识和明确的目的，只有当你"长出根"，并"扎下根"时，才能领悟到教育学人生命的精彩。

随后，主持人从"他山之石、学科之眼、一以贯之和美美与共"四个方面分享了自己的"教育学人生领悟"。"一石激起千层浪"，他的一

---

① 这部分源于对某高校教科院该讲坛负责人（B-F$_2$）的访谈整理。
② 该部分内容源自某高校副教授（A-F$_3$）主持的学术沙龙活动。

番感悟，把沙龙活动推向了高潮，一些参与者又将相关话题牵涉到教育、教育是否可以讲本质和规律、教育是科学的还是人文的等方面的问题：有人认为，教育是人为之事、为人之事。在激烈的互动和争论中，参与者都在思考、言说，持续了3个多小时的交流研讨意犹未尽，在一首小诗共勉中圆满结束。

从上述两则案例看，不同形式的学术交流活动是专业研究者进行定期性研究的特有形式，不但活跃了学术气氛，促进了国内外学者之间、不同院校（系）之间、不同学科之间的交流，而且拓展了专业研究者的视野。首先，不同形式的学术交流活动多数是围绕相关学科领域的前沿知识和研究动态，以及当前的热点问题而设置的，它们表现出丰富的内容和多样的题材，对于专业研究者了解知识前沿具有积极促进作用。其次，任何科学的发展都有一个方法问题，并且随着科学的不断发展，研究方法变得越来越重要；每一项重要科学成果的取得，总是伴随着研究方法的突破和创新，科学发展与研究方法的发展相辅相成、相互促进。一些质性研究、叙事研究、历史研究、文献分析等专题学术活动，能够促进专业研究者对相关研究方法的理解和运用。最后，跨学科的学术交流活动能够使教育学领域的专业研究者的研究视角延伸到教育学领域之外，使其分析和研究更加富有说服力、解释力，更有深度和透彻性，从而也使专业研究者在学术交流活动中逐步培养跨学科研究的意识和能力。

然而，专业研究者进行的各种形式的学术研讨活动，虽然有诸多益处，但是，毕竟这些都是定期举行的，有些学术沙龙、读书会等还会因为各种因素影响而中断或者因为参与者准备不够充分而不能真正达到交流的目的，甚至有些异化为以主持人为主讲或者少数中心人物为主角，而大多数没有实质性参与的活动。由此可见，在课堂研究中，各种学术研讨活动本身是一种有效的交流手段，但它是否能够高效地进行，还取决于专业研究者对此持有何种态度和价值观。如果能像上述学术沙龙那样做到"你我之间交换思想"，那么，通过这些活动每一位专业研究者就会拥有更多的思想，并由不同思想的碰撞形成超越个体见解的、启迪你我的新思想。

（三）听评课：预定性研究

听评课是我国"教研组"设立以后在基础教育阶段普遍采用的教研活动方式，

并因其简便易行而活跃于基础教育领域，至今为止仍然是我国中小学教师工作中的一项重要教研活动。它作为教师专业生活与专业成长的重要组成部分，对于课堂教学实践的改善、教师专业学习的促进以及学校教研文化的形成和丰富都有一定的推动作用。而在课堂研究中，专业研究者在进行听评课时是否能够使其充分发挥应有的作用、达到研究的预期目的并成为课堂研究的有效方式，从下面的案例中可窥一斑。

常态课——千呼万唤难出来 [①]

自课题组组建以来，我们都定期到合作学校进行听评课，并争取在教师合适的时间里深入交流。表面上看，我们进入课堂听课是一种主动的行为，实际上却是被动的，因为每一节课都是提前安排好的，而非通常意义上的常态课。对此，我也多次争取能够听到常态课，但出于职业道德，我们还会与学科负责人或任课教师提前沟通，然而，常态课却是"千呼万唤难出来"。

对精心"预演"过的课堂教学进行评价也是比较有难度的，因为要透过这节课华丽的"装扮"切中问题的要害，而在揭去这些精致的"外衣"时，往往受到教师的质疑和阻碍。例如，在"有余数的除法"的听评课中，我指出，"变教为学"就要敢于对学生放手，不要认为学生研讨必须有一个定性的结论，要多听听学生真正想表达的东西。然而，有教师却坚持认为：如果让学生"我的课堂我做主"，无视老师的存在，那么课堂是无法想象的。由此可见，一些教师仍然没有真正理解在"变教为学"中教师的角色，所以，在我对所谓的"一节好课"提议评论时，却不被理解、被质疑。

四次数学听评课总结 [②]

近阶段数学听课共安排四次，分别为复习课"平面图形的周长和面积"，新授课"带小括号的两步混合运算""打电话""对称"。将四次数

---

① 该部分源于与某高校教授（B-F₃）访谈中的困惑。
② 该部分源于某高校副教授（B-F₄）参与的一个课题组的总结。

学课围绕教学活动、教学方法、学习方式等方面进行分析如下。

在教学活动方面，每次数学课都是随着相关的活动展开的，活动的推进比较紧凑而又有秩序。但是，也存在着一定的问题：活动内容多以数学课本上的知识点展开，主要集中在符号性的活动（听讲、练习）和交往性的活动（短暂的讨论、小组合作），而实操性、实践性、反思性、体验性的学习活动不足。活动形式多以师生对话为主，最常见的对话单位是提问、应答、评价，每一个循环都构成一个封闭的完整单位，连续的循环构成整个教学活动。

在教学方法方面，都不同程度采用讲解和启发引导相结合的教学方法，进行探究教学等，但是在时间的协调、引导与试图告知的处理、课堂秩序与学生投入状态的调控等方面也需改善。

在学习方法上，主要采用的是教师指导下的小组合作、组内探讨、同座交流、自己练习、登台演示等。但是仍然是以精细、全面、牢固的掌握知识点为最终目标，而有差异的学习、自主学习等的空间非常欠缺。由于学生参与方式的定型化，无论在学习内容上还是活动上都受到一定的制约。

在师生互动上，多表现为师生之间的互动，而缺少生生互动。教师在对个体与全体的处理上的问题：一是被提问学生与其他学生，有的只是关注被提问学生的言行，而忽视了其他学生此时的状态；二是走神的学生与其他学生。走神的学生常常是被忽视的对象。尤其是在进行探究教学、自主学习中，总有个别学生没有进入状态，只是淹没在集体讨论或个别演示作为结果的汇报中。

分析至此，我们不禁会问：如果因为课堂生成和延伸拓展而导致没有完成预定的教学任务，算得上一堂成功的课吗？在预定时间内完成预期教学任务而缺少生成，称得上是一堂好课吗？

从上述听评课心得体会、听评课分析与总结可知：听评课作为一种对话、反思和研究的专业行为，一方面，它在提升教学水平、促进教师发展、促使学生有效学习等方面具有积极作用；另一方面，在听评课活动中也面对着不同程度的问题，具体表现在"被限制了"的听评课，"泛评"式、"无评"式的听评课等。虽然我国基础教育阶段长期以来都有听评课传统，但是由于各种规章制度的简单化处理和功利化考核，使听评课成为人为设置的"难关"，尤其对被视作"局外人"的专业研究者而言，要真正进行常态的听评课活动更难，造成这种现状的因素是多样的。对实践工作者而言，成为被听评课的对象似乎就意味着要面临着听评课人的"挑剔"和"问难"，而这些通常被认为是课堂教学工作之外的额外负担，一种思想和精神压力，而不愿意积极面对和介入；从专业研究者的视角来看，缺少对实践的把握或"同理心"，缺少评价的针对性、及时性与合理性，简单思维、对立思维和片面思维而造成的低效、无效、甚至挑剔性的评课等，都是致使听评课效果不佳的重要原因。由此可见，在课堂研究中，专业研究者要想充分发挥听评课的积极作用、实现其内在价值，就需要在专业化视域中审视自己的听评课研究活动：以科学严谨的研究意识和心态来听课；以整体的视角审视教学活动；以批判性眼光和自我反思意识来评课。否则，专业研究者就难以充分发挥听评课在研究活动中的作用。

（四）教育调查：间或性研究

调查法是研究者在一定的教育理论指导下，通过问卷、访谈、个案研究以及测量等形式，有目的、有计划地间接搜集与研究对象相关的资料，并对获取的第一手资料进行整理和分析，从而了解教育事实、发现教学实践中的问题，揭示教育发展的趋势或规律，探寻解决问题的方案的一种研究方法。研究者根据不同的调查目的、内容、性质、获取资料的标准化程度等，可以选择适合的调查方法。根据调查方式的不同，调查方法常包括以下几类：访谈、问卷、书面材料分析法、召开调查会等，而问卷和访谈是最为常用的教育调查形式。与实验法相比，它是在自然过程中进行的而无需对研究对象施加干涉；与观察法相比，它不是直接观察研究对象，而是通过问卷、访谈等方式进行间接的资料搜集。当然，它与其他教育研究方法的区别并不意味着它们之间是截然分开的，而是需要与其他方法合理地配合使用，才能够使不同的方法相互补充、更好地发挥各种方法的作用。在课堂研究中，专业研究者也会间或性地运用教育调查来弥补课堂观察之不足，对课堂观察之前及其后发生的事件、研究对象的内隐的观念、态度等起到一定的补充作用。

有关语文课堂教学改革情况的调查[①]

尊敬的老师：

您好！首先非常感谢您在百忙之中抽出宝贵的时间回答以下问题。您的回答将有助于我们深入了解和概括××小学语文课堂教学的主要特点，望能够如实回答每一个问题。调查结果仅作为课题组研究的资料，不会涉及课堂教学评价，请您填写时不要有任何顾虑，再次感谢您的参与和支持！

"×××"课题组

（1）您认为自己的语文课堂教学最主要的特点是什么？（请以关键词的方式简要地描述）

（2）您觉得近年来××小学语文课堂教学发生了哪些主要的变化？

（3）在最近的语文教研活动中，哪些主题或问题给您留下了深刻的印象？

（4）在未来的语文课堂教学改革中，您最为关注哪些方面？

调查结果：在教学特点方面，由关注教转向关注学，师生互动与对话成为课堂教学的常态，强调小组合作的学习方式；在课堂上发生的变化方面，教学形式层面上表现为，注重合作学习，以生为本，运用新的多媒体技术；教学内容上，通过"群读类学"方式探索阅读教学改革，实现课内外融合，整合教材，重视学生能力尤其是阅读能力的培养；在教研活动主题方面，对语文阅读教学改革、合作学习、习作指导、学本课堂、IPAD进课堂等都比较关注；在未来关注点方面，对语文教学与信息技术的整合、合作学习及有效性、阅读教学改革、语文课堂教学有效性等较为注重。

"快乐周末"校本课程开发与实施情况调查[②]

访谈提纲

（1）您开发了哪一门校本课程？独自开发还是与其他老师合作开

---

① 该部分来自某高校副教授（A-F$_4$）在课题研究中的问卷调查。
② 该部分内容源于某高校课题组成员（A-F$_5$）提供的资料。

发的?

（2）您为什么会选择参与学校的校本课程开发活动？

（3）就您所开发的这门课程来说，在最初进行课程开发时，主要是基于什么样的考虑，或者说出发点是什么？

（4）您是从哪几个方面进行课程开发的？教材方面、课堂方面、教室方面还是教具方面？

（5）您在课程开发过程中是否遇到过困难？有哪些？

（6）这门课的教学，您主要采用了什么样的教学形式？

（7）课程实施与您开发过程中的设想是否有差距？如果有，是什么？

（8）您觉得课程实施过程中最大的困难是什么？

（9）您觉得这个校本课程对学校、学生、您自身有什么影响？

（10）您对进一步改进本校的校本课程开发活动有什么建议？

访谈过程

访谈对象：××小学16位老师，其中男老师9位，女老师7位，他们分别教授不同种类的活动课程，分别是机器人、信息、古诗吟诵、自然体验、理财班、小厨班、观鸟、主持人班、艺术创想、玩线条、趣多多游戏吧、羽毛球、围棋、批判性思维、书法、十字绣。

访谈内容：主要包括老师所教授课程的基本信息、课程开发、课程实施以及课程感想四个方面。

访谈时间：约40分钟

访谈结果：

1. 教师进行课程开发的主动性状态

◆ 被动：没有

◆ 处于被动与主动之间：12.5%

◆ 主动（基于教师自己的兴趣和学生的兴趣以及发展）：87.5%

2. 教师从哪些方面进行课程开发

◆ 教材方面：部分教师自己编写教材31.25%

◆ 教具方面：有的教师通过提供或者制作教具而促进课程开发25%

◆ 教学环境：提供合适的教学环境56.25%

◆ 教学内容：思考教学内容的改变与开发100%

通过与问卷调查设计者、访谈提纲提供者的访谈可知：他们进行问卷调查和访谈主要是为了向实践工作者进一步了解教学实践的深层情况。在前期的参与和观察中已经获取了一定的实践资料，而通过问卷和访谈能够再次获取在观察和实际参与中体验不到的信息。但是，有些问题设计中容易出现问题比较宏大、不太具有针对性，以致被访对象不好把握、不知道从何说起，这样的问题设计看似给被访者留下了较大的思考和回答空间，而实际上却使其感到无所适从。有些问题编制的数量、维度、科学性等方面也有待改善，数量太少难以获得全面有效的信息，太多又给被访者带来负担、甚至引起反感；单一的问题维度或重复性问题难以全面覆盖问题域。此外，问卷编制中牵涉到前测、信度和效度问题，客观题和主观题的设置，访谈提纲中问题的科学性与合理性，教育调查法的要求以及研究者有效运用能力的限制等因素，在一定程度上也影响了教育调查的高效运用，所以调查研究往往成为一种辅助性的研究方式。

二、实践工作者的课堂研究方式

（一）备课：预备性研究

"教师备课，一般包括下列工作：钻研教材，了解学生，组织教材和选择教学方法。此外，还要准备有关的教具和设计板书等等。"[①] 钻研教材，包括钻研教学大纲、教科书与有关参考书，以了解本学科的教学目的，了解教材体系、基本内容和教学方法上的基本要求等。了解学生，包括了解他们已有相关知识、技能状况，了解其思维特点、自学能力和学习习惯等，以预测学习中可能出现的问题。组织教材和选择教学方法。组织教材，要做到条理清晰、重点突出、难易适度；选择教学方法，主要根据具体教学任务、教材的特点以及学生的年龄特点等来决定。这是《中国大百科全书·教育卷》中对"备课"的诠释。这也是我国"备课"观的经典解释。

我们对备课的理解与对"课"的认识有着密切的关系，通常直观地认为"课"包括两层含义：①"课程"即教科书；②"上课"即教师"教"的活动。"备课"的目的是为上好课做准备，为了保障课堂教学的顺利进行，避免"节外生枝"。由此可见，这种备课观带有"教科书本位"的性质。

本书对"备课"有新的解读："备"即准备，包括探索、开发、整合、利用教学资源；它本身就包括了研究之意，探索、开发、整合是一个不断发现、加工

中国大百科全书总编辑委员会.中国大百科全书·教育卷.北京：中国大百科全书出版社，1985：20.

的过程，不是把现成的教学资源拿来就用，而是对现有资源的加工或对尚未存在的资源的探索和开发，这就是一个内含研究的过程。"课"包括"课程"和"课堂"。此处的"课程"不只是指"教科书"，而包括教的材料和学习的材料。"课堂"主要包括两个方面，即教与学两个方面的活动、关系、资源等，具体就是教什么、怎么教；以及学习什么、如何学习、有哪些学习环节、如何呈现和学习这些学习资料等。因此，"备课"就是为了从教和学两个方面做好准备。当"课程"不只是局限于"教科书"，不是将现有教学资料直接搬用，"课堂"不只是顾及"教"时，教学就可能根据"活生生"、个性化的人来随时调整教学计划，对预期的教学计划进行批判性反思，并在此过程中具有一定的研究意识。"研究是我们对待未知事物的一种态度。当一位教师走进教室，他将要教授的知识是他早已熟知的，但是他的学生将怎样理解却是每个人、每个时刻、每种情境中都不相同的。因此，教师的工作永远充满着未知的因素，永远需要研究的态度。教师永远要年复一年地迎来新的学生，并且每个学生的发展都是特定的、具体的、每日每时在每一种情境中都不相同的，这正是教师研究的所在。"① 如果只是从知识授受的角度来理解，教师只是扮演着教书匠的角色；而从学生的学习和发展来看时，教学就是一种关系互动、文化融合、精神建构和研究创造的活动。因此，备课的目的不只是保证教学顺利进行，更重要的是促进学生的学习；备课就要备学生学习的困难点，了解学生已有的知识经验、学习兴趣点及其进行意义建构的能力等，这一目的也决定了备课需要对学生进行了解、调研、分析和研究，需要教师成为自己与学生的优秀"诊断者"和敏锐"观察者"。可以说，"备课"是教学课堂教学研究的"幕后"工作，是一种"预备性"的研究，是一种"无痕的艺术"，也是一种决定后续教学过程中学生处于何种地位的"前奏"性工作。

既然"备课"具有上述蕴含，那么，在课堂教学实践中，实践工作者的这种预备性研究是怎么样的呢？是否做到了探索、开发和重构教学资源，是否从教与学两个方面进行了充分准备呢？下面就从不同教师对备课的观念认识、具体备课案例以及存在的问题进行详细呈现。

案例一 "备课不就是写教案嘛"②

备课是每一位老师都会准备的，不就是根据一些教学参考书、指

① 宁虹."教师成为研究者"的理解与可行途径.比较教育研究，2002，（1）：48-52.
② 该部分内容源于对某农村中学教师（C-T₂）的访谈整理而成。

导用书写教案嘛！实际上备课对上课意义不大，即便如此也要写啊，因为学校和上级部门还要检查业务。虽然有教案，谁会按照教案上课呢？还不是按照自己的教学经验上课吗？就我自己而言，不用备课就以十几年的教学经验上课还是比较轻松的，不过，因为近些年来的新课程改革的推进，学校一直提倡"集体备课"，倡导教师进行校本教研。开始老师们觉得挺新鲜的，集体备课能够集思广益，个别授课难点大家可以出谋划策，但是过一段时间后，大家觉得集体备课与教师自己单独备课没有实质性区别；而且，集体备课容易形成"任务分摊"和"吃大锅饭"。总之，一句话，不管怎么备课，形式不重要，重要的是这节课的学习内容学生都学会了……

案例二　备课功夫到，上课就成功了一半 [①]

我认为课前必须花力气、下功夫，课备好了，上课也就顺了。我不赞成那种"掂起教案就进课堂"的做法，因为这是老师不负责任的表现，教师熟练讲解每一节课的知识点的能力是毫无问题的，而问题在于怎么让学生学会的同时，学得灵活、不死板、不机械。我校领导对此也很重视，为了能够使集体备课作为一种制度执行，还具体安排校领导的分工并以不同学科划分多个备课小组，定期举行集体备课活动和交流讨论活动。当然，老师们对集体备课也颇有微词，认为加大了教师的工作量；相比而言，集体备课还是利大于弊吧，因为个人的力量是有限的，而且没有其他人监督；但是集体备课就不同了，它督促教师要行动、要思考，否则在交流讨论时就无话可说，这可能促使教师对教学内容、教法等进一步思考，而不只是停留在抄写教参、自编一些习题的层面上。

从上述对两位教师的访谈可以看出，他们对备课持有两种不同的观点：①认为备课等同于教案，属"备课无用论"；②认为备课要全面下功夫，是"备课重要论"。这两种观点，也代表了在日常教学实践中普遍存在的不同备课观。对于把备课与教案等同起来的观点，我们自然持否定态度，这种观点虽然在一定程度上反映了教师在教学实践中的观念认识以及由此而来的教学行为，但是，它

[①]　该部分内容来自对某市一位小学教师（C-T₃）的访谈。

毕竟不是一种科学、合理的认识，而是需要改变的传统观念。正是这种传统备课观念的影响，在教学活动的最初始阶段就使教学与研究相分离。虽然，对教师来说，一些参考书可能是备课的有效支撑，对于教材之外的相关资料的加工与整合也是不可缺少的；但是，备课毕竟不是预演"堆积木"的活动，上课也不是再次执演的过程；而在一定程度上，备课是寻找、制作积木的材料，思考如何让学生学会寻找、制作和搭建积木的活动，上课也就是让学生参与这种活动并从中掌握学习方法。因此，实践工作者的备课本身也是一种研究工作，需要带着一种研究意识观念，从一个教学活动的执行者转变为课堂教学的行动研究者；需要改变"传道、授业、解惑"的束缚，而以一位教学研究者的身份进行备课活动。相对而言，教师（C-T₃）认为备课要下功夫，是上课成功的前提更具有积极意义，因为他是在比较理性、客观地看待备课，认识到备课对于上课的重要作用和价值；同时，在认识到集体备课具有弊端的前提下，也进一步看到它所具有的优势。集体备课作为一种有目的、有计划、有组织的校本教研形式，对于凝聚集体力量来分析和解决课堂教学实践中的问题、疑难确实具有不可替代的作用，集体的研讨和商榷能够取长补短，在一定程度上能够提高备课质量，提供智慧共生的资源和平台，使集体备课交流成为一种推动教师专业发展的同伴互助式的研究活动。从观念认识来看，有些实践工作者对备课抱有一种乐观的态度，那么在实践中又会有怎样的备课行动呢？某些备课小组所开展的备课研讨活动情况是怎样的？通过如下这次集体备课活动纪实，我们能够更清楚地看到实践工作者中个体和集体备课情况及其存在的问题。

案例三　"有余数的除法"——集体备课活动纪实①

2015年5月，在我校开展了一次集体备课教研活动中，我经历了从"个人初次备课、集体分析评价到修改后进行二次备课"的全过程，虽然这次集体备课我付出了很多心血，但是通过学习和研讨，也收获颇多。在数学备课组确定了课题——"有余数的除法"一节后，我就开始相关的准备，第一次备课情况如下。

"有余数的除法"教学设计（个人第一次备课）

教学目标：

1. 理解有余数的除法的意义，学会运用有余数的除法解决相关的简

———
① 这部分内容源于某小学教师（A-T₂）提供。

单问题；

2.理解竖式计算的算法和算理，让学生经历试商的过程，掌握有余数的除法的竖式计算；

3.联系生活激发学生学习数学的乐趣，培养学生的实践能力。

教学重点：理解竖式计算的算法和算理

教学难点：掌握有余数的除法的竖式计算方法

教学过程：

1.创设情境，兴趣导入：以讲故事的形式导入

2.授新课

（1）提出问题：老师有 10 朵花，要分给几个小朋友，每个小朋友都分得一样多，可以怎么分呢？让学生说一说方法。

（2）如果一个小朋友分 2 朵，可以分给几个人。让学生动手分一分，然后用算式表示：$10 \div 2 = 5$。

（3）如果每人分 3 朵，可以分给几个人？让学生动手分，在小组内交流分的情况，并找一个代表汇报分的结果。之后让学生尝试用算式表示出来：$10 \div 3 = 3$（人）……1（朵）；然后为学生范读：10 除以 3 等于 3，余 1。

（4）建立余数概念：像这种算式 $10 \div 3 = 3$（人）……1（朵），没有分完，还有剩余的问题，就是我们主要学习的内容：即有余数的除法。这里的 10 是被除数，每人分到的朵数叫除数，可以分给的人数叫商，剩余的朵数就叫余数。

（5）练习巩固：说一说下列算式中的被除数、除数、商，各是多少？（展示课件中的习题）打开书中第 60 页，完成第 1 题：圈一圈，填一填。

（6）小结：这节课，我们主要学习了有余数的除法，学习本节之后，同学们不但要理解为何会有余数产生，要会用竖式计算有余数的除法，而且重点要记住，余数一定要比除数小。

"有余数的除法"（备课组集体分析与研讨）

1.对教材的分析：（低数组学科带头人）

本单元是紧接着小学二年级上册表内除法编排的。有余数的除法能够拓展学生对除法的认识和学习，让学生初步接触除法中的"试商"，

既可以巩固表内除法，也为以后学习两位数和三位数除以一位数打下基础；并且有余数的除法是从口算到笔算的过渡环节，既可以使学生练习巩固口算，还能为更复杂的笔算做好准备。

在第一个课时（即教材中的例题1）中，要掌握的主要内容是：用竖式计算有余数的除法，理解算法和算理；理解"余数必须比除数小"这一余数概念的基本特征。有余数的除法知识和计算方法既是教学重点，也是教学难点，此外，有余数的除法的商、余数在实际问题中表示不同的意思，使用的单位名称有时候相同，有时候又不同，也是教学的一个难点。而在对"余数必须比除数小"的理解中，要让学生经历从具体到抽象、从感性认识到理性认识的不断深化，在理解余数和除数的关系上，来理解余数一定比除数小的道理。

2.教学指导思想：（低数组组长）

在"变教为学"思想指导下进行这节课的学习，要充分发挥学生的积极主动性，给予学生足够的时间进行操作和体验，因此在课时划分上，只呈现教材中例题1的学习，因为如果在一节课中学习例题1和2会因为时间紧张，而导致活动的形式化。

3.本节课应该把握的三个要点：（低数组特级老教师）

让学生在活动中，通过系列亲自操作的活动，来体验数学思想、感知数学应用。

建立余数概念，理解余数的由来及其意义。

理解竖式计算的算法和算理。

4.本节课学生出现的问题预设：（主备教师）

第一，竖式表达不准确；第二，余数漏掉；第三，试商的能力；第四，商的末尾漏掉。针对这些可能出现的错误，教师应该做到：通过操作活动，建立除法竖式计算过程的表达；细化计算步骤，明确基本的计算方法；强化训练，从基本训练转向综合训练等方面加强。

"有余数的除法"教学设计（个人第二次备课）

教学目标：

1.通过观察、操作、对比等活动，使学生经历余数的产生过程，建立余数概念，理解有余数除法的含义。

2.在独立思考、合作交流中培养学生的合作意识，并学会清晰表达自己的观点。

3.初步学会用新知识解决生活中的简单问题，增强应用意识。

4.激发学生的学习动机，感受数学与生活的联系，并从中体会到探究的乐趣。

教学重点：理解余数和有余数除法的实际意义。

教学难点：理解"余数"的含义和实际意义。理解有余数除法中商和余数的单位名称。

教学过程：

1.感知分物时的两种情况

（1）出示主题图：说一说他们在干什么？

（2）活动一：要求先读一读活动要求，每组按照活动单的要求用小棒摆图形。

（3）学生操作，汇报展示。

（4）教师小结：有的小组小棒刚好可以摆完，有的小组小棒还有剩余，并且剩余的数量还不一样。像这样的情况，在数学上怎么用算式表示呢？今天我们就专门研究这一类的问题。

2.复习表内除法的含义

（1）活动二：摆草莓：6个草莓，每2个摆一盘。

（2）学生上台操作。

（3）师：摆的过程怎么用算式表示呢？（板书）6÷2=3（盘）

为什么选择用除法计算呢？谁能够结合这幅图完整说说这个算式的意思？除法算式中的3个数分别叫什么？

3.理解有余数的除法的含义

（1）活动三：7个草莓，每2个摆一盘，摆一摆。

（2）师：你们想自己动手摆吗？学生操作，选一组上台合作摆。

（3）记录：摆3盘，还剩余1个。

师：这剩下的1个还能不能再摆了呢？

（4）师：这次分草莓的过程，又可以用什么算式表示呢？自己写一下。

（5）在展示交流中确定表示平均分时有剩余的方法。

统一算式：7÷2=3（盘）……1（个）

师：算式里各个数分别表示什么？谁能够结合图形完整说说算式的意思？除法算式中各个部分的名称是什么？（板书）余数，它就是我们今天认识的新朋友。

师：这个算式可以怎么读？

（6）对比这两个算式的相同和不同之处

（7）揭示课题：有余数的除法

4. 及时练习

书中第60页，做一做第1题：圈一圈，填一填。（独立完成后汇报展示）

5. 运用知识解决问题

（1）书中第60页，第2题：分铅笔。（独立完成后汇报）

（2）书中第64页，第1题：分面包。（独立完成后汇报）

（3）师：还记得刚开始我们用小棒摆图形吗？请你选择一题用算式表示出来，交流汇报。

6. 课堂总结：同学们，这节课你们学到了哪些知识？其实在有余数的除法里还藏着许多秘密呢，下节课我们再一起研究！

从上述备课案例来看，备课的形式通常为个人备课和集体备课相结合，在课程改革全面推进的今天，许多学校都将集体备课作为教研活动的重要形式，作为促进教师专业发展、校本教研的重要手段。其中，"个人初备→集体研讨→个人反思（二次备课）→独立施教→教后反思"[①]是常见的备课模式。上述备课案例也正是按照这样的模式进行的。两次备课的共同点有。

（1）从目的看。

第一次备课的目的更多的是为了解决"教什么"和"怎么教"的问题。但在集体研讨中，提到"在'变教为学'思想指导下进行这节课的学习，要充分发挥学生的积极主动性，给予学生足够的时间进行操作和体验"；在二次备课中，开始注重调动学生的主动性，让学生动手操作。

（2）从备课内容来看。

备课多数是以预设的提问贯彻全程，都是以问题推动活动的进行，但是这

---

① 李瑾瑜，赵文钊."集体备课"：内涵、问题与变革策略.西北师范大学学报（社会科学版），2011，（6）：73-79.

些问题的出发点仍是"教"。如果预设的问题就缺乏面向"学"的针对性，而教学活动的展开又是以教学内容的传授为核心，怎么会向"备学"转换呢？从集体研讨来看，这节课在重点的把握上仍是对知识点的掌握，例如算法、算理、竖式计算等，多数是从知识、技能等方面考虑的。

（3）从备课形式看。

相同学科、同一年级组的教师之间展开备课。先是主备人首次备课，然后由备课组进行集体讨论和研究，主要从教材分析、教学指导思想、主要教学内容、预设教学问题等方面展开讨论。而且在讨论中多以学科带头人、组长、有资历的老教师为权威发言人，他们大多数从宏观上来看待这节课，例如，教材的新旧变化、课程标准上的有关规定等；而其他授课教师注重更细化的、具体的问题，例如，对某一个例题的导入和展开，教学活动中面对生成性问题的取舍，练习题的设计等。

（4）从备课结果看。

追求教学过程、教学方法和技术方面的完善。当然，在一定程度上追求教学过程、方法和技术的完善，是备课和教学的题中应有之意；但是，如果备课仅仅是为了这些并停留于这个层面时，备课就是从知识授受的角度出发来理解教学，它也只会停留于技术性层面，难以上升到研究和创造的高度；如果备课仅仅是为了达到对预设问题的稳妥预见和顺利解决，备课就停留于教师之间相互模仿和借鉴教学技术的阶段，只会注重解决书本问题的技巧而回避生成问题的可能，缺少对教学方法、教学过程的反思、批判和重构，更难以在备课中体现出不同教学价值观的融合、探索和创新精神的激发，创造力的凝聚和提升。

（二）教学反思：回溯性研究

教学反思是实践工作者进行课堂研究的一种重要形式，也是其进行教学认知活动的重要组成部分。它是指"教师为了实现有效教学，在教师教学反思倾向的支持下，对已经发生或者正在发生的教学活动，以及这些教学活动背后的理论、假设进行积极、持续、周密、深入、自我调节性的思考，在思考过程中，能够发现、清晰表征所遇到的教学问题，并积极寻求多种方法来解决问题的过程"[1]。教学反思主要内容是什么，分为哪些层次水平，有何重要性，在教学实践中实践工作者又是进行哪些方面的教学反思，存在着哪些问题呢？下面就进行简

---

① 申继亮.教学反思与行动研究.北京：北京师范大学出版社，2006：72.

要的分析。

1. 教学反思的构成

从教学反思的内容来看，国内外都有不同视角的论述，有的从课程取向的视角分为学习内容、教学策略和方法、学生和社会环境；有的从教师的视角分为信念系统、知识系统、教学实践、背景因素；还有的从教学构成要素视角分为教师、学生、教学过程、环境。总体而言，不论从哪一种角度来看待教学反思的内容，都可以归纳为主要围绕教学中的人（主要是师生）、人所做的事（主要是课堂教学）、人所产生的关系（主要是师生关系）进行的。教学中的人主要包括教师和学生，教师的自我反思是对自身的教学经验、教学观念、教学行为的再思考；对学生的反思，主要从学情、学习方式、学习行为、学习中的问题等方面展开。对人所做的事的反思，就是对师生之间进行的课堂教学实践的反思，包括教学内容的设计、实施与评价，教学时空与教学资源的安排、利用与分配，课堂教学的组织与管理，教学行为与教学效果的实施与评价等。对人所产生的关系的反思，主要是对师生关系、教师之间、教师与家长之间以及师生在教学实践中与所处的环境之间形成关系的反思。

2. 教学反思的层次

教学反思既是一个认知加工的过程，需要进行积极主动、审慎地思考，也是一个情感和态度等动力系统支持的情感投入过程，需要理性的分析、思考和批判。不同的实践工作者由于各种因素的影响，对所进行的教学反思可能处于不同的层次上，即技术性的、理解性的、批判性的等层面。从理论上来讲，实践工作者进行教学反思时应该逐步达到最高层次；但实际上，有的一直处于初级层面，而有的逐步深入到较高层次，还有的一开始就可以在较高层次上进行思考。

从最初级的教学反思来看，实践工作者的教学反思始于对课堂教学实践的观察和回忆。可观察的是通过个体的感官进行的，可回忆的是通过思维进行的，不论通过何种方式，正是这种可感的或可忆的实践刺激了个体，使其对课堂教学实践进行解释、揭示或解决。如果实践工作者通过一定的比较、分析，反思的重点是寻找达到预期教学目的的最有效、最经济的手段，为了最大限度地增强教学实践的有效性，那么，这种教学反思就处于一种"技术性反思"的水平上。这种反思的旨趣在于对教学手段的优选和教学技术的精练，通过对教学技术的反思，可以在一定程度上帮助实践工作者更顺利地达成教学目标，完成教学任务，使课堂教学行为和课堂教学管理更有秩序性。因此，这种反思重在对教学内容和教学管理的反思，关注技术而忽视目的，关注手段而忽视价值，关注管理和教导而忽视人文关怀和理解，关注教学手段的选择、组合、优化和创新以及作为工具的"我"在教学过程中的作用而忽视这些对于学生发展的作用和意义。

当实践工作者的教学反思不仅仅止于对技术的追求和利用上，而认为每一个人都是知识生产者，关注教学情境对于实践的意义，并将对教师自身和学生作为反思对象，教师的价值观、教学信念、教学经验，以及学生的学业成就、学生的身心发展、学习方式等也成为反思的重点时，他就是在重视教师的知识系统、实践经验及其在教学实践中的利用和表现，重视在学生的全面发展的层面上展开教学反思和理解。这种反思就是一种"理解性反思"，它的对象不只是外在于教师和学生的知识如何有效地被掌握和运用，还对师生以及师生开展的教学实践进行深入的分析、理解和诠释，并挖掘蕴涵在特定教学环境、社会背景中的意义。在理解性反思中，实践工作者关注的不再是如何把知识有效地传递给学生，如何提升学生的学业成就，而是在自我价值观、教学信念的层面上进行思考，并结合所处的教学环境密切联系学生的生活世界，能够根据不同的实践教学情境对教学方式加以调整，从而把学生视为和自己是一样的具有"情感性"和"个性"的人，并以"同理心"来照顾学生的情感体验和心理感受；关注的是教学过程中的"生成"，并诠释这种生成的意义，强调"我"对此的感知和理解，及其在教学活动和生成中的作用。

当实践工作者注重为学生拓展开放的教学与发展时空，给学生创造主动学习和发现的机会，注重促进学生深层次的理解、提升其学习的积极性，意识到达到教学目的的手段对师生和教学实践的束缚时，就会进行批判性的取舍，使自己的教学实践不完全受到课程标准和固定文本的束缚，对于学生发展和成长有利的就引导学生去学习。在教学实践中保持以批判性的态度进行扬弃，以"为了每一个学生"不断接受课堂教学实践改革的挑战，这种反思就是一种"批判性反思"。它摆脱了外在控制性的技术性反思的束缚，关心的不是通过什么样的教学方法达到预定的教学目标、完成预期的教学任务，而是注重结合学生知识背景、能力基础、情感体验的教学实践情境，通往学生自主、教师解放、教学开放的道路，从而实现对技术性反思的批判与超越。

由此可见，教学反思的三个层次，从技术性反思、理解性反思到批判性反思是不断提升的。在理论上，我们倡导进行必要的技术性反思，多一些理解性反思和批判性反思，但是技术性反思往往成为教学反思的主要形式，而理解性反思和批判性反思常常流于形式或表面。

3. 教学反思之于课堂研究的作用

（1）教学反思是改善教学实践，促进教学实践与教学理论结合的重要途径。

课堂研究的主要目的之一就是要改善课堂教学实践，而课堂实践是关涉到多种因素和关系的复杂系统，处于其中的人、教学媒介、教学内容、各种文化等相互关联呈现出复杂的局面。正如杰克逊在《课堂生活》一书中指出的那样，学校生活不但充满了许多常规的、琐碎的规定，还有一些大家未曾关注的、却值得注意的隐性课程，包括群体生活、评价和权力等。群体生活需要学生有效地控制自己的欲求，保持学习兴趣的连贯性；评价涉及学习成绩、人格特质、学校期望等方面；权力则是学校与教师规约及学生在此规约下的适应策略探寻。显然，教师在面对如此复杂的关系和处理过程时，如果只是进行线性的、超稳态的应对，习惯于将教学实践缩减为一种单调的、机械的技术操作，那么它就是一种服从性的、惰性的、自负的实践；然而，教学实践的复杂性决定了它是一种动态的、主动的、多维的实践，不仅需要操作性实践，还需要进行反思性实践，正是因为对操作的反思，才能够纠正或改善实践，通过反思汲取教学中的经验和教训，通过反思将教学实践"问题化"，在明辨问题中使真理"显性化"，在不断的反思性实践中促使理论"孕育"。

（2）教学反思是促进教师专业发展的主要手段。

课堂研究不仅仅要改善实践，还要关注教师的专业发展，而教学反思是促进教师专业成长的有效途径。教师专业是以教学所需的知识结构和能力结构为核心而形成的教学行为，教学行为是教师专业水平的直接体现，教学反思的核心就在于寻求教学行为的合理性和有效性，即探寻教学行为的先进理念和教学行动的目标达成高度。因此，从一定意义上说，进行教学反思的过程就是教师专业成长的过程。它不但有助于丰富和发展教师的实践性知识、增强其实践智慧，而且有助于提高其科研能力。相对于传统的教师专业发展标准来看，在教师专业发展的最终目的上，教学反思不只是促进教师知识技能的增长，它还强调通过有效的和适当的方式实现教师对知识的运用和创造，注重教师的理解和能力；在教学假设上，它主张学生的学习是建构的，学习既是个体性的又是群体性的，知识不是最终的目的、不是结果，而是促使学生发展的工具；在教学策略上，它认为实践工作者是学生学习的促进者，实践工作者既是教学人员又是行动的研究者，注重进行对话的、合作的、基于背景的学习，既要使学生掌握正式的知识又要注重学生的经验性知识。当实践工作者能够对自身的教学行为进行系统化反思，改变相对零散和片段式的反思，摈弃模式化、机械性的教学行为，而进行持续、反复的教学反思时，"就在一定意义上从单一的教学实践者转变成了教学研究者，就意味着他能够主动地对教学实践进行持续性的反思，意味着将教学反思视作其总结教学经验、提升教学智慧的基本手段，意味着教学反思已经成为其基本的社会状态或方式"①。因此，教学反思之于教师专业发展的意义，最根本的就在于使其在丰富的教学实践中，通过思考与行动获得建构性发展和成长，并以此发挥教师个人知识在改善教学实践、促进教师发展中的作用。

4. 现实中教学反思的聚焦点

（1）对教学内容、教学方法与过程、教学模式等的反思。

从教学反思现状来看，多数属于此类教学反思。教师在课后反思时，倾向于对教学内容、采用的教学方法，经历的教学过程进行简单回顾与总结。例如在"圆柱与圆锥"整理与复习课中，教师对复习过程中知识间的联系与区别进行反思②：圆柱和圆锥是两个既有联系又有区别的立体图形，在图形的直观特征、表面积和体积计算等方面都体现了这一点。因此，在复习时，对于二者的联系，要注意沟通，如体积的计算；对它们的区别，要注意甄别，如计算圆锥的体积时要提醒学生不要忘记了"$\frac{1}{3}$"。同时，圆柱的表面积和体积也是两个容易混淆的概念，在课堂练习后，可以让学生从概念、计算公式、计量单位等方面说一说它们的不同。在"盘古开天地"学习中，有教师从教学模式方面来反思：本文是神话故事，而且是创世神话故事，因此采用"群学类读"的模式，将本文与几篇不同的创世神话结合起来进行品读。

（2）对教师教学行为的反思。

对教师教学行为的反思，主要是对当时课堂教学情境中教师对于一个教学问题或者教学情境采取了某种教学行为，例如制止一种行为、鼓励的语言、暂时的停顿、适时的默许等进行解释说明。例如，在小学五年级"约分"③学习中。在找最大公因数时，学生将"分解质因数"和"短除法"作为了两种不同的方法，我（任课教师）当时并未纠正。其实，短除法是分解质因数的一种形式，两个数的最大公因数是这两个数相同质因数的乘积，利用短除法是快速找出这两个数的相同质因数的捷径。

---

① 郑金洲. 从实践者转变为研究者：教师角色的变化. 人民教育，2004，（2）：32-33.
② 本部分源于与某小学教师（B-T₃）的访谈。
③ 这部分源于与某小学教师（C-T₄）的访谈。

（3）对学生学情、学习方法、学习行为的反思。

这类反思主要是述说让学生采用了哪些学习方法、手段以有助于他们对学习内容的理解和掌握，或者造成这种状况的原因在哪里。例如有教师在"长方体和正方体的体积计算"[①]中的课后反思：长方体和正方体的体积公式学生记住并不难，重要的是让学生动手操作，积累活动经验，感受体积的计算公式的表征，以及体积计算公式与面积计算公式之间的区别和联系。在"背课文"的教后反思中，有教研员反思道：[②] 在学习过程中，一定要问学生"你在背书的过程中，有何感受？"，一定要让学生结合自己的亲身体会来学习，既能够较好地理解文本，又有话可说，提高学习课文的兴趣。而在"分数的产生及意义"的学习中教师认为：学生容易将"分数单位"和"单位"在表达上产生混淆，出现这种现象，说明学生对这两个概念还是理解得不够深入。

（4）对生成性教学问题的反思。

在课堂教学中，突发性、生成性问题是不可避免的，有的教师会直面这些问题，而有的教师会回避、视而不见，不同的行为态度，是由其对生成性问题的观念决定的。如果教师追求确定性与预设性，认为生成是对预设的干扰，就可能对生成性问题采取拒斥态度，使学生学习的主体性与创造性难以发挥；而如果教师视生成和预设是相生共存、相互作用的，就可能以积极的态度来面对，注重教学过程中的互动性、对话性与复杂性，注重对生成性教学资源的捕捉与利用。在对生成性问题进行反思时，教师一般是对这种现象或者问题的解说，例如有教师[③]在"最小公倍数"的课堂教学后记中的呈现：学习了用短除的形式分解质因数的方法找两个数的最小公倍数，结果出现了下面这种现象：

$$1 \begin{array}{|c c} 7 & 15 \\ \hline 7 & 15 \end{array} \qquad\qquad 4 \begin{array}{|c c} 16 & 24 \\ \hline 4 & 5 \end{array}$$

$$[7, 15]=1\times7\times15=105 \qquad\qquad [16, 24]=4\times4\times5=80$$

这两种现象说明学生对于质因数的概念和分解质因数的方法还不是很理解。

---

① 这部分源于某小学教师（B-T_7）的访谈。
② 这部分源于某教研员（B-T_6）的访谈。
③ 这部分源于与某小学教师（A-T_9）的访谈。

5. 教学反思中存在的问题

（1）一句带过或者没有课后反思。

例如在小学四年级下册"寓言二则"中的教学反思：让学生读寓言，在反复读中了解寓言的特点，进而会编写寓言故事。在小学六年级下册"比例的应用"中的课后反思：养成列方程解决问题的思考习惯，引导学生厘清题中量之间的比例关系。

（2）述而不思。

此类问题主要是对本节课教学知识点的再次回顾，把主要教学内容、教学的推进过程、在不同环节中使用的教学方法等进行简单的、概括性的"述"，而不是"思"。例如在小学六年级下册"圆柱体的体积"学习后的教学反思[1]：在学生独立思考、自主探索的基础上，借助直观教具帮助学生完成推导：学生先探明方向——教师用教具或课件直接演示——引导观察转化前后部分的对应关系——自主推导出圆柱的体积计算公式；在其中渗透相应的数学思想。小学六年级语文"可爱的地球"教学后记：对于这篇科普说明文，我让学生在自学完课文后找出地球有哪些可爱之处，然后请学生当小老师来介绍地球如何可爱。

（3）"思"而不深。

这些主要是对课堂教学中出现的现象或者问题、事件等进行简单概述，简单地分析可能导致这些现象或问题发生的原因，例如学生预习不够，教学时间有限不能给予学生足够的交流时间，教材内容的增删而导致的跳跃、连贯性不强，一些学生没有相应的知识生发点等；而不是有理有据地结合课堂教学中的实际问题进行深入剖析、归纳和总结，没有探寻事件或问题背后的深层因果联系、基本原理等。例如在小学数学五年级"通分"学习中，有教师[2]这样反思：由于通分总出现在分数的大小比较中，所以造成学生的误解：通分就是要比较大小。只能说为了比较两个异分母分数，需要先通分。把异分母分数化成同分母分数叫通分，把异分子分数化成同分子分数，不能称为通分。在小学四年级下册"给家乡孩子的信"中，有教师[3]对学生没有预习就进行课文学习进行反思：没有让学生预习课文就上课，发现学生仍然能够学明白，很不错，但是有一部分学生跟不上怎么办？这位教师发现了个别学生不预习跟不上这个问题，但是

---

① 这部分源自某小学教师（B-T₄）的访谈。
② 这部分源于某小学教师（A-T₇）的访谈。
③ 该部分源于某小学教师（C-T₆）的访谈。

只是提到了这个问题，并没有继续分析问题：是否就是简单的没有预习就跟不上、不理解课文；是否有其他更关键的因素；应该着重从哪些方面来了解这些跟不上学生的真实状态、想法；该怎么逐步解决这些问题；在其他学科的教学中，这些学生是否也有此类现象发生；是经常性的还是偶然性的；等等。这些都是教师要思考和探究的问题，但是，通常仅仅停留于浅尝辄止，而深入不到问题的实质。

（4）"思"而不全。

"思"而不全在此主要是指教师在进行教学反思时，更多的是对教学过程中的焦点事件、教材内容实施、教学目标达成等方面的反思，而缺少对"人"的反思，即对教师自我的反思以及立足于学生视角的反思：如对教师本人的教学理念、课堂体验、学生观等反思不足，较少发现自己现有教学理念与先进教学理念之间的差距，并以此纠正对教学实践中问题认识的偏差，从而使自己的教学行为和策略选择更符合先进教学理念的要求，增强教学行为的合理性。正如有研究者①所言："有关学生的反思缺少把学生作为具有个性和主动性、发展性和情感性的个体，多是从学生是否掌握了相应的知识点、练习中的差错等方面展开，对学生在学习过程中的思维、情感、态度、价值观等考虑较少。"

（5）"思"而无效。

这主要表现在教师对教学反思的态度和认识、教学反思目的和价值方面。教学反思不但是教师专业成长的重要条件，而且对于促进学生发展、促使教学理论与实践的结合都具有重大意义。然而，"有些教师认为教学反思是对教师的'讨伐'，是让教师'纠错'和'认错'，而不是促使教师通过这样的形式来再次审视自我和他人以及与人相关的事物，以此促进人的不断发展和成长"②；有些教师把教学反思的目的仅仅停留在改进教学、避免再次出现同类教学问题上，就是仍然将教学反思停留在技术性层面的考虑，主要是关注课堂情境中各种技能与技术的有效性，关心知识传递的有效性和课堂控制的有效性，而缺少深层次的理解性反思和批判性反思；也正是由于这种认识，使教学反思往往处于一种敷衍心态或者形式化状态：表现为简单的几句话、多叙述而少针对性分析、形式上的固化呆板、方法上的单一和封闭等。这样的教学反思难以收到实效，对后续教学很难产生应有的效用，更难以称得上是有效的教学反思。

---

① 这部分是某教研员（A-T₈）在访谈中如是说。

② 这部分是某教研员（C-T₇）在访谈中的看法。

（三）作业研究：反馈性研究

1. 作业研究及其内容

作业研究就是在一定教学思想指导下，根据具体教学内容和学生实际情况，考察作业的难度、深度、广度、类型、梯度等，并从作业的优化设计、布置、批改、辅导、评价反馈等各个环节进行研究，探索和认识学生作业的规律，以促进学生发展的一种认识活动。作业的价值对于学生而言是不言而喻的，作业研究从来都不是一个"小问题"，作为对学的研究的"作业研究"也是教学论研究的重要内容。例如，我国有研究者从教材构成系统方面来研究作业系统，认为教材由三个系统构成，即课题系统、图像系统和作业系统。课题系统主要是以文字符号形式存在的知识类型，图像系统主要是以图示、照片、绘画等形式存在的信息知识，"作业系统又可以称为技能和实践系统，它主要是以指导学生进行独立思考和实践性活动的方式来传递教学信息的"①。由此可见，作业系统对于学生的功能就在于指导学生进行独立的思考和开展实践性活动，这是它在增强学生学习能力中发挥积极作用的体现，也是通过实践性活动将课堂教学与日常生活密切联系的重要表现。当"学会学习"成为时代的教育主题时，促进学生学会学习的手段和方法也日益受到人们的重视。而作业作为促进学生学习的手段之一，对其进行研究也是教学研究的题中应有之意。在新一轮基础教育课程改革中也明确提出要实现学生学习方式的根本转变：改变课程实施过于强调接受学习、死记硬背、机械训练的现状，倡导学生主动参与、乐于探究、勤于动手，培养学生收集和处理信息的能力、获取新知识的能力、分析和解决问题的能力以及交流与合作的能力。作为学生个体进行独立学习的主要手段，作业是使学生进行复习、巩固和运用新知识的最基本方式，也是培养学生进行自主学习、获得独立学习和思考能力、促使个性发展和成长的重要途径。因此，对于实践工作者来说，作业研究是进行课堂研究的重要环节之一。

因为作业系统是有一定层次性的，所以作业研究也要遵循一定的层次来进行。

（1）对作业的难度和深度、广度的研究。

这是作业研究的总体层次，因为作业需要根据学生总体的年龄发展阶段特征来安排和布置，作业研究首先需要在总体上考虑作业的数量、难度、深度、广度的适宜性，从其年龄特征来看，应该达到什么样的程度是合适的，以防止"不

---

① 吴也显. 教学论新编. 北京：教育科学出版社，1991：300.

足"或者"过犹不及"。

（2）对作业类型的研究。

即对作业的种类的多样性、时间安排上的多样化和灵活性的研究。因为不同类型的作业对于学生知识的掌握、思维的培养和能力的训练等具有不同的功能，因此，作业类型宜于多样化和个性化，从而促使学生实现多方面的发展和个性化成长。所以，作业研究就需要探寻不同类型作业背后所蕴含的意义性、价值性，以及对于学生身心发展所产生影响的理论依据等。

（3）对同级水平作业设计梯度的研究。

因为不同学生的知识基础、学习能力的差异，作业设计需要根据学生的实际情况安排和设计，最终要使不同层次的学生都能通过作业有所收获、有所提高，这就需要在同级水平作业的梯度上由浅入深、由易到难，从而深化作业练习。因此，作业研究中就需要实践工作者围绕本年级、本学科教学内容，以及作业直接相关的学习重点难点进行优化分层设计，围绕同一个训练内容，设计出不同的层次和方案的作业，从而兼顾不同水平的学生。

（4）对作业从设计到反馈各个环节的研究。

即对优化设计、布置、批改、辅导、评价反馈等各个环节进行研究。因为作业不是教师或者学生一方的事情，而是既有二者独立完成的环节，又有双方合作交流的环节，进行作业研究既应关注教师，更要凸显学生。例如，在作业的全过程发挥学生的积极主动性，让学生参与作业的设计、批改、评价等环节，使学生更深切地感受到自己是学习的主人。

2. 作业研究的实例呈现

案例一　"打响消灭数学错题的攻坚战"[①]

　　学生在作业中出现错误是不可避免的，但是不能够以此纵容他，不管由于什么原因出错，长期下去形成了不好的作业习惯，都会影响学业成绩的，因此，我个人认为进行"作业研究"是非常迫切的。虽然一再强调，错题仍然"防不胜防"。有的学生是不理解、没有学会；而有的却因为不用心，抄写的内容都可能出错，遇到这样的能不生气吗？

① 这部分内容源自某中学教师（B-T$_5$）的作业批改记录。

所以，有时候我还采取了强制惩罚措施：把做错的题全部重做、打扫卫生等。但是，这些手段开始还比较灵验，几次之后就无效了，学生也反感。我强调说："惩罚不是目的，而是手段"。为此，我请教同事和校外的其他老师，有的对此"不以为然"，有的也觉得"无可奈何"。前几天班会上，我提出"打响消灭错误攻坚战"的口号，每一个小组对语、数、外作业中出错最多的学生名单每周公布一次，以示警醒，再观后效吧。

案例二 "为学生布置的作业却由家长完成，合适吗？"①

"教师既要教书，又要育人。现在的教师不好当啊！"特别是新课程改革以来，不时冒出来许多任务：新课程改革培训学习、信息技术教育培训等，现在学校又强调"不要让一个学生掉队"。要顾及全体学生，就很难同时针对每一个学生。例如，在布置作业时，虽然理论上都知道要对作业进行优化设计，要根据学生实际情况布置个性化的作业，但说起来容易，做起来难。面对几十个学生，在作业布置、批改、纠错等不同的环节中都会有不同的问题出现，再布置不同的作业，那教师的工作任务可想而知了，我也希望"因材施教""因材施量"，但是这谈何容易啊？最让人无语的是，有的家长干涉学生的作业：一位学生家长竟然替孩子写作业，还美其名曰，是为了给孩子节省时间，让他做其他的练习题。学生的家长就这样不负责任，教师面对各种压力，也没有好的办法。

（事后，我对这位替孩子写作业的家长也进行了专访，她解释道：有几次，我确实替孩子写作业了，但是都是抄写生字词的，让重复抄写两张。本来孩子已经掌握了，回家还要继续抄写，我觉得这是浪费时间，与其让他抄写不如我替他，腾出时间让他做一些其他的练习题更有意义，所以，我觉得也是可以代替完成的。）

---

① 这部分来自对某中学教师（C-T₅）的作业批改记录。

案例三 "小学数学作业有效批改与辅导"教研活动交流问题征集单[①]

尊敬的老师：

您好！

根据本学期数学学科工作计划，拟定下周开展一次"小学数学作业有效批改与辅导"的教研活动。在日常教学过程中，您一定遇到有关作业批改和辅导方面的问题，请您把这些问题写下来。希望，在研讨活动中，相互交流，相互启发，为您解决教学问题提供一些方法和思路。

谢谢您的参与和支持！

○您在数学作业批改方面遇到过的问题：
○您在数学作业辅导方面遇到过的问题：

（备注：该征集单无须署名；请以教研组为单位于 2014 年 6 月 16 日前交给指定老师。）

3. 作业研究中存在的问题

（1）作业研究的偏向性。

其表现在两个方面：①过度关注错题，轻视拓展与提升题研究。对待错误要有一种正确的研究态度：要善待错误，将其当成教学资源；不惧怕错误，让学生经历活动全过程；关注产生错误的真正原因，探究其背后隐藏的想法。而如案例一所示，其研究错误的目的和意义重在避免与消灭错误，以这种态度看待错误就偏离了本真目的：即深入理解数学课程、探索学生学习规律、改善数学课堂教学等。如案例二中所呈现的，教师专注于识记性习题，而忽视拓展类、提升类练习题，也剥夺了让学生加深理解、灵活运用所学知识、结合生活解决问题的机会。如果能够关注到此类作业的价值和意义，也会因此增加作业形式的多样性和作业解答中的开放性，并由此培养学生的探究欲、自主性和实践感。②重局部环节、轻整体性研究。从作业研究的定义看，应该包括设计、布置、批改、辅导、评价反馈等多个环节，而教师更注重的是对作业正误的批改和纠错、改错，却忽略了优化设计，分层次的布置作业，给予个性化的评价和反馈。正如上面的作业

[①] 这部分来自某市数学教师（A-T₃）的数学研讨活动。

研究教研活动，表格中只是列举了批改和辅导两项，而没有涉及其他几项，这正说明了在作业研究中的偏向与忽略。正是缺少对作业优化设计和布置环节的"备"和"研"，使作业往往是"就地取材""就书取材"，大多数作业都是源于现成的教材、教参后附带的练习题，不同的习题资料等；在批改、辅导环节也只是流于表面的"就错论错"，而缺少背后原因的探寻，更缺少有针对性的、个体化的指导和辅导。在评价反馈方面，也多是以教师为主，教师掌握着评价的话语权，学生完全按照教师的指教去纠正、修改和完善，学生几乎没有发言权。

（2）作业研究的"非生本化"。

学生作业是学校教育系统中的一个重要环节，它是学生学会学习、学会自我管理与调适、提高学习能力、增强自主性和独立性的有效途径，其最终目的是为了促进学生的自我发展；同时，教师还可以根据作业情况进行反馈、反思和研究，以便及时地调整自己的教学行为，因此它对教学实践的改善也有积极作用。然而，传统作业往往被视为"课堂教学的延伸和补充"，这种教学观念下的作业研究也是"以知识为本、以教为本"的，作业研究成为"教的补充""教的强化"，而忽视了最终目的是在于促进学生的发展和成长。最典型的表现就是在作业研究中重结果、轻过程，重形式、轻本质，重局部、轻整体等。例如在上述"小学数学作业有效批改与辅导"教研活动交流问题征集单中，在指导语部分表明此次教研交流活动的目的在于解决实际问题，是在基于教师的视角研讨交流有利于顺利展开教学的方法思路，而不是基于学生的角度剖析问题、探寻原因、探求之于学生发展的价值和意义等。当实践工作者仍然停留于将作业视为强化课堂教学的有效工具，并因此追求作业研究对课堂教学的实效性时，作业仍然是课堂教学的"附属品"，作业研究依旧不是"以学生为本"的，因而也难以发挥作业研究在重建和提升学生发展中的积极作用；作业研究仍局限于传统教学理论研究的视野中，难以找到新的生发点和突破口。

（四）教学研讨：聚焦性研究

教学研讨作为实践工作者进行课堂研究的形式之一，主要包括说课、听评课、沙龙、讲座、读书会等。与专业研究者进行的研讨活动相比，在类型和内容方面，实践工作者的研讨活动更多的是在实践层面上、针对具体的实践活动展开的，比如说课活动、听评课活动。那么，实践工作者在教学研讨活动的过程、方法、形式等方面的状况如何呢？下面主要从一次集体听评课活动记录，一次数学专题讲座大致呈现课堂教学实践中的研讨活动。

案例一 "集合"——听评课活动纪实①

听课记录

第一环节：课前导入

同学们，小红所在的301班要参加体育运动赛，参加跳绳的有9人，参加踢毽的有8人，大家能计算出参加这两项比赛的有多少人吗？今天咱们就来学习有关集合的问题。

第二环节：授新课

活动一：呈现参赛人员图表（如下）

跳绳	杨明	陈东	刘宏	李芳	王爱华	马超云	丁旭东	赵军	徐强	9人
踢毽	刘宏	于丽	周晓	杨明	朱晓东	李芳	唐伟	卢强		8人

师：大家看这个表格，一共有多少人参赛呢？

生1：共有17人。

师：大家说对吗？是17人吗？

生2：不对，共有16人，因为有人重复了。

生3：应该是15人。

生4：只有14人。

师：为什么大家找到这么多答案呢？大家还可以用其他的图表示吗？

生5：可以。

生6：不可以。

生4：可以，把图重叠一下。

师：现在大家按照自己的想法，用你认为最简洁的图形来表示

生1：

跳绳的学生　　　　　踢毽的学生

生4：

跳绳				陈东	王爱华	马超云	丁旭东	赵军	徐强	9人
踢毽	杨明	刘宏	李芳	余丽	周晓	朱晓东	唐伟	卢强		8人

① 这部分听课活动纪实以及下面的评课纪实内容均源自某教师（A-T₄）的活动经历。

活动二：把名单填入韦恩图，填完后说说韦恩图比上面的表格图好
在哪里？

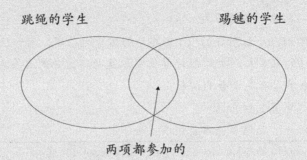

跳绳的学生　　　　　　　　踢毽的学生

两项都参加的

活动三：算一算，一共有多少人？

生4：9+8-3=14（人）

生7：6+5+3=14（人）

师：为何这两个学生的算式不同，一个减去3，一个加上3呢？

生4：我要减去3，是因为有3个人重复出现了两次，要减去一次，
才是总数。

生7：我要加上3，是因为跳绳和踢毽的都没有算上两项活动都参
加的人数，所以要加上。

师：有了韦恩图，就是方便，大家看看它好在哪里？

生：简洁、方便，不容易出错，看起来清晰明了……

第三环节：课堂练习

（1）完成课后练习第一题"做一做"

（2）趣味练习：算一算商店昨天和今天进来的水果一共有多少种？
（昨天与今天的种类有重复）

第四环节：课堂小结

同学们，今天你们学会了什么呢？

生：认识了韦恩图；学会了怎么计算重复的数目……

评课纪实

C教师（执教老师）课后陈述：

"集合问题"是人民教育出版社三年级下册第九单元"数学广角"
中第一课时的内容，是关于小学阶段集合思想的教学。集合思想在以往
学习中也接触过，只是无意识形成一些简单解决问题的方法。而本节课

所要学的是含有重复部分的集合图，即"交集"，学生是第一次接触这类内容。书中的例1以表格的方式列出参加踢毽和跳绳的学生名单，而总人数并不是这两项参赛的人数之和，从而引发学生的认知冲突。在此冲突基础上，我让学生想办法"还可以用其他的图表示吗"，激发学生的探索欲望，让他们初步体会集合思想。然后，让学生把自己的图表与韦恩图比较，让他们直接地感受到韦恩图的便利与直观。最后的巩固练习可以加深学生对韦恩图的认识和理解，从课后小结来看，这节课学生已经掌握了利用韦恩图来帮助计算的方法。

从整个教学过程来看，在认知冲突发生后，探索用图形表示参赛总人数时课堂秩序有些失调，有的学生用两个圆形分别表示两种参赛人数，但是仍然是并集，没有相交；有的学生预习过，能一下子用韦恩图表示；而有的学生虽然看到了，仍然不太理解；还有一些学生仍然用表格来表示，虽然这种方法没有错，但是没有韦恩图明晰，由于时间限制，我没有充分展开，所以，我就急于让学生比较表格图和韦恩图的差别，从而进入到利用韦恩图来计算。

从教学结果来看，大部分学生都能解决简单的重复问题，初步认识和理解了集合知识，体会到了集合图的优点，认识到韦恩图在解决日常生活中的便利。

评课教师1：你这节课的核心是什么？

C教师：我认为是重叠问题，学生能找到重复，从而想办法去解决问题。

评课教师2：这节课要让学生初步了解统计问题，几何思想中的集合、并集、交集等思想。因此，在引入"韦恩图"时可以对它的来历稍加介绍，让学生指导它的由来，而且以发现者本人的名字来命名图形，本身就是一种数学精神的鼓励和激发。

评课教师3：在探索"还可以用哪些图形表示时"，有的学生用了两个并列的圆形，当时教师让学生继续思考怎么表示"两项都参加的"之余，教师自己悄悄把两个并列的圆形交叉到一起，这由教师自己来做是不合适的，应该由学生发现、探索。

评课教师4：在两个不同的算式，一个加上3，一个减去3，提问的意图是让学生明白"跳绳的学生等于只跳绳的加上两项都参加的；踢毽的学生等于只踢毽的加上两项都参加的，当计算跳绳和踢毽总数时，两项都参加的只能算一次，如果都同时算上了就要减去一次，如果都没有算上，就要加上一次”，如果学生不真正理解这一点，仍然难以真正体会集合的意义。

由上述案例可知：

1）从授课过程来看，教师授课是传统教学法的真实再现。教学活动仍然从"导入、新授课、巩固练习、小结"等方面展开，也就是说课堂教学过程仍然是以"知识授受"为中心而展开的。

2）从听课记录来看，缺少对所听这节课的建议、评价与反思。听课记录作为一种文本性的材料，它应该记录下即时课堂教学情境中最真实的一面，以及听者的所思所想、质疑、反思，包括对学生的引导、设问的合理性、教法的改进、作业习题的设计等，以便日后作为进一步交流、学习、探讨的参考。听课的过程，不仅仅是跟着课堂教学走的过程，更是作为一个研究者对听课活动进行观察、考察、批判性反思的过程，如果仅仅停留于听课的表层，就失去了听课的意义。

3）从评课记录来看，仍然偏重教师"教"的视角。评价重在教学过程中对数学思想的贯彻、提问对于教学活动的推动、教师教学方法的运用等教师"教"的视角，而对于学生的"学"关注不够。例如，从"学"的角度出发可以做如下评课：在导入环节，教师完全可以用"现场调查"来激发学生的学习兴趣，调查学生喜欢哪些活动、哪些食品、哪些游戏等，使问题与生活联系起来，以激发其探究欲望。在教学过程与方法中，完全可以让学生通过自主学习、小组合作、探究学习来经历重叠问题的解决并从中体验集合思想：先由学生自己思考认为最简洁的表现方式；然后与小组成员交流各自的方法和想法；在此基础上进行比较分析看谁的方法最直观、简便，各自的优缺点在哪里；再随着韦恩图的引入让学生深刻体会从"并集"到"交集"的过程，自然地从中体会渗透的数学思想。从课堂互动来看，当学生产生认知冲突时，最需要的是给予他们探究发现的机会，有问题生成才能促使学生想办法解决矛盾和冲突，数学就是引导学生在探索中发现和解决问题的过程，而不是教师急于通过提问催生答案、达到预期目标。就像上述两个不同的算式中分别"加上3"和"减去3"的互动中，重要的是要让学生自己明白"重复的学生不能计算两次，或者在总和中减去3，或者在跳绳中减去3，或者在踢毽中减去3"，而不是耗费在没有针对性的争论中。

案例二 "漫谈普通逻辑学知识"专题讲座心得体会①

　　"漫谈普通逻辑学知识"是一位数学特级教师面对全校教师进行的一次专题讲座，也是他在"国培"教学中的经验总结。在数学教学实践中，一些数学教师比较关心数学逻辑思维，他们有着丰富的教学经验和教学案例，但是知识结构中的理论知识却不一定能够恰当地解释相关实践。正是认识到这一问题，他便结合自身的教学经验来思考数学课堂教学中的逻辑思维问题的。

　　本次讲座首先从"逻辑"的含义着手：观念，规则、规律，一门学问等的不同解释和例析，使我们即刻感觉到逻辑学的语言和思维距离我们如此之近，只是我们"日用而不知、而不思"。接着，从思维的形式：概念、判断、推理等逐次展开。这次讲座具有较强的针对性和学术性，有细微透彻的分析、诸多案例的佐证，生动形象地解说了深奥玄远的逻辑学理论，使我们看到作为实践工作者对教学的热情、对研究的严谨以及对教研的执着。

　　从这次专题讲座的目的来看，学校为了提升教师的理论素养，帮助教师了解、拓展理论知识。从主讲教师而言，他能够从基于实践的需求，而又将理论融于数学学科不同年级阶段教学中，将学科的知识点案例与逻辑学知识对应讲解，让我们看到了一位特级教师的教学本色和学术情怀，基础教育中"教师作为研究者"的希望和潜力。从上述这位参与教研学习的教师来谈，她深刻认识到了这类活动的必要性与意义，看到了自己在理论研究方面的差距，以及由此引发的对这位数学特级教师的欣赏和赞美。然而，对于这样的学术讲座，不同的参与者与学习者会有什么样的收获和感受呢？从个别教师的教研记录中可见一斑。

"漫谈普通逻辑学知识"——一位教师的讲座记录②

　　一、学习逻辑学的必要性
　　二、思维的形式：概念、判断、推理

---

①　这部分内容源于小学教师（A-T₅）数学教研学习。
②　这部分内容源于对某小学英语教师（A-T₆）的记录与访谈整理。

三、概念的定义、内涵和外延

1. 概念的概述：概念是反映事物本质属性的思维形式。

2. 概念的关系

四、概念的种类

单独概念和普通概念；集合概念和非集合概念；肯定概念和否定概念；相对概念和绝对概念。

这份讲座记录到此再没有下文，既没有听后的反思记录，也没有讲座结束后几个研讨问题的附录与思考。从其记录来看，是主讲教师课件的部分再现。在一次访谈中，笔者与这位老师谈起这次讲座时，他坦言：在听讲座时课件播放较快，都来不及完整记录，之后，由于教学任务繁忙，也没有向主讲教师再找课件学习，不过听了那次讲座，对自己还是很有启发的，当时也期望能像主讲教师一样既立足于实践又有理论的高度，但是对于我们新手教师来说，做到这些真是太难了……

由上述听评课和讲座之类的教学研讨活动，我们可以看出。

1）研讨性质，远离"研"，流于形式。研讨重点在教学内容、教学手段、知识的呈现过程等方面，思考的视角仍然是教师如何利用好教材、有效传授教科书的内容，而非促进学生学会的教学。所谓的研讨，实质上是一种个人经验化的交流和漫谈式地发表个人见解，没有随后进一步反思、总结与提升，既达不到研究的高度，更难以真正收到研究实效，实质上是研究的遮蔽与缺失。

2）研讨过程，缺少梳理、总结和提炼。真正的教学研讨应该是以"头脑风暴"式的发散性思维来激发教师和促进教师思考的，一些看似零碎的、不系统的观点，其实是有一定的主线贯彻其中的。在研讨过程中更重要的是对这些看似零散的观念性的、文本性的资料的梳理、总结，能够在一定程度上进行概括和提炼，使无形的思想形成文本，使有形的材料归于条理化和系统化。

3）研讨结果，缺乏整合后的重新建构和利用。教研成果是集体智慧的结晶，是教师集体通过参与共同活动而建立起来的比较稳定的、超出个人能力的知识形态。它多以案例、教案、论文、总结、结题材料等形式呈现出来。从一定意义上而言，这些既是参与者之间不断互动、创造和建构的结果，又是个体知识整合、提升的新起点。如果研讨成果不能为个体或者集体所共享，而只是作为任务被完成来对待，视为一个阶段取得的成就，而没有对随后的教学工作和研讨活动起到强化或催化作用，那么，教学研究的成果也就成为一种"摆设"，教学研究仍然是一种形式化存在。

第二节 课堂研究方式的批判性反思

从上述两类研究主体进行课堂研究方式的呈现发现，专业研究者与实践工作者在研究方式上各有偏颇：专业研究者偏向使用思辨研究，而实证研究方式运用有限；实践工作者偏重经验总结和叙事研究，而理论思考与提升比较欠缺。因此，对不同研究主体的研究方式进行审慎的反思，对其研究方式进行整合具有重要意义。

一、对专业研究者课堂研究方式的反思

专业研究者进行课堂研究的主要目的是为了理论的创新与建构，其研究结果更多是以概念化的形式来呈现。在对他们的研究目的、过程和结果认识的基础上，进一步考量其进行课堂研究的方式存在的问题，能够更好地促进课堂研究的开展。

（一）理论思辨的主流化

从本章初始部分对专业研究者思辨研究的调查可知，在样本期刊论文中，60% 以上都是采用了理论思辨的方式。由此可见，在当前课堂研究中，专业研究者的理论思辨研究仍在继续，并处于主流地位，传统教学论研究中的"书斋文献式"研究仍然占据主要部分。从一定程度上而言，虽然思辨的概念和思维假说是进行任何一项研究都必需的，是厘清研究主题或基本概念的首要工作，不运用思辨研究方法厘清概念，就难以开展研究工作，即使在实证研究中，也要"首先要选择最好的基本概念，并把各种现象加以妥善分类，使其适用于归纳运用；其次要制定一个临时的'定律'，作为工作假说，再以进一步的观察及实验加以检验"[①]。但是，当专业研究者过度使用这种方法，并使其落入"宏大叙事"和"主观臆想"的窠臼时，就会成为课堂研究的束缚和牵绊。当专业研究者进行为数不多的听评课活动，并且仅仅关注到课堂教学活动的某些方面时，就难以在有限的实践经验和较短的听课时间内全面深刻地了解课堂教学整体状况，更难以从课堂教学实践视角出发形成多元化、交互生成性、全程展开式的理性认识与分析，因

---

① W. C. 丹皮尔 . 科学史及其与哲学和宗教的关系 . 李珩，译 . 桂林：广西师范大学出版社，2009：443.

此，这样的理论思辨是失却实践意蕴的、困境化的，也会由此违背思辨逻辑的学术生成性、自律性规范。

（二）基于"田野"的实证研究的浅表化

从对不同专业研究者的访谈和文本材料分析中发现：在其课堂研究中，实证化的研究方式运用得很有限。虽然各种形式的研讨活动、听评课、调查等质性或量化研究方式也都有所呈现和运用，大多数专业研究者对其也持有肯定态度，但是由于各种主客观因素的影响，实证性研究方式仍然处于浅表化状态并存在诸多问题，例如：在问卷调查研究中，样本选择、抽样程序、方法运用等存在不完整、不规范现象。有些调查问卷的设计随意性较大，甚至没有取样说明、调查过程呈现，问卷调查没有进行测试、修改和完善；数据的获取、分析和处理方法过于简单等，其调查的信度和效度也因此受到质疑。在以研究者自己作为观察工具、进入实践现场以观察、访谈的方式展开现场调查时，不能潜沉于课堂实践生活世界中、置身于真实的教育情境中体验和思考，并挖掘实践中的价值和意义，难以以"局内人的身份与观点，用局内人的语言与意义体系来解释教育实践，与教育实践者融为一体，发现站在围墙外所不能发现的问题"①。当以严谨的学术规范来审视课堂研究中为数较少的实证研究时，"有的只有案例，没有实证方法说明；有的只有结论解释，却没有研究进程；有的数据与理论的关系不明，实验只是验证预期的假设，不确定的、随机的问题和信息被有意无意地掩饰了，更有甚者，为了杜撰'实证性'的学术论文，从材料准备到实验过程、结论都是假设的、虚拟的等，违背实证逻辑的教育研究的学术性自然贬值"②。

因此，专业研究者的研究指向大多数都在于现有的理论，并通过分析、理论重建这些思维加工的方式来实现，以思辨的方法开展研究，并以观念体系（概念化地）呈现研究结果。因为"专业研究者大都是在高等师范院校或者科研院所，单位对他们的业务考核主要是以科研成果为主要标准，而这又和他们的职称、津贴、工资水平密切相关。为了多出成果，大量的思辨性文章诞生，毕竟相对于实证性的文章来说，思辨性文章耗时短，而且容易发表"③。由于生存环境、利益诉求、专业特长和专业习惯使然，专业研究者形成了疏离于实践之外而对实践又进行"一厢情愿"研究的思辨方式，往往通过文献梳理、概念论证、演绎推

---

① 李太平，刘燕楠.教育研究的转向：从科学世界到生活世界.湖北大学学报（哲学社会科学版），2015，（1）：136-140.

② 于忠海.教育研究方法论反思：实证与思辨.高校教育管理，2007，（5）：1-4.

③ 李政涛.交互生成 教育理论与实践的转化之力.上海：华东师范大学出版社，2015：139.

理、归纳概括等方式进行；一旦进入实践领域，想到的问题往往是理论如何影响实践、如何发出理论人的声音。正是由于长期在书斋中进行理论思考，缺少课堂实践现场的田野研究体验和实证研究的有力支撑，使"理论产生于实践并改善实践"成为一句空洞的口号。

二、对实践工作者课堂研究方式的反思

实践工作者在课堂研究中采用的研究方式与其研究目的、担负的教学工作性质密切相关。由于工作领域差异和自身的专长所致，实践工作者更偏向于采用质性的研究方式，对他们研究方式的批判性反思是促使其走向研究方法的融合的重要力量。

（一）异化的叙事研究

"叙事既是一种推理模式，也是一种表达模式。人们可以通过叙事'理解'世界，也可以通过叙事'讲述'世界。"① 由此可见，教育叙事是呈现教育经验的最佳手段和方式，不但呈现经验还要彰显经验的教育学意义。

就研究旨趣而言，在教育学领域中之所以引入叙事研究：一是因为通常意义上的理论规则不一定能够恰当地解释众多零散的日常教育经验及其运作形式。也就是说，一些零散的日常教育经验及其运作形式不一定遵循某种理论规则而运行；二是因为叙事研究承载着教学实践领域的价值期待，换言之，它可以使我们比较深入地了解和理解看似非常熟悉的日常教育经验，并使实践工作者主动表达自己的声音。它是从教学实践基层的教师、学生、家长等的经验和感受出发，探寻另一条意义丰富的言说之路。因此，叙事研究的意义就在于，"它通过教育生活经验的叙述促进人们对于教育及其意义的理解，教育叙事探究的本质在于寻找一种合适地呈现和揭示生活经验乃至穿透经验的话语方式或理论方式，为普通教师、学生以及其他读者提供一种能让他们参与进来的生活语言风格的研究文本"②。

那么，实践工作者进行的叙事研究是否真正通过叙事研究来呈现和揭示了隐藏在日常教学经验中的"秘密"，并赋予它们真实的教育意义了呢？综观当前叙事研究的众多成果，包括教学随笔、教学后记、教学日志、教学小故事、自传

① 丁钢.声音与经验：教育叙事探究.北京：教育科学出版社，2008：9-10.
② 丁钢.教育叙事：接近日常教育"真相".中国教育报，2004-02-19（08）.

等，发现许多实践工作者在进行着"自下而上"的描述教学实践真实生活的研究，彰显出它在实践中的重要价值；同时，也暴露出一些问题和困惑，主要表现为：单纯的描述；等同于讲故事；理论与方法方面的欠缺等。

（1）将叙事研究简化为单纯的描述。

虽然描述是叙事研究的一种主要表达方式，研究者需要通过叙述来尽量展现真实的教育世界，以此与真实的教学经验很好地联系起来；但是，这种叙述并不是单纯的描述，而是需要进行生动、有深度的描述。而现实中的叙述往往局限于按照时空的转换和推移将所发生的事件描述出来；而且有时候简单的描述并没有细致地呈现事件的过程、冲突的焦点等，不能使人们通过真实、生动、细致入微的描述感受、体悟和理解。

（2）将叙事研究等同于讲故事。

叙事研究通常以故事来呈现教学事件，但是讲故事与叙事研究并不是一回事。叙事并非是一种形式化的或者附加性的东西，而是要探寻故事中蕴含的教育意义。而一些研究者关注的不是内含矛盾冲突的故事、蕴含教育意义的故事，不是通过严谨的选择、重构和适当的加工来揭示故事的价值和意义，从而造成了"将教育叙事等同于教育叙事研究，把纯粹的讲故事等同于做研究"[①]的乱象，甚至"一时间，中小学出现了许多教学故事，一些教师的研究成果成了故事汇编。然而，故事式的课堂研究并没有给课堂教学的变革注入多少新活力"[②]。

（3）叙事研究理论与方法上的欠缺。

"叙事研究是一种有'理论冲动'与'理论准备'的研究"[③]，但从现实来看，一些实践工作者还缺少叙事研究理论与方法的训练。通常把教学小故事、简短日记等文本记录视为叙事研究的现象正说明他们对于叙事研究的内涵、相关概念理解、理论基础与理论追求等认识不清，正是因为缺少相关的理论基础和理论学习，而使其缺少方法论方面的认知。同时，由于缺少研究意识，存在着轻视叙事研究的现象——认为任何人都会"叙述故事"，叙事研究人人可为。而实际上，"如果叙事研究不相关我们通常知晓的任何事情（如理论驱动），如果其不提出一个由研究者提出的感兴趣的问题（如假设检验），或者产生其他人能够用来界定

---

① 张琼，张广君.教育叙事研究在中国：成就、问题、影响与突破.高等教育研究，2012，（4）：58-64.
② 安富海.课堂研究的形式：从各取所需到通力合作.教育研究，2013，（11）：103-106.
③ 蔡春."叙述""故事"何以称得上"研究"——论教育叙事研究的基本理论问题.首都师范大学学报（社会科学版），2008，（4）：125-130.

特殊场景的知识（如非普遍性的），其如何能够被称之为研究？"[1]

（二）碎片化的经验研究

"经验和理论是认识层次上的不同，而不是两类不同的认识形式。因此不能把经验称作感性认识，把理论称作理性认识。感性和理性属于认识的形式。感性认识是指感觉、知觉、表象等；理论认识是指概念、判断、推理等。人的认识不论在哪一层次，不论是经验还是理论，都是感性认识和理性认识的统一。"[2]这就意味着，人们在获得经验认识时，大脑并非是空白的，而是具有复杂的认知结构，当感知经验纳入认知结构后，就会进行判断和整合，这就是在进行理性的认识。例如，在课堂观察中对师生关系、课堂提问、教学效果等概念进行描述时，可能进行"互动""一问一答"等判断。这一过程就是感性认识和理性认识共同参与的。课堂研究中的经验总结法就是"研究者在自然状态下，以课堂实践中的经验事实为材料，通过分析概括，以及其他的研究手段而进行思维加工活动，以探寻课堂实践中各种现象和问题之间的因果关系并揭示课堂规律的一种研究方法。"[3]

当前实践工作者的经验总结还处于零散、初级的状态：对课堂事实掌握不足，缺少典型性和代表性；科学的经验总结方法单一，多推理演绎、少观察、实验后的归纳；研究结果呈现为教学反思、教学故事、课堂案例启发等。因为课堂研究者面对课堂事实进行的经验总结并非是由经验事实本身决定的，而是研究者的认知结构主动选择的结果。例如，在同一节课中，不同的课堂观察者注意到的课堂现象和问题会有一定差异，就是因为那些对某研究者有研究意义并且在他知识结构接受范围之内的，才被其感知和接受，否则就可能对其"视而不见、听而不闻"。一个关注课堂互动的研究者，可能对师生关系、课堂管理、课堂对话类型感兴趣；一个注重课程理论的研究者，或许对课堂内容、知识呈现的形式和过程更敏感。此外，研究者思维的个体差异性，感知、分析和综合能力，概括与抽象能力等都是经验总结的影响因素，如果这些能力不佳，也易于致使"'经验总结'要么沦落为一种抄录教育理论文章的'剪贴'活动；要么成为一个论点配一个案例的'戴帽子'游戏"[4]。

---

① Cizek G C. Granola and the hegemony of the narrative. Educational Researcher，1995，24（2）：26-28.
② 张声远. 经验总结的几个理论问题. 上海教育科研，1993，（2）：1-3.
③ 周伟灿. 试论教育经验总结的科学性问题. 上海教育科研，1991，（6）：12-15.
④ 刘良华. 改变教师日常生活的"叙事研究". 全球教育展望，2003，（4）：16-20.

（三）不规范的行动研究

从理论上看，"行动研究是一种在教育教学实践活动过程中产生和进行的，由教育理论工作者和实践工作者共同参与，以研究和解决教育教学实践问题为根本目的，以'对行动进行研究、以研究促进行动'为基本方法的教育教学实践研究方法"[①]。实践工作者是行动研究的主体，进行积极主动、开放、深入的批判和反思，在改善实践的同时也提升自身。实践工作者作为课堂研究的"局内人"能够在行动中更好地体察实践活动及其有关现象，检验行动的方案、计划的有效性和现实性，促进教师教育研究观念的转变，而且为课堂研究中教育理论与教育实践脱节、专业研究者与实践工作者疏离的状态，找到了一条有效沟通的手段。

然而，现实中实践工作者进行的行动研究往往存在实施不规范的问题。无论按照行动研究的经典步骤"计划—行动—观察—反思—再计划……"，还是依据一般教育研究的程序及其"语言"进行的行动研究的过程，"课题选择、课题设计、研究计划的实施、研究报告的撰写、研究回顾与总结等环节"，行动研究都是一种系统而持久性的探究过程，在研究过程中要符合这种研究应有的操作规范和实施原则。但是，实践工作者的行动研究过程中存在着较大的随意性。

（1）从研究计划或研究设计来看，完整性欠佳。

虽然实践工作者明白研究计划应有的要素，但是在各项内容展开时却不够丰富、比较空洞；由于套用研究计划的格式，难以体现研究计划的特色和研究者的个性；更有甚者是不按照研究计划行动，虽然也提前制定了研究计划，实际上只是一种"摆设"，在执行过程中并没有严格遵守计划，或者不能坚持，使计划有始无终。

（2）从实施过程中资料的获取来看，系统化不足。

实践工作者虽然身处实践之中，具有获取第一手资料的便利条件，却因为时间限制、教学工作任务繁重而无暇将鲜活的实践资料进行归类、整理、加工，仍然使其处于零散与碎片化的状态。

（3）从行动研究中的反思来看，重结果轻过程。

反思环节有失深刻，由于过度关注行动研究的结果，对于整个过程缺少整体性、综合性的认识和思考；并且在研究效果的反思中又局限于学业成绩、教学效果、教学质量方面，对于学生作为个体人的成长和发展，教师作为研究者对于

---

① 申继亮.教学反思与行动研究.北京：北京师范大学出版社，2006：4.

专业成长的影响等反思不足。此外，从行动研究的整个过程来看，由于相关理论储备不足，计划制定中主观臆想的成分较多，缺乏说服力，而且实施、评价中也缺少理论提升；再加之各种因素的干扰和影响以及有效支持系统的不完善，持续的行动研究往往被搁浅，这也必定会影响研究的效果。

（四）缺失性的理论研究

理论是关于事物的一般原理的解释和说明。它从实践概括而来，是理性思维的产物。经验性认识是理论的基础，理论是经验性认识的抽象和提炼。理论的主要功能在于解释现实、预测未来并指导未来。课堂理论研究是对课堂教学领域中一系列"是什么？""为什么？""怎么办？"之类的问题的研究。具体包括已经获得的课堂有关事实、证明有效的课堂经验、已有的课堂理论等。课堂理论研究的任务就是将这些研究对象进行加工，使其由经验性知识上升为理性知识，使现有课堂理论获得某种突破或创新。课堂理论研究之所以要将课堂的经验性认识提升到理论认识的高度，使旧的课堂理论生发出新的课堂理论，就是源于认识和解决新的课堂问题之需。当现有的课堂理论难以解释课堂事实或问题时，新的课堂理论的需求就会萌生，并促进新理论的产生。一定的课堂理论，能够为课堂研究活动提供思维的框架，决定着课堂研究的起点，也决定着课堂研究中对课堂经验材料的思维加工水平及其方式。

因此，教师作为研究者也要学习教育理论，具有一定的将"实践知识理论化"的意识和能力，这也是教师专业发展中教师角色的复位和回归。所以，实践工作者应该在一定程度上将实践经验和实践总结进行理论提炼和提升，这也是教师作为研究者的题中应有之意。

但是，当前实践工作者的理论研究还处于一种缺失状态。他们很少或者几乎不考虑理论提升的问题，虽然在实践中积累了大量的第一手资料，这些资料仍然处于一种初级经验积累阶段，处于一种"日常概念"的范围内；集体研讨产生的案例、听评课经验、总结材料等仍然以一种"堆积"的状态存放，而没有作为个体知识整合、提升被大家所共享，没有成为建构更高层次的个体知识的基础。实践工作者虽然具有丰富的实践经验，但并不代表就具有理论化的概念，因为两者获得的渠道迥异：实践经验是通过知识积累和实践获得的，而理论化概念是科学研究获得的，二者并不会自动相遇或融合在一起。没有理论思维，可能连两件自然的事实也联系不起来，或者连二者之间所存在的联系都无法了解。如果实践工作者的实践经验能够通过教学实践活动自下而上地发展起来，并逐渐形成反思性的经验，就是在逐步走向经验的抽象化和理论化，从而提升实践经验的理性程度，这就要求实践工作要学会摆脱经验主义，不能只停留于场所中未经科学建构的"事实"，又不陷入宏大叙事的、空洞的理论话语中，而是在具体实践基础上提炼出具有一定理论高度的观念认识，从而改善现有的零散的、碎片化的感性经验的状态。

综上所述，在课堂研究的方式上，专业研究者与实践工作者"各取所需""各用所长"。他们对于思辨或者实证的偏向看似孤立、各异，但是从方法论视角审视时，由于研究目的、思维方式、认识过程的差异，这种"二分"症结的出现又是容易出现的。如果研究者没有对课堂实践中问题的真切考证，何谈实证？没有对课堂实践中矛盾对立的深思，何谈思辨？因此，"无论是实证研究还是思辨研究，其偏颇、异化均源于研究者主体科学精神的缺失。"[①] 当研究者为课堂实践问题之外的事务所困扰，没有对实践问题反思时，就是止于形式的思辨；当研究者在实证研究中失去了科学研究的精神支柱时，就是异化了的实证。

因此，建构一种使双方"走到一起来"的研究方式、实现研究方式的整合是有效课堂研究所必需的。即双方都不是只用所长，而是兼用理论的和实践的方式开展研究，专业研究者不再沉溺于书斋或旁观，实践工作者不再无视、拒斥理论或依赖、顺从理论，从而使双方在合作、行动、反思和对话中实现课堂研究方式的整合。

第三节　课堂研究方式的整合

实证与思辨研究都是以人的主体性自我否定和创造为理念的，思辨如不能导致创造，就只能是理论的躯壳；实证如不能让我们获得理论新生的养料，就只能在"材料—事实"间做无意义的技术操作。正如康德所说，"没有理论的经验是盲目的，没有经验的理论只不过是智力游戏"[②]。因此，从方法论视角整合实证和思辨是课堂研究的重要课题。通过实证研究对课堂实践中的问题进行客观的描述、记录、解释，以探究各种事实之间的关系，从而发现问题；利用理

① 于忠海. 教育研究方法论反思：实证与思辨. 高校教育管理，2007，（5）：1-4.
② 于忠海. 教育研究方法论反思：实证与思辨. 高校教育管理，2007，（5）：1-4.

论思辨对课堂实践中的事实、假说、价值、意义等进行分析、推理和论证，得出新的结论。所以，课堂研究既要运用理论思辨或实证研究，也不能局限于这两个层面，而应该不断寻求方法整合路径和保障，以实现不同方式的互通、建构与整合。

一、课堂研究方式整合的途径：基于合作的行动、反思和对话

课堂实践中的问题是复杂多变的，需要采用不同的研究方式从不同的视角出发去认识，需要打破二元对立、简单化的思维方式，建构多侧面、多联系的结构体系，共同承载着课堂研究方式走向整合，具体包括合作、行动、反思与对话，其构成关系可以如图 5-1 所示。

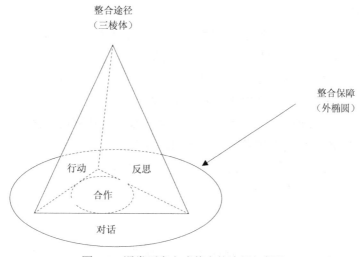

图 5-1　课堂研究方式整合的途径与保障

（一）合作

课堂研究的主体来自理论和实践两种领域，因此，要加强两类研究主体之间的交流和合作，使其认识到课堂研究的共同任务和目标，以使不同层面上的合作得以有效展开。双方的合作不仅可以增强两类研究主体合作共事的创生性资源和整个研究的活力，而且能够提升其研究意识和能力，增加发挥主动性和优势的可能。

1）合作是专业研究者与实践工作者充分发挥各自功能的基础。高质量的课堂研究来自高素质的研究者队伍，持续开展有效的课堂研究是专业研究者和实践工作者共同发展的基础。进行课堂研究不只是专业研究者的"专利"，也是实践工作者的"责任"。"教师需要具备一定的知识、技能和意向，以便形成专业判断能力，从而确定学生需要；教师应能够提供一定的教育计划帮助学生学习；教师应能相互协作，以追求最佳实践效果。"① 因此，实践工作者不仅要具有足够的专业知识和实践能力，又要具有一定的研究能力，以面对课堂实践中教育对象的多元化、个性化，教学内容的丰富性、复杂性。然而，中小学教师恰恰缺少研究这些问题的理论知识和研究素养，往往成为教学理论的"消费者""执行者"。而课堂研究中的合作，能使中小学教师在这一方面的欠缺得到一定的补偿和改善：专业研究者能够给他们提供一定的理论指导和专业引领，如学术报告、专题活动、理论辅导、现场指导、教学咨询、教学座谈等形式，都能够在一定程度上帮助教师提升理论素养，他们在教师的课程设计、听评课中所提供的理论视角，也会给教师较多的理论启示和引导。

同时，实践工作者经常身居教学一线，对真实的教学情境具有深刻的理解，具有鲜活的教学经验，他们也会将这些生动的经历、实例带给专业研究者，以弥补他们在此方面的缺陷，使其具有的教育理论知识在实践的土壤中更富"生命力"。在双方合作基础上，能够更有效地促进课堂研究的进行。

2）合作是专业研究者与实践工作者有效开展课堂研究的前提。在课堂研究中，专业研究者与实践工作者结为平等的伙伴关系，建立起研究的"共同体"，旨在通过合作研究实现有效的课堂研究，并促进教师专业发展和实践的改善。在这个研究共同体中，双方面对问题共同寻求解决办法，对其行为和实践进行调整和完善，一起对研究成果进行检验和评价等，所以，合作是二者开展有效课堂研究的基础。

在合作的课堂研究中，专业研究者深入实践之中，他们可以直接参与到教师的课堂及各种研讨中，以便了解和观察教师的工作，或者组织教师研讨，以一个"局内人"的身份融入实践工作者之中，在实际教学活动中感知实践。同时，实践工作者也能在此过程中学习如何整理和分析资料，如何使看似零碎、无关的信息系统化、理性化等。例如，双方就"学生主动学习积极性不高"这一问题展开合作研究：双方首先就此现象进行观察和深入访谈，从中探寻问题关键之所在；然后对这些资料展开研讨和交流；提出可行性建议和措施并及时践行；在

① Levine M E, Trachtman R E. Making Professional Development Schools Work：Politics，Practice，and Policy. New York：Teachers College Press，1997：4-5.

后续研究中继续寻访这一现象的改善状况等。此外，这还可以组织相关的讲座活动，使实践工作者了解相关的理论知识：如多元智力理论与学生的发展的研究，合作学习理论及其实践等专题。这些针对实践问题的专题理论讲座，对实践工作者很有吸引力，因为他们从中找到了自己行动或者判断的依据，使日常教学实践更加从容与理性。

（二）行动

行动意味着研究主体进行"主动"的活动。"行动意味着我们以自己的言行进入了这个世界……这种进入不像劳动那样为情势所迫而强加于我们，也不像工作那样由功利所激发。它也许是由一些人的在场所激发的，但却不为其左右。"[1]行动是研究主体围绕"人"展开的活动。而从传统来看，专业研究者是研究的"行动者"，实践工作者是"被动者""被研究者"，被"技术化"和"物化"。而课堂研究中的行动为专业研究者和实践工作者提供了沟通的"桥梁"，使课堂理论与实践能够以"研究的实践者"的形式关联起来，使双方真正"行动"起来，从"物化"到"人化"的过程中共同成为行动的主体、研究的主体，并开展"为人"的研究活动。

对于专业研究者而言，行动就意味着一种"实践介入"，因为"只有介入世界，我们才能发现世界是什么样的。世界不是处在我们的理论和观察彼岸的遥不可及的东西，它就是在我们的实践中所呈现出来的东西，就是当我们作用于它时，它所抵制或接纳我们的东西。科学研究与我们所做的其他事情一道改变了世界，也改变了世界得以被认识的方式。我们不是以主体表象对象的方式来认识世界的，而是作为行动者来把握、领悟我们借以发现自身的可能性"[2]。所以，专业研究者因行动而进入现场，而看到在我之外的教育实践的真实"风景"，而也因行动使其与实践工作者之间达成新的理解、建立其一种新的关系。

从实践工作者的视角来看，教师进行课堂研究的主旋律应该是"基于儿童认知与学习的研究，直面一系列'课堂转型'课题的破解"[3]，也就是说实践工作者审视实践问题也应该从"人"的视角出发，从审视教师教的问题向学生学的问题转化；从关注课堂教学的技术性、规范性向研究课堂教学中人的实践性、交往性转变；从关注课堂教学结果的实效性向注重课堂教学过程的合理性转换。也就

---

① 汉娜·阿伦特.人的条件.竺乾威，等，译.上海：上海人民出版社，1999：180.

② 约瑟夫·劳斯.知识与权力——走向科学的政治哲学.盛晓明，等，译.北京：北京大学出版社，2004：23-24.

③ 钟启泉.田园将芜胡不归——"微课"的诱惑与"课堂研究"的主旋律.教育发展研究，2015，（2）：1-5.

是说，他们研究的重心应该是学习和学习者。这种注重人的课堂研究关心的是对学生成长和发展而言具有探究价值的问题或课题，实践工作者是以学生学习的设计者和促进者而行动，他们是在自我反思和同专业研究者的合作中思考与人有关的课堂问题。

（三）反思

反思是一种特殊的思维形式，是思考与行动密切结合的过程；它既可以是短暂性的、迅速的，也可以是持续的、系统的。课堂研究中的反思既是一种个体性活动，又是一种集体性活动，通过研究共同体之间的交流和研讨是培养研究者反思能力的有效方式；它既是客观、理性思考的过程，又是与研究者的情绪、情感、态度、价值观等因素密切相关的过程。课堂研究中的反思就是研究者对已经或者正在发生的课堂教学实践中的问题及其背后的理论进行积极、持续、深入的思考，并寻求多种方法来解决问题的过程，它始于疑问、行于探究、达成理解。

（1）反思始于怀疑。

"怀疑是一种矛盾的运行方式，怀疑表面上是对现存观念和思维的一种否定，但实际上却是在寻找着更深层次的内涵，寻找着一个不能怀疑的前提。因此，在怀疑中，否定成为积极的手段，成为新的思维前提的开拓者。"[1] 由此可见，怀疑作为反思的工具，它应该是积极的、建构性的、批判的，而非消极的、破坏性的、主观臆想的。也就是说我们因现实困惑而生疑，要基于客观的教学实际，要有理有据，要辨别扬弃，而非不符合实际地疑虑或否定。

具体到课堂研究，对教学问题的反思就是通过怀疑来提出真正有价值的科学问题，通过系统的研究和实践论证来认识、分析和解决问题，从而深刻认识和把握课堂教学实践和理论之间的不协调或冲突，并在不断研究中逐步化解这一矛盾。这种怀疑可能是对教学经验的怀疑、对教学理论的怀疑或者对理论与实践结合成效的怀疑等。对教学经验的怀疑就是对个体经验教条化、固化的质疑；对教学理论的怀疑就是对教学知识理论固定化、强制化和机械化的质问。作为课堂研究者，无论奉行"个人经验论"还是"理论神化论"都不是科学的研究态度，而需要实践工作者和专业研究者在研究过程中，把理论和经验作为一种假设，而对其持一定的怀疑和批判态度。

---

① 陈志良 . 思维的建构和反思：重新理解马克思主义认识论 . 北京：中国人民大学出版社，1989：250.

（2）反思行于探究。

反思不同于一般所谓的思想主要在于，反思包括"①引起思维的怀疑、踌躇、困惑和心智上的困难等状态；②寻找、搜索和探究的活动，求得解决疑难、处理困惑的实际办法。"[①] 也就是说有了疑难状态和先前经验而产生一些联系，这时的思维还未必就是反思性的；只有当思维处于不确定的交叉口，它处于进退两难的选择之中时；当行动并因此而受阻时，人们对已有观念进行充分的批判，试图寻找某个立足点、探寻证据，进行不辞劳苦的探究，从而决定该如何行动时，才是在进行反思。因此，反思因问题而引发，因不断探究而持续。

探究之于反思就如同一个"探测仪"，探究的目的在于获得支持一种信念的客观依据。例如，一位旅行者到一个陌生的地方，当走到一个岔道口时，他不清楚到底该往哪里走才是通往目的地的捷径，他需要思考如何来解决这一问题。如果他盲目决定任意选一条路，那就只能够凭运气了；但是，如果他静心分析、寻求某些根据，就可能会辨别出那一条路是合适的。于是，他就开始了探究的过程：他首先仔细观察、审视周围的景物、建筑、标示等，并从自己的记忆中检索现有的经历或者类似的场景、线索、迹象等，并逐步建立起支撑他做出选择决定的证据，以使其判断哪条路是正确的。他历经的这种观察、检索、抉择等输入或输出的动作或行为就是一种探究，也正是因此而使反思持续形成。

（3）反思达于理解。

所谓理解，就是把握住事物的意义。在理解之前是因为感到困惑而产生探究的行动，它们是悬而未决的，而理解就是反思想要达到的理智上比较稳定的状态。在反思的过程中，有时候意义对研究者来说并不是完全清晰的，而是一种暗示性的、非现实性的，它只是以观念形态存在着，还属于一种假设；当意义确实被研究者采纳时，就可以说事物被理解了，研究者的反思就有了结论。正是由于缺少意义、缺少理解才促使研究者去反思，获取支撑事实的、确定的意义。

正如上文旅行者的例子所述，他做出探究的目的是要找到他所需要的具有路标性或者地图指示性的某种东西，其反思的目的就要发现适合他解决问题的各种事实。也就是说反思旨在求得结论。在课堂研究中反思的目的所就得的结论就是——理解的生成。

① 约翰·杜威.我们怎样思维·经验与教育.姜文闵，译.北京：人民教育出版社，2005：19.

（四）对话

"一切都是手段，对话才是目的。单一的声音什么也结束不了，什么也解决不了。两个声音才是生命的最低条件，生存的最低条件。"[①] 课堂研究中的对话既是研究者个体自我建构和精神丰盈的过程，又是不同研究者走向意义理解和生成的过程。

对话是研究个体自我建构和理解的过程。"对话是人与人之间的接触，以世界为中介，旨在命名世界。因此，对话不会在想要命名世界的人与不想要这种命名的人之间发生。"[②] 在课堂研究中，对话不是一个"灌输""强加"的过程，而是重新审视、理解与自我完善的过程，是再改造所拥有的意义关系并重建个体内部经验的过程。

对话是研究者个体精神丰盈与建构的过程。"人的本质是精神，人通过教育才能获得人之为人的精神本质，才能实现人格的优秀。"[③] 教育是使人们之间精神相契合的活动，而从事教育研究的人自身的精神丰盈是从事研究对话的题中应有之意。因为，人是具有自我能动意识和能动性，并力图诠释和展示自我意识的存在者，他不断地追求自我精神的成长和拓展。在课堂研究中，自由的对话情境使双方都感受到思想、精神上的放松与愉悦，因而不断激发其希望通过对话达到想要的结果，"希望扎根于人的不完善之中，人通过不断探索摆脱不完善——这种探索只有在与他人的沟通中才能实现"[④]。当然，希望达成理想的结果，并非不加批判地接受对方的意见，只有进行批判性思维的对话才能使交流富有实效；否则，真正的对话就无从谈起。

对话是不同研究者走向意义理解与生成的过程。在课堂研究中，研究者双方进行对话的过程就是其个体在理解和对话中实现思想、精神和心理沟通的过程，在此过程中不断地走向意义的生成。以课堂实际问题为中介而展开对话，产生思想观点的交流和碰撞，使自己原有的视域边缘被打破，从而实现与对方视域的交融，一种新的视界随之展开。当双方都真诚地敞开心扉并积极表达自己的体验时，他们就在一种"倾听"和"接纳"的氛围中，重新审视自己、审视他人，同中求异。当不同研究者在自我反思中学会审视和欣赏时，他们之间就因对话产生了语言的"共振"、精神的"共鸣"、思想的"共享"，问题解决因对话而不断走向新的理解和意义建构。

① 巴赫金．诗学与访谈．白春仁，顾亚铃，晓河，译．河北：河北教育出版社，1998：340.
② 保罗·弗莱雷．被压迫者教育学．顾建新，赵友华，何曙荣，译．上海：华东师范大学出版社，2014：54.
③ 金生鈜．教育的终极价值与教师的良知．教师教育研究，2012，（4）：1-6.
④ 保罗·弗莱雷．被压迫者教育学．顾建新，赵友华，何曙荣，译．上海：华东师范大学出版社，2014：57.

二、课堂研究方式整合的保障：建构合作研究的文化与评价机制

若实现课堂研究方式的整合，既需要两类研究主体通力合作，还要有一定的外部支持和保障，主要包括建构一种自然的通力合作文化；建立有效的动力机制。

在课堂研究中，专业研究者与实践工作者的合作长期以来处于一种缺失或表面化状态，双方难以以积极接纳的心态面对彼此。从现有的合作研究来看，多数是在教育行政组织或者学校组织的强制意志下进行的，表现为一种自上而下的合作状态。尤其是基础教育新课程改革以来，双方合作的相关研究更多、呼吁更强；但是，仍然难以改变已有的合作状态，这种被施加了他人意志的"人为的合作文化"[①]是由教育行政部门或者官方制定和强制实施的，目的在于增进不同研究者之间的学习交流的机会。这种合作的形式最常见的如专业研究者参与的集体备课与听评课、专家引领的团队教学等。虽然这种合作形式在短期内可能会有一定的效果，但并非长久之计，因为它不是在一种相互信任、开放和平等的文化氛围中进行的，其实施过程中的义务性和强制性会给合作的双方带来一定的工作压力和心理负担，甚至会带来负效应，使合作失去应有的价值和意义。因此，课堂研究倡导专业研究者与实践工作者走到一起来，形成一种自愿的、自然的通力合作，即指"双方在共同的研究目标指引下，聚焦研究问题，利用各自的优势，发挥各自的特长，综合运用一定的研究方法协同开展课堂研究的一种研究形式"[②]。在这种合作文化氛围中，不同研究者是一种互相尊重和平等的关系，在一种轻松愉悦的心理氛围中共同探讨问题解决的办法，从而达到改善课堂实践与创新课堂教学理论的目的。

课堂研究的有效动力机制主要是建立合理的教研评价机制。当前，专业研究者和实践工作者的教研评价机制是两套完全不同的评价体系，专业研究者主要是评价其科研成果，而实践工作者主要是评价其教学成果。但是，他们评价的标准大多数都是进行量化考核——科研成果量和学生学习成绩的量化。这种极端化的量化考核手段极大地影响着课堂研究者深入、持续地进行课堂研究的信念、心态和心向。专业研究者面对量化绩效当然希望获得更高的职称和声誉，尤其是初入学术之道的青年学者更需要有利于职业发展规划的显性化科研成果，这就促使

① 邓涛，鲍传友.教师文化的重新理解与建构——哈格里夫斯的教师文化观述评.外国教育研究，2005，（8）：6-10.

② 安福海.课堂研究的形式：从各取所需到通力合作.教育研究，2013，（11）：103-106.

他们采用"压缩成本"的"书斋式"思辨研究，而无意于持续地进行行动研究，不愿意花费更多的时间、投入更多的精力深入中小学课堂教学实践中，也无意于经由课堂实践而提炼出问题。因为当前的考核评价标准未给他们留有在实践中扎根、发现的余地，于是，所谓的科研成果在刚性的评价机制中被"催生""催熟"。同样，实践工作者也面对着教学绩效的考核和评价，他们考核的标准仍然是量化的、显性的：教学质量评价经由学生的学习成绩来体现，年终考核、职称晋升等由科研成果来衡量，而他们平时对教学实践所做的大量难以显性化、量化的东西（如一些研讨活动的策划与筹备）却不会包括在考核之内，也因此造成实践工作者对教学质量提升、学生学习成绩的极大重视，对发表科研论文的功利性追求，被迫进行着难以称得上研究的故事述说、经验总结。因此，建立起科学、合理而又富有人文关怀的教研评价体系是课堂研究方式整合的重要政策保障，以促使课堂研究主体潜心于并力求践行课堂研究。

第六章

课堂研究的过程

不积跬步，无以至千里；不积小流，无以成江海。

——荀子《劝学》

第一节　课堂研究的应然阶段：循环式上升的过程

所谓研究过程就是一种研究围绕某个（些）有价值的问题，在全面系统了解和把握现有研究的基础上，运用科学、适切的研究方法收集和分析资料，以有针对性地回答或解决问题来进行的活动。也就是说，有价值的问题的确定是研究过程的起始点，解决实践中的问题是其落脚点。由此可见，课堂研究的过程也应该始于发现和确定问题；然后在前人研究成果基础上设计方案；进入课堂实践获取所需要的资料信息进行分析、总结与反思，从而为再次进入课堂实践提供经验支持或理论依据。

一、提出并确定课堂实践中的问题

课堂研究中问题的确定是在对课堂实践进行诊断的基础上进行的，也就是说在其问题提出环节，研究者需要对课堂实践的现状与需要改进之处、教师的教学方式与研究状况、学校教育理念与教研制度等要有全面的了解与把握，只有如此才可能从丰富的课堂实践现象中真正发现问题、提炼出有价值的问题。例如，有专业研究者[①]在多次进入 C 省某初中校发现：该校图书馆所在位置与教学楼所处距离较远，再加之时间限制（周末与节假日不开放）学生只能够利用课间的时间借阅；而课间十分钟根本来不及查找，因此，他判断该校图书馆的利用率和借阅率都不会很高。随后与师生、校领导访谈交流，进一步证实了他最初的判断，并通过问卷调查进一步了解师生的借阅习惯、兴趣、需求等方面的问题。正是在深入课堂实践的基础上，发现并提出了对师生发展具有重要价值的问题：从

[①]　这部分内容源自对某高校讲师（C-F3）的访谈。

教育学视角来探寻学校空间的教育意义，并最终形成研究课题《基于学校空间的教育意义释放的学校诊断研究》。

二、设计课堂研究的具体方案

课堂研究的方案设计一般包括研究目的、研究内容与方法、研究进程、涉及人员等。

（1）预计达到的目标。

预计达到的目标即主要说明该研究计划的价值取向是什么。例如，有实践工作者在几年的农村中小学英语教学实践中发现，许多农村中小学生缺少英语学习兴趣，于是从"农村中小学生英语学习兴趣的培养"这一主题出发展开设计。其预期达到的目标是：通过对农村中小学英语学习基础、习惯、方法等方面的调查分析，了解他们在英语学习中存在的问题，在分析内外部影响因素的基础上，最终提出培养其英语学习兴趣的具体策略。为了达成最终目标，先将"学习兴趣"这个比较模糊的概念分解，分化为便于操作的、可以检测的目标项，以便经由这些可量化的、显性化的分析来衡量学习兴趣方面的问题，如从英语课中注意力持续的时间、学生主动质疑的次数、主要的学习方法、课后自学的时间等，进而以此来衡量他们英语学习兴趣的水平及其提升目标的达成。

（2）预期研究内容。

例如，上述实践工作者要提高农村中小学生的英语学习兴趣，在分析农村中小学生英语学习兴趣淡薄、主动性不强等问题成因的基础上，考虑到影响因素不只是学生自身的问题，还有包括社会、学校、家庭、教师等外部因素的影响，因此就可能考虑社会文化、家庭期望与教育方法、校园环境、英语教师的教学观念与方法等方面的改善，进而提出相应的改善方法。

（3）研究的程序、时间安排与方法选择。

为了使计划富有实效性，应该考虑研究计划程序的灵活性、暂时性和可调整性。研究方法的选择，应视"问题"和材料而定并力求多样化。因为方法没有优劣之分，却有合适与否之别，适宜的研究方法是研究成功的前提。如在课堂研究中，一些专业研究者综合利用课堂观察、访谈、问卷调查、课堂写真等方法，以便从言行、思维、观念认识等方面全面了解。

（4）研究中涉及的人员。

由于课堂研究主体具有双重性，在课堂实践中又涉及多方利益相关者。因此，要协调好各方面的关系如双方如何充分交流以获得可靠信息，如何尽量减少课堂观察对教学秩序的不良影响，如何将课堂实践问题清楚表达并有效呈现等。下面就以某小学拟定的研究设计为例，对实践工作者进行课堂研究的实践方案简单呈现，以使我们对此有一个大概了解。

"促进学生数学学习的评价实验与研究"研究方案[①]

一、研究的意义

1. 评价改革是新一轮课程改革的重点和难点，探索新的促进学生数学学习的评价方式与技术，建构新的促进学生数学学习的评价体系，是深化新一轮数学课程改革、全面推进素质教育的需要。

2. 研究并实践促进学生数学学习的评价，是《全日制义务教育国家数学课程标准（实验稿）》（以下简称《课标》）在"学生数学学习有效评价"方面给教学实践提出的新问题，是贯彻实施《课标》的需要。

3. 研究并实践促进学生数学学习的评价，是深化数学课堂教学改革，推进我校数学课程改革，实现我校"一达标（达到《课标》确定的课程目标）、二突出（突出创新意识和潜能开发、突出实践能力和个性发展）"的数学教育的需要。

二、研究的目标与任务

以"以人为本、和谐发展"为指导，以《课标》为依据，探索并建立既具有我校特色又具有一定广泛意义，旨在促进学生数学学习的评价目标多维、评价内容多元、评价方法多样的评价体系，实现我校"一达标（达到《课标》确定的课程目标）、二突出（突出创新意识和潜能开发、突出实践能力和个性发展）"的数学教育。

三、课题研究的内容与方法

（一）课题研究的主要内容

一方面根据总课题的研究内容和省、市教研室的要求，积极承担研究任务。另一方面根据我校实际情况，重点研究以下三个方面的内容。

激励学生数学学习的教育方法研究（侧重于日常教学过程中的评价）。如：运用有声语言激励学生的数学学习，运用无声语言激励学生

---

① 这部分内容源于 A 省某高校附属小学提供的资料。

的数学学习，运用作业设计和作业评价激励学生的数学学习等。

新课程背景下的小学数学命题研究（侧重于单元检测和总复习检测命题）。

继续深入进行"开展数学学习记录袋评价研究"的实验（突出创新意识和潜能开发、突出实践能力和个性发展）。

（二）课题研究的主要方法：文献研究法；行动研究法；经验总结法

四、课题研究的计划进度

根据省总课题组的部署，结合我校实际情况，初步拟定研究计划进度如下（在市教科院小学教学研究室的具体指导和统一安排下，根据我校实际情况，会有一定的调整）：

1. 准备阶段（2005年3月～2005年8月）：设计课题研究方案。分类收集、整理、学习相关资料，更新评价理念。整体规划研究内容和个人研究专题。

2. 初探阶段（2005年9月～2006年1月）：分专题开展探索性理论和实践研究，总结经验教训，进行实验中期总结，调整研究思路。

3. 深化阶段（2006年2月～2006年8月）：开展各项专题的整合研究，初步提炼促进学生数学学习的评价体系，并进行推广性研究。

4. 总结评审阶段（2006年9月～2006年12月）：整理、分析研究资料，进行实验总结，撰写实验报告，进行评审结题。

五、课题研究的组织形式

1. ××、××：整体协调课题研究、筹措教科研经费。

2. ××、××：担任课题研究学科顾问。

3. ××、××：整体规划课题研究、组织研究方案实施。

4. ××、××、××、××、××、××：承担专题研究实验任务。

三、进入课堂实践收集与分析资料

该阶段是课堂研究实施的过程，观察和分析各种相关的教育事实资料，是课堂研究把握实践问题的理论实质的重要阶段。研究的"抓手"就是"资料"，没有翔实和全面的资料而进行的研究是空口无凭的对待未知。爱因斯坦认为，"从来没有一个真正有用的和深刻的理论果真是靠单纯思辨去发现的"①。所以，收集可靠的事实和证据是进行课堂研究的关键环节。进入课堂"场域"获取的资料形态应该是多样的，如相关的"文字、图片、音像、物品等，可以是以人工制作的东西，也可以是经过人工加工过的自然物"②。这些实物具体表现为历史文献——班级活动史料、学生成长记录袋；现时资料——课表、作息表、成绩单；文字材料——教案、书面教材、教研活动记录、教学反思、论著；影视资料——上课的课件、照片、录音、录像；实物布置——班级布局、教具、装饰；等等。

在获取了丰富繁杂的资料之后还要进行深入细致的系统整理分析。在课堂研究中主要运用量化统计分析和质性分析进行资料的整理和加工。量化统计分析即对收集的数据资料进行整理、计算、分析、解释和统计检验；质性分析包括诠释性分析、结构性分析和沉思性分析。进行诠释性分析主要是为了探寻能够描述和解释课堂现象的构成、主题和模式；结构性分析是为了识别课堂实践中的对话、文本、事件或现象的模式，如课堂教学中师生互动模式、课堂教学内容的组织形态等；沉思性分析是研究者依赖于直觉或判断来面对研究对象的分析，除了直觉或判断还有反思、缄默式理解、敏感性等。

获取和分析资料是研究者必须审慎对待的一环，正如苏霍姆林斯基所言："向教师指出在日常工作过程中进行一些创造性的研究的可能性——这是学校领导的任务之一。每一位善于思考事实和分析事实的校长都能胜任这项任务。我建议，要让教师学会从事创造性的研究，首先应当从告诉他们观察、研究和分析事实的方法着手。"③ 由此可见，进行事实资料的获取与分析也是实践工作者研究所需的。对事实分析是为了看清课堂实践问题的本质，对学生本身具有的特性、教师行为、教学结果之间的关系进行规律性认识和分析。例如，有研究者对中小学数学"错题"的分析中，提炼出他们在数学练习中的"追求'好数组合'"④这类错误问题的学习规律，从下面几个错题的例析中可窥见一斑。

$$25 \times (50 + 4) \qquad\qquad 125 \times (8 + 10)$$
$$=25 \times 4 + 50 \qquad\qquad =125 \times 8 + 10$$
$$=100 + 50 \qquad\qquad\quad =1000 + 10$$
$$=150 \qquad\qquad\qquad =1010$$

① 爱因斯坦. 爱因斯坦文集（第三卷）. 许良英，译. 北京：商务印书馆，1979：73.
② 陈向明. 质的研究方法与社会科学研究. 北京：教育科学出版社，2000：257.
③ 苏霍姆林斯基. 给教师的建议. 杜殿坤，译. 北京：教育科学出版社，2014：494.
④ 这一概念和四个错例均源自首都师范大学郜舒竹教授一次题为《错误研究与变教为学》的讲座。

$$3 \times \frac{1}{8} \div 4 + \frac{7}{8} \times \frac{3}{4}$$
$$= 3 \times \frac{1}{8} \times \frac{1}{4} + \frac{7}{8} \times \frac{3}{4}$$
$$= 3 \times (\frac{1}{8} + \frac{7}{8}) \times (\frac{1}{4} + \frac{3}{4})$$
$$= 3 \times 1 \times 1$$

$$38 \times 55 + 18 \times 45$$
$$= 38 \times (55 + 45)$$
$$= 38 \times 100$$
$$= 3800$$

由上述列举的四个错题可知，该研究者通过分析此类相关试题，发现有些学生在计算中，偏好将 25×4、125×8、$55 + 45$、$\frac{1}{8} + \frac{7}{8}$ 等数字组合在一起，得到整百、整千等更易于计算的数字，并由此进行更多相关的资料搜集与研究，总结出学生在计算中容易出现因追求"好数组合"而导致错误的规律。正是他进入实践获得了这些事实资料并深度剖析与研究后才发现总结出这样的规律的，因此，搜集实践资料是课堂研究的重要环节，而随后的分析和探寻更是重中之重，是发现问题、总结规律、解决问题的关键之所在。

此外，在进行资料获取和分析阶段，研究者持有什么样的心态也是一个关键问题。它需要专业研究者摒弃那种"功利性"心态，实践工作者抛弃那种"防卫性"心态，在一种"双循环模式"中参与课堂实践资料获取的过程，在共同合作中成为资料获取的促进者、合作者和机会创造者；而不是在阿基瑞斯和舍恩在实践理论中所言的"自我封闭的、只赢不输的单循环模式学习"[1]。

四、反思与总结

反思与总结是检查课堂研究计划实施进展情况、发现研究过程中存在的问题、总结研究经验、形成理论的重要环节。反思是研究者对课堂研究行动的回顾与思考，课堂研究中的反思环节主要包括以下几个方面。

1. 反思研究问题的界定是否明确

明确界定问题，需要注意到两个方面：①增强问题意识。一般而言，实践工作者对现存的课堂实践有一种自然的适应，"习惯了教学实践中情感的舒适地带，希望既有的秩序、社会地位、思维方式和形式习惯能够继续下去，虽然这种

---

[1]　Argyris C，Schön D A. Theory in Practice : Increasing Professional Effectiveness. San Francisco : Jossey-Bass Publishers，1974.

习惯化了的情境并不一定带来积极的改变"①；再加之人们既有一种本能的"自我防卫"心理，又有"善待他人"的心理，这样的环境容易弱化实践工作者的问题意识。②加强对"准问题"和他人存在的问题的研究。研究者未必只能在提出问题后才开展研究，因为一个问题从模糊到逐渐明了，是经过思考和探究的；而且研究者也未必仅在自己遇到问题时才会研究，当其意识到别人存在的问题时，也可能进行一定的思考、注意防范或避免。因此，强调上述两个方面对于提出和明晰课堂研究的问题大有裨益。

2. 反思研究计划的周详性和执行度

课堂研究中计划的周详性需要考虑课堂研究中各个方面的因素，并有计划地执行。这既是课堂研究过程中加强科学性与可控性、减少随意性的需求，也是为实施计划后进行总结提供便利的需要。对计划中的执行度的反思主要是经过一段时间的实施、收集资料后，对计划实施过程加以规整、判断和评价。考察计划执行中的得与失，找出与计划不一致的地方及需要调整、改善之处，从而确定下一步行动计划需要做出哪些修正等。

3. 反思资料收集与记录的全面性和完整性，以及分析的针对性和合理性等

不同的信息资料收集方式会有不同的效果，因此结合使用不同的方法是提高资料收集和利用率的有效手段。在反思资料收集记录的结果的同时，还要善于从使用的方法上追根溯源。例如，在收集和记录资料时要尽量做到准确无误，研究者可以置身于现实教学活动场景中观察记录，利用录像记录整体过程，还可以通过访谈来进一步了解现象背后的思想意识和内在关联，以验证经由研究者观察和录像资料所进行的分析和总结，并可以通过其他的文本资料进一步佐证分析结果。

4. 反思在课堂研究过程中的得与失、成就与不足

对现有成就和缺憾的反思既是自我激励的手段，也是进一步深入研究的基础，只有明晰这些才能更有针对性地投入下一阶段的研究工作。

反思后的总结是一种提炼和提升过程。这是一个理论思维的过程，它不同于纯粹的理论思辨，而是建立在课堂实践考察基础之上的。其实，理论思维或其隐性作用几乎贯穿于课堂研究的全过程。如在进入课堂实践之前，不但要明确研

---

① 赵明仁，蔡瑞萍. 教育行动研究的过程分析. 当代教育与文化，2013，（3）：108-113.

究的主题，还需要明晰已经掌握的理论，因为"任何教育实践的背后都有理论，任何真正的智力性实践（而不是随机性行动）都有理论的内核，任何实践都包含着一种认为是值得实现的某种目的的信奉，以及含有某种方法对于达到这一目的是必要的认识，也即包含着使实践成为实践的某种理论"①。

五、再次回归课堂实践

从课堂实践获得的经验性认识提升为理论，又回归课堂实践成为理性的实践，不同研究者对于课堂实践的把握就会趋于全面而深刻、娴熟而自由，研究者的实践理性就向着更高境界提升。正如马克思所言："把现实的存在转化成想象中的存在，同时，把我们的愿望从存在于观念中的东西，从它们被想象、被愿望的存在，转化为它们感性的、现实的存在。"②两种不同的转化阶段相比而言，理论向实践的回归和转化具有更重要的意义，因为"把理论转化成实际工作的思想、智慧和精神，它不只是行为的指南，而是提供精神的引导，是一种实践的精神"③。课堂理论认识再次回到实践的深化和发展是理论本身特点所决定的，也是由课堂实践活动的具体性的客观要求所需的。通常意义上的理论深化和发展主要包括两个方面的含义："理论内容的'真'——越来越真实、正确、全面地反映客观对象；以及理论内容与形式的'善'——越来越直接地服务于主体的实践活动。"④由此可见，课堂研究中获得新的理论认识是反映与服务于课堂实践活动的有机统一，它的第二次飞跃过程就是实现具体化的过程，即在内容和形式上向着课堂实践的真实性与具体性的丰富和发展。

因此，课堂研究的应然过程就是以"课堂实践"为起点，在实践中形成感性认识，并将其上升到理性认识的高度；再回到实践中将理性认识具体化为可以指导课堂实践的实践认识，从而发挥其指导和改进课堂实践的作用。由此可见，课堂研究不是经历一次深入实践就能够完成的，而需要多次回到实践的历程，构成不断的循环过程，而且每一次回归实践都应该有新的收获，如此一来，研究者就踏上了一条课堂研究的"归去来兮"之路（图6-1）。

①　石鸥.在"理论脱离实践"的背后——关于教育理论与实践的关系的反思.高等师范教育研究，1995，（3）：14-20.

②　马克思.1844年经济学哲学手稿.北京：人民出版社，1979：107.

③　刘铁芳.略论教育理论与实践相结合.教育理论与实践，1999，（10）：6-9.

④　欧阳康.简论理论回到实践的辩证途径.陕西师范大学学报（哲学社会科学版），1985，（2）：85-92.

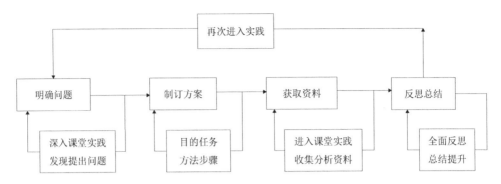

图 6-1　课堂研究过程示意图

　　总之，课堂研究过程中要做到：发现和研究课堂实践中的问题；将实践经验引向理性方向；通过实践求得理论自身的发展和完善，并最终用于改善实践。从终极意义来看，实践是理论的源泉，理论发展具有实践依赖性；课堂研究的最终目的还在于实践，但是它也要促进教学理论的创新。因为理论源于实践的终极性，并不能排除理论来源的多元性，从某种意义上而言，理论还可能来自于理论、感悟、思想体系等，只是我们不赞成一味地主观臆想和无视实践的"闭门造车"，所以，实践工作者还需要学习理论、将实践经验提升为理论。因为理论在解决课堂问题中起到不可替代的作用。"理论的学习可以帮助教师冲破习惯和经验的束缚，让教师掌握先进的教学思想，促进教师树立新的教育教学观念，并及时了解先进的教学经验和教学改革信息，从而为求证教师的问题提供正确的理论基础；理论的学习可以为熟悉的事件提供不熟悉的阐释和另一种工作方式，从而给问题求证提供不同视角；理论的学习可以帮助教师升华自己的教育教学经验。"[①]

第二节　课堂研究的实然进程："三种模式"历程

　　从理论而言，课堂研究应该经历问题提出、制订计划、获取与分析资料、反思总结与再次回归课堂实践的循环式、螺旋上升过程；但是，具体实践中并非完全遵循这种模式。这与已有的研究传统、不同研究者的专长及其所持的目的、价值观等有紧密的关系。专业研究者主要经历一种"文本模式"的研究过程，而

---

①　李润洲，张良才．论"教师即研究者"．教育研究，2004，（12）：60-64.

实践工作者则历经了"日常模式""行动模式"的研究过程。

一、专业研究者的课堂研究过程："文本模式"

　　从应然角度看，专业研究者需要经历上述完整的研究历程，然而这只是一种比较"理想化"的状态。实际上，一些专业研究者在某些实践环节中有所缺失或者深入不够，如在发现和提出问题环节中深入课堂实践不够，在获取资料过程中也是定期性的或者偶尔进入课堂实践，再次回归课堂实践环节中往往处于一种行动的虚无状态等，他们经历的这种研究过程具体如图6-2所示。其研究过程中存在的具体问题表现为：问题的确定更多源于文本；在课堂实践中获取研究的资料不足；再次回归课堂实践的"行动虚无"。

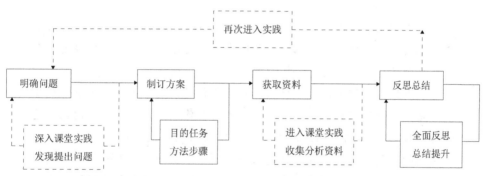

图 6-2　专业研究者进行课堂研究的实然过程

注：图中的虚框表示该环节一定程度的缺失或其要素某种程度上的不足

（一）发现和提出问题更多源于文本

　　从研究问题的来源看，主要包括已有理论的推衍、研究者自身经验分析、现有文本（如学术资料和各级课题指南）、教育教学实践、人际交往互动启发与指导、教育现实需要等方面。对于课堂研究而言，因其研究对象是"课堂实践中的问题"，所以，问题要更多地来自课堂实践，这是其题中应有之意。这需要研究者真实进入课堂实践，并带着较强的问题意识在稍纵即逝的课堂情境中敏锐地感知和捕捉问题，在貌似没有问题之处发现隐藏的问题。

　　然而，专业研究者所提出的问题更多源于文本或理论的推衍。虽然源于课堂实践的问题是一种比较理想的问题来源，但从已有的研究成果中获得选题是比较快捷的一种方法，因此，诸多专业研究者通过他人的文本资料收集、筛选、整理和分析，从中生发或演绎出新的问题。现实中一些课堂研究就是"从文本到文本"的，没有结合课堂实践进行有针对性的思考，没有把文本中的理论转化为对课堂实践中相关问题的解读与说明，没有将课堂实践经验与文本材料的分析密切关联，所以，也难以通过文本解读使课堂实践中的问题变得清晰和明朗。同样，理论的推衍亦是如此：一些研究问题的推衍是浮于理论、概念和现象表层的，而不是在原有理论、概念和现象的基础上进一步修改、完善与丰富原有理论或者提炼出新的概念与理论。也就是说，由于对课堂实践缺少深入的观察、反思和分析，难以把握其问题与实质，致使其研究处于重复原有研究成果的状态，而不能建立在一个更高的起点上。因此，当专业研究者将眼光局限于文本或理论本身而没有结合课堂实践问题并赋予其新的认识时，就难以科学地借用相关理论或研究成果，难以对借用的理论赋予新意。正如笔者在与一位专业研究者①进行访谈时，他对课堂研究选题的观点和态度如下。

> 通常而言，我们的选题大多来自"课题指南"，它给了一个大概的选题范围，我们就可以根据这个范围来确定自己的选题。要想确定一个比较好的选题、有新意，申报容易通过，还需要查找、阅读相关的文献资料，看他人在这方面做了什么，是否能找到新的切入点，如果选题重复一是难以通过审核，二是难以找的新的写作视角。当然，我们也希望通过课堂实践来发现问题，但是从丰富繁杂的课堂实践现象中能够提炼出问题实属不易，而且即便能够提炼出一个主题，也不一定能够做下去，因此，选题的捷径还是来自于对文本的关注、对课题范围切入点的具体化……

（二）获取资料环节进入实践不够

课堂研究中进行资料收集是通过对教育现象的观察、量度与探究来获取各种教育信息的过程。虽然收集资料的方法多种多样，某一种方法不可能适用于所有研究，在任何具体的教育研究中，都可以采用多种不同的收集资料的方法，以使其相互补充、验证，从而减少或者避免单一方法的局限性；但是，无论采取哪些方法，进入课堂实践是必经之道。

然而，一些专业研究者进行课堂研究的实然过程往往缺少了进入实践获取资料的环节，而直接从文本分析和反思得出结论，一直处于"在这里"（书斋里）的状态，即使偶尔"去那里"（实践中）也是抱着一种"指导者"姿态或"攫取者"

---

① 这部分内容源于笔者对副教授（C-F₄）的访谈内容整理。

心态出现的，成为研究过程中的一种"点缀"。这种不经过研究资料的形成过程即可拥有研究资料的研究，其实就是一种书斋式研究。它的研究材料多数是源于学术著作、政策法规、新闻媒体等，研究者也通常在书斋中获取这些材料，但是从这些研究资料中获得的理论或信息、解读出的逻辑关系、通过数据重构而生发的解说等，毕竟不是真实发生着的课堂实践，这种研究结论往往会面临来自课堂实践的有效性质疑，也难以对实践起到应有的指导作用。

由此可知，这种获取资料的研究过程不符合认识的规律，它的感性认识不是源于实践，而是源于思辨推衍。这种"文本式"研究，不是以课堂实践中的问题而是以已有的、异域的文本为对象；不是对课堂"场域"中实事的回归而是对二手文献资料的再研究。"在纯粹思辨理论与纯粹实践理性结合为一种知识时，后者领有优先地位……我们根本不能指望纯粹实践理性从属于思辨理性，因而把这个秩序颠倒过来，因为一切兴趣最后都是实践的，而且甚至思辨理性的兴趣也只是有条件的，唯有在实践的运用中才是完整的。"[1] 也就是说，只有在实践的统摄下，思辨理性认识才有价值和意义，而这种脱离实践统摄的纯粹思辨难以获得实践的滋养，也难以具有思想的穿透力和理论的阐释力。

（三）再次回归课堂实践的"行动虚无"

课堂研究再次回归课堂实践的目的在于，再次研究实践、探寻新的实践状况，使所得理论（或结论）指引实践，将课堂实践引向更符合未来发展趋势的理性方向，并通过课堂实践求得自身的发展和完善。但是，由于前两个阶段中，进入课堂实践的缺失或不足，再次进入课堂实践环节也往往处于"虚无"的状态。虽然许多专业研究者都认识到课堂研究中深入课堂实践的必要性与重要性，但是其行动仍然处于"停滞"或者"缓慢"状态，很难真正"走进去"或"潜沉下去"。当课堂研究脱离了生成理论的源头活水，离开了课堂实践去建构教学理论是行不通的，也是无法想象的，更不会生成本土的教学理论；难以进一步检验理论或结论的合理性与合法性，难以使其走向科学化。正是介入课堂实践这一行动的虚无化，使专业研究者依旧以坐守书斋、坐而论道的形式继续着课堂研究，以"旁观式""看客式"的心态坚守着"理论的狂大"，使"理论的独白"合着"文字游戏"，在臆想中构筑着一种完全不同于课堂实践的"文本世界"，使课堂研究理论的提升、优化与创新，专业研究者的使命感、责任感和幸福感都在想象中消融。

---

[1]　康德.实践理性批判.邓晓芒，译.北京：商务印书馆，2003：166-167.

　　综上所述，正是专业研究者在课堂研究中缺少不同的实践环节，才使其课堂研究失去了活力和色彩。然而，"'有意义的'教育思想的产生绝非信手拈来之举，而是必须建立在对实践需求的深刻洞察、历史脉络的准确把握及理论论证的充分展开的基础之上，而且是思想提出者本人也准备身体力行的。随意提出一些不面向实践、完全不考虑实践可能性的所谓'教育思想'，这不是哗众取宠，便是自作多情，都是对实践的一种不负责任的行为"①。

二、实践工作者的课堂研究过程："日常模式"与"行动模式"

（一）"日常模式"

　　"日常模式"的课堂研究过程是一种"教学型"的研究过程，"它一般以'课例'为载体，围绕如何上好一节课而展开，研究过程渗透或融入教学过程，贯穿在备课、设计、上课、评课等教学环节之中，活动方式以同伴成员之间的沟通、交流、讨论为主，研究成果的主要呈现样式是文本的教案和案例式的课堂教学"②。也就是说课堂研究过程要对日常教学经验、工作方式与思维习惯进行质疑、批判分析与改进。实践工作者在面对日常的备课、上课、作业布置与批改、个别辅导、考试评价时，能够换一个角度观察，以另一种方式对待，从而找到一个新的入口，"重新体验、思考、评估其合理性与有效性，反复叩问其对学生成长究竟意味着什么，能否采取不同于过去的方式进行新的尝试，进而促进日常教学惯习的改变、教育方式的更新"③。这种模式具体表现为：个体反思式的课堂研究、同伴互助式的课堂研究以及专家引领式的课堂研究。

　　"个体反思式"的课堂研究过程与实践工作者的教学过程是相对应的，即从备课、上课到课后反思，成为实践工作者在长期的日常教学实践中形成的一条比较稳定的实践路径（图6-3）。首先，根据课堂教学实践确定中心主题，即把反映集中的、有代表性的问题作为研究主题，据此再选择合适的典型课。如确定了"课堂互动"这一主题，在具体教学中就要关注互动的形式、引发互动的问题、师生互动的效果、生生互动的频次等。其次，在备课环节中，要根据这一主题，考虑备课过程中哪些方面应该预设互动相关的问题，基于此进行课堂教学的整体

　　① 吴康宁．有意义的教育思想从何处来．教育研究，2004，（5）：19-22.
　　② 余文森．校本教学研究的实践形式．教育研究，2005，（12）：25-31.
　　③ 柳夕浪．教师研究的意蕴．北京：教育科学出版社，2007：60.

设计。再次，在上课过程中，实践工作者尤其要注意自己在授课过程中的互动开展情况。最后，在课后反思中，围绕"课堂互动"这一主题反思、调整和完善授课过程等。

图 6-3　"个体反思式"课堂研究过程

"同伴互助式"的课堂研究过程也是蕴含于教学过程中的，与"个体反思式"相比，除了教师个体教学过程和课后反思外，还有同事的参与进行的磨课、听评课环节（图 6-4）。这种研究"是一种横向的同事互助指导活动，即不含有自上而下的考核成分，也不含有自上而下的权威指导成分，而是教师同事之间的互助指导式的听课，其目的主要是在观课后对观课双方在某些事先预设的都关心的课题方面的研讨、分析和相互切磋，来改进教学行为，提高教学水平"①。在"同伴互助式"的课堂研究过程中，"磨课"或"研课"是一个集思广益的过程，其目的是为了更好地备课和授课。听课环节是实践工作者与同事在课堂中进行观察和记录获取第一手资料的过程，如有需要还可以通过课后访谈得以补充或深化。评课则是实践工作者同伴之间开展的专业切磋、协调合作，经验的共享学习和信息的相互交换，以及对出现问题的集中分析、研讨和解决的过程。基于此，实践工作者将经验教训再次吸纳转化，从而为下一次课堂教学所利用，或者为二次备课奠定基础。

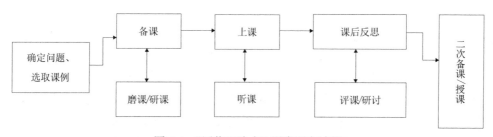

图 6-4　"同伴互助式"课堂研究过程

"专家引领式"的课堂研究路径也是在实践工作者的日常教学活动过程中进行的，其具体过程也是随着实践工作者备课、上课、反思以及专家的研课、听评课中展开。与"同伴互助式"课堂相比，它的备研、听评课、研讨等环节主要是

---

① 邵光华，董涛. 教师教育校本培训与同事互助观课浅论. 课程・教材・教法，2004，（1）：72-75.

专家参与（图 6-5）。专家与实践工作者共同参与的课堂研究，使其能够共同面对课堂实践中的问题，进而促进教师成为研究者，促使教师作为研究主体的回归；同时，专业研究者也能将理论运用于课堂实践问题，并在此过程中再次发现、体验、解决问题。在这种研究过程中，专业研究者的研课活动与实践工作者的备课活动是相对应的，也就是说实践工作者在备课的同时，专业研究者也应该是"有备而来"的；此外，这里的研课也具有同伴互助中的"磨课"功能，即他们也会与实践工作者一起备课研讨，提出相关的备课建议、计划等。在听课、评课环节中，专业研究者不但要发挥"理论代言人"优长、解读实践中的问题，更要以"局内人"的角色感知、体验、追问和澄清问题，以便实践工作者在二次备课或者再次教学中有效地转化、吸收和利用。

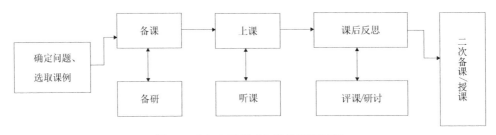

图 6-5　"专家引领式"课堂研究过程

然而，在"日常模式"研究过程中，实践工作者往往很难以新的方式和视角来研究日常教学实践，难以摆脱日常惯习的束缚，不容易克服因习惯而致的惰性，从而导致研究过程淹没于教学过程之中，或者脱离日常教学工作。这就使"教学型"的日常研究模式成为日常教学，而失却或遮蔽了研究。

（二）"行动模式"

"实践者以实践为谋生手段，其研究不是为了知识的生产与创新，而是为了改进实践，大多属于无严谨套路的、对于实践进行的自我反思，这种反思往往具有朴素性和整体性，小部分研究属于有事先设计的、相对严谨的'行动研究'"[①]，这种行动研究也就是一种实践的行动研究。"行动模式"的课堂研究与"日常模式"的课堂研究相比，它属于"研究型"课堂研究，它"一般以'课题'为载体，围绕一个科学问题而展开，遵循科学研究的一般程序和基本规范，研究课题及其所形成的研究报告是研究活动的主线，发现、创新是研究的重要途径和产生研究成

---

① 秦梦群，黄贞裕.教育管理研究范式与方法论.北京：教育科学出版社，2014：17.

果的依据，活动方式以课题研究小组为主，研究成果的主要呈现样式为课题研究报告。"① 由此可见，从理论上而言，实践工作者"行动模式"研究过程也应该如图 6-1 所示，但他们的课堂研究实际上并不是与教学工作截然分开进行的，而是有意识或无意地交织在一起的，且在某些环节中也有所欠缺或忽略，其实然过程如图 6-6 所示，其课堂研究过程中存在的问题主要是：反思总结阶段的欠缺和不足；再次进入课堂实践时的"理论虚无"。

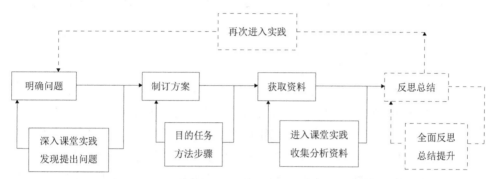

图 6-6　实践工作者在"行动模式"中进行课堂研究的实然过程

注：图中的虚框表示该环节一定程度的缺失或其要素某种程度上的不足

1. 系统化、批判性反思与体系化总结不足

"当我们进行课堂研究时，也可以说是正在进行教育的理论化，因为我们在对实践进行系统化、批判性的反思。正如理查德·普林所写的那样：这种系统化、批判性的反思涉及理性推理、寻求证据、参考理论。但是说这种反思综合起来就是理论也是毫无道理的。（课堂研究是关于）帮助实践者建立理论，也就是对他／她的实践进行系统化、批判性和明智的思考。"② 也就是说系统化、批判性地反思和总结实践经验，使碎片化的、看似不相干的经验资料变得条理化是实践工作者进行课堂研究的题中应有之义，课堂研究过程中的反思总结环节是概括和提升研究成果的关键步骤。

但是，实践工作者进行课堂研究中，由于缺少对相关课堂实践经验的提炼和抽象，致使课堂实践中获取的大量实践资料仍然处于碎片化、不系统的状态中，使课堂研究成为与课堂教学实践关系不大甚至毫无相关的活动，也几乎看不到课堂研究实践与教学实践是相互影响的。因此有研究者呼吁，"如果行动研究

---

① 余文森 . 校本教学研究的实践形式 . 教育研究，2005，（12）：25-31.

② 戴维·霍普金斯 . 教师课堂研究指南 . 杨晓琼，译 . 上海：华东师范大学出版社，2009：61，33.

要被合法承认为研究的话，行动研究的参与者，在我看来，必须拿出他们活动的书面研究报告。而且那些研究报告还要接受某种形式的公众批判。我甚至敢说，如果达不到这一条件，那么，从个人和专业的角度来看，无论他们参与的活动多么有价值，都不是行动研究"[①]。由此可见，成型的、系统化的经验总结和研究成果对于课堂研究的重要性。如果不进行系统而严谨的反思与总结，既难以形成有自己独到见解的文本，更难以体现为日常教学行为与研究态度的改变，因此，无论从观念行为还是从文本成果来衡量，这样的研究活动对于课堂实践都是没有价值的。

2. 再次进入实践的"理论虚空"

实践工作者在上一轮反思总结的基础上，再次进入课堂实践是为了依据理论成果来纠正在课堂实践中的失误或者盲动，使课堂实践依据理论（或结论）的指导得到改革和完善，并在实践中修正理论上的不足或失误，促进理论的更新和完善。课堂研究中有效的反思是研究者对课堂实践及其环境不断建构的结果，并在后续的课堂研究实践中不断回应和发展先前的建构。善于反思的实践工作者经过上一轮课堂研究活动的实施，能够在再次进入课堂实践时更好地运用自己从实践中总结出来的基本原理，在课堂实践困境中找到行动决策的依据。经验提升到理论的价值就在于"提出了超越时代局限的一些重要问题，犹如一扇扇窗口，透过这些窗口，可以使我们观看教育景象。站在不同的窗口面前，能够看到教育整体的不同侧面，由此就得出了不同的教育观点"[②]。

但是，由于实践工作者在反思总结环节的薄弱或缺失，很难带着提炼的结论或新的理论再次走向课堂实践，也谈不上对实践的改善和对理论的创新，更难以在课堂实践中运用来自于实践经验的基本原理。这种"基本原理是由一系列被验证的观念所组成，可以作为在不确定的情境下行动的向导，反思思维的功能是把经验中含糊的、可疑的、矛盾的、失调的情境变为清楚的、有条理的、安定的以及和谐的情境"[③]。而由于实践工作者没有将先前所有的"未加工的经验"转换为有意义的知识经验或由一系列被验证的观念所组成的基本原理，因此，那种仍然处于支离破碎状态的经验组合并不能够为其不确定的课堂实践情境提供行动的向导，不能帮助他们判断正在做的事情的合理性，不能帮助他们找到某一课堂事

① 徐继存.教学论导论.兰州：甘肃教育出版社，2001：184.

② Brookfield S. D. Becoming A Critically Reflective Teacher. San Francisco：Jossey-Bass Publisher，1995：22-26.

③ 列宁.哲学笔记.中共中央马克思恩格斯列宁斯大林著作编译局，译.北京：人民教育出版社，1974：231.

件发生或者其背后持续产生作用的原因何在……

因此，实践工作者在课堂研究过程中存在的主要问题是经验的提升不足以及由此导致的再次回归实践中的理论空虚。固然，课堂教学实践需要经验和常识，但是如果课堂研究仅仅停留于经验和常识的层面上，是远远不够的，所谓的多年的经验或许只是一年工作中的多次重复罢了。当然，由经验而来的理论并非对实践是完全有效的，因为它只是为教育实践提供概要的、粗略的，甚至是不确定的、不可靠的引导，而且因为"'客观世界''走着自己的道路'，人的实践面对着这个客观世界，因而在'实现'目的时就会遇到'困难'"①。所以，实践工作者进行课堂研究应该是一种"自下而上"的研究，他们的"求实"是为了"求知"。只有那种既注重深入课堂"场域"的质性研究与一般的理论提升结合起来，才能使"由下而上"的研究"上得去"，而不只是迷失于质性材料丰富多彩之中，不是因"多"而消解了"一"，即不因实践材料的多样化而遮蔽了一般性理论的概括和提炼。

第三节　课堂研究过程的趋向：走向课堂实践

走向丰富的课堂实践是课堂研究过程的必然趋势，这需要专业研究者带着深切的实践关怀，走到中小学日常课堂实践中去，进行"田野研究"，使研究者的生活与体验与课堂实践联系起来；并在此过程中与实践工作者形成研究共同体，在共同目标的指导下通力合作、积极对话，使课堂研究成为有经验、有体验、有对话、有理论的理论与实践共生的过程。

一、到日常课堂实践中做"田野研究"：专业研究者的实践关怀

（一）在日常课堂实践中做"田野研究"的必要性

日常生活是被视为一种理所当然的存在，"在生活的给定时期，这种'每一

---

① 列宁.哲学笔记.中共中央马克思恩格斯列宁斯大林著作编译局，译.北京：人民教育出版社，1974：231.

天发生'的无条件的持续性，是一组日常生活的特征，这是我们的生活发生的生存基础"①。日常生活的这种存在和发生自然得似乎无道理可言，正是在这种平凡却实在的生活状态中，个体才得以构建为如此这般的个体。具体到日常课堂实践生活的研究，正是研究者参与了日常课堂实践才在其中实现着自我构建和对实践的建构和改善。因此，到日常课堂实践中做研究，目的在于厘清课堂实践的真实状态，从而进一步弄清楚课堂实践中的个体为何以及如何如此这般地建构着他们的教学生活。

之所以强调要在"课堂田野"中进行日常课堂实践的考察和研究，并非为了找到一个定论性的东西，而是为了对人们习以为常的实践生活进行深入的研究，从而发现文本中没有的或者讲得不透彻、不理想，甚至不准确的东西。正如米尔斯所言："设计一个田野研究只是为了找一个可以在图书馆找到的答案，是很笨的，同样的，将书中的内容转换成适当的经验研究——转换成事实的问题——之前便自以为彻底理解了这些书，也是很笨的。"②因此，走进日常课堂实践做"田野研究"既是对现实、个性的课堂实践研究缺乏而迫切需要，因为"从整体来看，我国课堂仍然是标准化课堂，缺乏对学生个性的关照"③，也是推动课堂研究理论发展和创新的需要；进入现实课堂实践中进行课堂研究，既是对课堂实践中问题的全面透视，又是对已有相关概念、命题、理论进行重新阐释和理解的重要途径。

日常课堂实践的"田野研究"能够从空间性、实体性、时间性和相关性等方面给予研究者体验课堂实践的方式，研究的空间、感体、时间和相关性共同构成了课堂实践之错综复杂的实体——即日常课堂实践世界。在课堂研究中，从其不同的侧面进行研究可以使我们更全面感受到课堂实践世界的丰富性和意义性。具体分析如下。

1. 课堂实践的空间性

课堂实践的空间性是一种可感空间。虽然通常的空间往往意味着长、宽、高所构成的三维空间，但是，课堂实践的空间并非仅限于课堂中或者教室这种物质空间，还包括课堂之外的物理空间以及环绕在其中的气氛、环境等。也就是说，"这种对生存的空间（生存的感体、生存的时间）的体验在很大程度上处于先于语言的状态，我们不能按照惯常的方式对此进行反思。然而，我们知道，我

① 阿格妮丝·赫勒. 日常生活. 衣俊卿，译. 重庆：重庆出版社，1990：6.
② 米尔斯. 社会学的想象力. 张君玫，刘钤佑，译. 台湾：巨流图书公司，1996：272.
③ 李太平，王超. 个性课堂及其建构. 高等教育研究，2015，（12）：63-70.

们自己所处的空间将影响我们的感觉方式"[①]。例如，当我们进入某位充满激情的教师的课堂中时，立即会被一种激情所感染，会随着课堂情节而发生不同的情感体验；或者当我们看到在活动课程中，学生表现出的那种认真、探索而知的兴奋时，也会有一种心领神会的满足感。也就是说，在此空间中，我们融入了、变成了自己所处的空间。因此，在课堂研究中，为了更好地了解课堂实践的真实状态，诸如师生关系、课堂教学内容的实施、教学方法的运用等，通过探究这些实际问题存在的空间的本质来了解它们是大有裨益的，因为这种课堂实践空间能赋予具体体验以深刻的意义，我们可以通过探究其空间的不同特点和侧面来加以理解这些问题。可以说，课堂实践空间是用于探究我们日常课堂生活体验方式的一个范畴，而且有助于我们揭示课堂实践生活中更为根本的意义维度。

2. 课堂实践的实体性

"实体性是指这样一个现象学事实，即我们总是以有形的实体存在于这个世界上。当我们走入一个人的世界时，我们首先看到的是他（她）的形体。通过有形的实体，我们展示自身的一些情况，同时也隐藏了一些情况——不一定是有意识或故意地，说得更恰当一些，是不经意地。"[②]而课堂实践的实体性主要是通过课堂实践中的"人"这一实体的关注来更好地理解课堂实践问题。例如，在面对专家、学校教研组与教师组成的听评课团队时，有的授课教师面对他们的审视和评价，可能表现出一种尴尬、不自在或一定程度的拒斥；而有的却对自己的课堂教学表现得胸有成竹，能够清晰、自如地表达自己的观点、想法并与之展开对话。从实践工作者的语言、表情、动作、神态等不同的实体性表现中，也能够在一定程度上了解他们在课堂实践中的情感、态度、价值观，以及对自己课堂教学实践的信心与认可度。正是通过这些实体性的观察、体验和感知，课堂研究者能够发现在书房中难以寻觅到的真实，而这种带有认知性和情感性的实体表征，是比任何生动的文字都更能体现一个人的真实状态，因此，课堂实践中的这种实体性为课堂研究提供了一个更能够翔实地观察和了解生存于其中的"人"的生动视角。

3. 课堂实践的时间性

"生存的时间（时间性）是对应于钟表时间或客观时间的主观时间。生存时

---

① 马克斯·范梅南 . 生活体验研究——人文科学视野中的教育学 . 宋广文，等，译 . 北京：教育科学出版社，2003：137.

② 马克斯·范梅南 . 生活体验研究——人文科学视野中的教育学 . 宋文广，等，译 . 北京：教育科学出版社，2003：138.

间是这样一种时间：当我们心情愉快时，我们觉得时间过得飞快；当我们对乏味的报告感到厌烦，或躺在牙科的椅子上感到恐惧时，又觉得时间过得很慢。"[①] 而对于课堂实践来说，它的过去、现在和将来的时间维度构成了生存于其中的时间（生活）景象，都会以某种方式在课堂实践中留下一定的痕迹，如实践工作者的教学观（教师本位的、学生本位的抑或教学本位的）、学生学习的态度（充满自信和希望或者被动退却）、教师采用的教学方法（来自教学传统经验传承、新的教学方法的学习）等。虽然在课堂实践领域中，过去的时间里发生的课堂实践已经发生了改变，但是，当课堂研究者深入其中时，可能会基于过去的并结合现在的进行重新解释和建构，仍然能够在一定程度上体验和感知过去留下的印记对现在的影响，并具有以一种希望的形式面对现在的时间意识，在为了改善课堂实践并创造个体生命意义的追求中，体验到课堂实践中的时间意识，例如，在进行课堂观察和听评课时与师生一起度过的课堂时间，不同研究者在访谈时为了一个共同的话题而进行对话的重要时刻，为了一个专题而集体研讨的时机等。

4. 课堂实践的相关性

这种相关性是指在课堂研究者在与他人共同的人际空间中与之保持一定的生存关系。也就是说，课堂研究者在其研究过程中，能够形成一种对话关系，并在这种关系中重新认识和建构自我，并超越自身。由于课堂研究的主体是复合型的，主要表现为专业研究者与实践工作者之间的关系；课堂实践中的人际关系也是复杂多样的，其中最主要的是师生关系。在这些错综复杂的不同关系中，课堂研究者是在从自我、他人、集体和社会的实践经验中寻求课堂实践的目的、意义。以一定的物理空间为主要有形载体的课堂实践中，师生和不同的研究者能够感受到"教育"的氛围，这些有形的和无形的东西赋予课堂实践一种时空体验，为身在其中的人提供探索的机会，也在此过程中形成特殊的生存关系。因此，课堂实践中的人际相关性既有高度个人化的一面，也有受到其中的人际关系意义制约的一面。在此关系中，师生会体验到一种基本的支持感和安全感或者孤独感与无助感，研究者也可能因此体会到一种被接纳而产生的愉悦感或者被拒斥而导致的淡漠感等。

总之，课堂实践中的空间性、实体性、时间性以及与人相处的相关性共同构成了课堂实践这一复杂的实践领域，这就是我们称为日常课堂生活实践的地方，是师生、不同研究者共同生存的实践世界。当我们要考虑全面、直接地对我

---

① 马克斯·范梅南. 生活体验研究——人文科学视野中的教育学. 宋文广，等，译. 北京：教育科学出版社，2003：139.

们与学生共处的课堂实践生活进行考察和反思时，这些方面能够使课堂研究者更真切地感受到课堂实践现象、问题和意蕴的无限丰富性，因此，对于课堂研究者而言，进入课堂实践进行"田野研究"是其有效开展研究的必经之道。

（二）在日常课堂实践中做"田野研究"的探寻之道

对于课堂研究而言，走一条什么样的道路是决定其性质的关键，所以，课堂研究重在"道路"。正如海德格尔曾经把自己的毕生思想界定为是"道路"，而非"著作"一样，学术、教育、改革、思想等这些事情也都需要"寻道"和"探道"。而课堂研究之事的"寻道"之途，不是理论或者实践的"单行道"，而是理论与实践交叉的"十字道"，在这条"复合道"上需要以爱为前提、以知为基础、以思为动力、以善为目的，从而踏上课堂理论与实践变革的新路径和新征程。

1. 以"爱"之道为前提

课堂研究的"爱"之道，包括对教育的热爱和对研究的热爱，这种"爱"是深入课堂实践进行田野研究的前提。正是因为出于这种"爱"才会真正投入对课堂实践的问题之中去，并以持续的热情去寻找一个个实践问题的解决方案。在这条"爱"之道上，课堂研究者的目光始终关注的是课堂实践中的问题，不会为学术而学术、为理论而理论，而且专业研究者能够与实践工作者在研究过程中融洽相处，进行真诚的交流和沟通，真正获得对课堂实践问题的真知灼见。当课堂实践中的问题成为研究的源头时，课堂研究者就开始对课堂理论"原点"的寻求，在此过程中，他们可能会重新建构新的研究过程和方法、形成新的研究路径，不仅仅局限于书斋和文本，而是通过介入课堂实践、走进中小学课堂、与部分中小学开展合作的方式进行田野式的课堂研究，同时，也将已有的教学理论带入课堂实践中去，使之回归产生的源流中，在学校各种综合变革实践中进一步认识课堂实践本身，体验课堂实践的真谛、把握它的脉动、发现存在的问题、探究其中的曼妙、感知它的舞动，并随之共振，只有如此才可能在课堂实践之域中认识课堂实践、发现它与其他领域的不同，从课堂实践丰富的具体发展中，去领会课堂实践内在的"共有"和不同于其他领域的"独有"，从而在充满"爱"的研究旅途中探究课堂实践、改善课堂实践。

2. 以"知"之道为基础

对于任何一项研究来说，"知识""理论"始终是一个重要的问题，因为研究一向都以知识创造为其使命之一；同理，课堂研究也不例外。但是，对相关知识、理论的理解，不但可能导致研究者的研究方法和思路的选择，还可能会涉及研究结果的差异。如果以"双向"的思维方式和"动态"的视角和眼光来看待课堂研究中的理论知识，那么，理论探索为课堂实践提供了新的认识，而新的课堂实践又为其理论发展提供了基础，所以，对于课堂研究来说，理论与实践是一种双向互动的建构与意义生成，而非一方决定或指导另一方。纵观一些教学改革实践，早期的知识积淀或理论积累经常作为研究的基础性准备。例如，在"主体性教育"研究中，主体教育理论走向实践的第一步就是与研究主题相关的理论选取与明晰。"对于理论工作者来讲，这似乎并不是一件难事。但选择、组织何种教育理论至关重要，因为不仅要使理论'贴近'实践，而且还要'贴牢'实践；要以实践者的逻辑方式让其明了理论；并在实践过程中，实践工作者基于理论工作者的协助对教育教学反思，生成归纳性教育理论，并修正补充演绎性，同时也进一步指导、优化教育实践。"①

3. 以"思"之道为动力

任何反思都是在现实脉络中的反思，如果离开了现实的需要，那么，反思在很大程度上可能会导致没有现实意义、乌托邦式的臆想。探寻课堂研究的"思"之道也是源于课堂实践的需要，是需要面对课堂实践中浮现出来的问题而进行的。从课程改革、课程实施、课程资源的开发、教学活动的设置、师生关系的改善、教学方法的更新、学习方法的改善等，都是与课堂实践密切相关的，是课堂实践过程中迫切需要解决的问题。在解决这些实践问题的过程中，实践工作者与专业研究者通过尝试摸索和体悟反思的心路历程而使课堂研究不再停留于理论的论证和空泛的想象之中。正如有研究者所言："在实践人那里，既需要理解新的理论，也需要考虑把它转化为自己的实践行为，当然，他们渴望理论人帮助自己实现这种转化。在理论人那里，自己提供的理论是否能够产生真实的效应，是否经受得住实践的检验，都还是未知数，需要在尝试中逐渐摸索，即所谓'摸着石头过河'。"② 正是基于这种实践的艰辛探索，在解决实践问题中的焦虑、痛苦和焦灼引发课堂研究主体的不断自省反思：实践工作者在课堂研究过程中，意识到课堂教学的变革过程是一个"日常化"的过程而非一日之功或偶尔为之的事情，是理论与实践不断沟通和协调的过程，更是不同的理论与每一天的日常课堂教学

---

① 魏宏聚. 教育理论走进实践的路径分析——以主体教育理论与中小学校教育教学实践的结合为例. 教育研究，2014，（11）：155-159.

② 李政涛. 交互生成：教育理论与实践的转化之力. 上海：华东师范大学出版社，2015：321.

实践对接的过程；领悟到实践工作者虽然身居实践之中，也需要以实践为铺垫进行理论的学习，其目的是为了回到实践、丰富实践并改造实践；体会到课堂研究中进行理论与实践的转化首先需要其研究主体之间的真诚对话和相互转化，从而在其过程中感受到理论之于实践改善的价值，专业研究者之于实践工作者发展的价值。同时，专业研究者也在此过程中反思自己在看问题的视角、思维方式、认识问题的框架、使用的话语体系等方面存在的问题，在丰富的实践和复杂的问题中感悟到课堂实践变革的艰难和挑战，感受到理论贴近实践的重要性，感触到理论与实践的转化以及理论人与实践人的转化之路径的形成对提升课堂研究主体进行有效沟通和高效对话的促进力量。正如有研究者反思到，"以研究者角色做实，则面对一个更大的场面，所担负的责任，所面临的事情、问题和挑战，在广度、深度和复杂度上都是前所未有的。突然发现自己实际懂得的和知道的少得可怜，而不懂得的和不知道的则多得惊人"①。正是复杂多变的实践促使专业研究者坐下来冷静地反思如何面对变动不居、快速变革发展的实践问题。

4. 以"善"之道为目的

此处的"善"既包括实践的改善、理论的完善，也包含师生与课堂研究主体的发展完善。日常的课堂教学实践是课堂研究的出发点和归宿，课堂生活实践是首要的、基本的教学实践，也是课堂研究者进行理论建构的永恒源泉。日常课堂实践内含着师生之间的互动交往、学生的成长发展、教师的发展提升，包含着师生的认知生活实践、情感生活实践、道德生活实践和日常行为实践，是师生日常生活实践的进一步延伸和拓展，是向着更规范化和理性化的方向发展，也是对日常生活实践的提升和超越。因此，课堂研究不能撇开丰富多彩的课堂实践、生动活泼的生命，而单凭观念地、抽象地建构课堂教学理论体系，否则，就会造成理论的"实践乏力"与实践的"理论空泛"，就难以看到日常课堂实践的本真，正如雅斯贝斯所言："在每一个生活与对生活的意识表面一致的地方，背后都隐藏着真实的世界与我们所知的世界之间的区别。"②为此，课堂研究者就应该走到课堂实践之中去探寻完善之道，用心体会和感受日常课堂实践中的苦与乐；探讨课堂教学过程中各种要素之间的关系及其相互影响，揭示课堂教学过程的内在机理；通过对师生关系的类型、层次、特点与方式的把握，来认识课堂教学活动的实质等，从而在广阔的课堂实践中，不断地蒸腾掉"为理论而理论""为研究而

---

① 张永.在参与中体悟，在迁移中识世//叶澜，李政涛等."新基础教育"研究史.北京：教育科学出版社，2010：354-355.

② 雅斯贝斯.时代的精神状况.王德峰，译.上海：上海译文出版社，1997：2.

研究"的"表象雾气"，致力于寻求课堂研究中"为向善而研究"的"合理内核"和"永恒要素"，以颇具实践底气和彰显生命活力的理论创新不断推动课堂实践的变革和课堂实践问题的解决。

二、理论的引导与建构：实践工作者与专业研究者的对话

（一）以具体的实践性理论引导实践

课堂教学实践需要以适当的教学理论为指引，这是当今社会发展以及教育改革对课堂教学实践提出的必然要求。课堂教学作为人类特有的特殊社会实践活动，随着社会的发展尤其是在社会发展转型期，越来越需要理论的引领，当然，教学理论是在发展中的理论，从其历史过程来看，它也有自身的局限性，也需要通过实践来检验和揭露，正是通过理论对实践的引领、并采用不同的标准而使实践得以改善。

在社会改革的转型时期和学校教学改革的关键期，各种不同的教学理论和观点层出不穷，新的课堂经验和问题也不断涌现，如何学习和掌握新的理论，具有对课堂实践发展富有价值和意义的思想观念，并在课堂实践中生发新的想法和观念是摆在每一位实践工作者面前的重要问题。面对复杂的课堂实践，我们不可能求得一种具有数学般精确性的教学理论，而只能在具体的课堂实践中调整和摸索。因为即便是在某种合适的教学理论指导下的课堂实践，在不确定的时刻也会超越原有理论框架，而根据自己的要求"重新立法"，这是一种根植于课堂实践内部的内在超越性，因此，在对待个别的、特殊课堂实践问题时需要的不是那种能动、系统地反映事物本质的理论知识，而是那种具有实践性、情境性的关于教学践行的知识，它不需要严密的理性分析和严格的逻辑推理，而是以一种理论的变式来引导课堂实践，这就是实践工作者在课堂实践中形成的具有实践智慧的实践性理论。

从传统来看，一方面，课堂研究者掌握了一定的教学理论，这些理论是他们从事课堂研究工作的基础；另一方面，他们又缺乏运用这些先进的教育理念的具体实践操作方式，即不知道在实践中如何实施和体现这些新的教学理论和信念，这也是"理论话语"和"实践话语"之间的差异以及现实课堂教学中"理论话语"方式渗透于其中的体现。从现实来看，专业研究者对于实践工作者的复杂工作的理解、对于课堂现象的复杂性的理解是相当浅薄的，而且对于一些课堂实践问题的解决是软弱无力的；他们更多的是要指导实践工作者的教学实践，而从

实践工作者面对的复杂教学实践中学到东西、与其平等合作地探讨解决问题的策略是相当少的。在专业研究者指手画脚的简单、机械指导中，实践工作者的工作日益被简单化地理解，正是他们对于课堂实践的复杂性与困难的忽视，以及对自己专业理论研究的混沌性与理论的抽象化运用，致使他们更容易作出傲慢的建议与指导。然而，"实践不是单纯的理论应用领域，它也是实践性理论形成的领域。承认'实践话语'与'理论话语'的相对独立性，意味着在教学的研究中不仅是'理论的实践化'，宁可说处于轴心地位的是'实践的理论化'或是'实践性理论'"①。

　　这种实践性理论就来自于以实践性经验的创造与反思为基础的实践性研究，它的目的在于改进课堂教学实践，其内容就在于课堂实践性问题的解决，并显现出"实践性思考方式"的特征。所谓"实践性思考方式"，它是相对于"理论性思考方式"而言的，其目的不在于形成新的知识，特定事实的严密认识，从已知知识过渡到可能解决的未知知识，而旨在形成针对实践性问题解决的决策，其具体特征表现为："实践过程中的即兴性思考；对于不确定状况的敏感，主体的参与与对于问题表象的熟虑态度；实践性问题的表象与解决中多元视点的综合；临床地建构实践情境中所产生的问题现象相互关系的语脉化的思考；基于教学展开的固有性不断地重建问题表象的思考方略。"②而实践性理论正是通过实践性思维方式获得"实践性知识"，这种知识是个体在不断的反思和体悟中逐步建构知识，一种内隐性的、个性化了的知识，主导教师教学行为的知识，也是"同个别的具体经验结合的案例知识，整合了多种立场与解释的'熟思性知识'，同不确定性占主流的情境相对峙的'情境性知识'，无意识地运用默会知识的'潜在知识'以每一个教师的个人体验为基础的'个人知识'"③。实践性理论是实践工作者在课堂实践过程中形成和获得的，并往往以一种不明显的、隐秘的方式在起作用。这种实践的理论不只是表现为对普遍性教学的知识，更主要的是对待个别、特殊的课堂实践中的问题的知识，它的本质是实践的，以在具体课堂践行作为自身的目的。当利用这种实践的理论时，实践工作者就能够真正把寓于课堂案例、故事、情境之中的理论与课堂实践问题结合起来，真切地感知其中的问题，以理论的关照不断增强自己对课堂实践的理解和反思。这种理论对于实践工作者来说是源于自身经验和课堂实践的，是自下而上生成的，是在课堂实践中生发的，相对于专业的纯粹思辨理论而言，更具有亲切性、可感性、实践性和可吸收性。

　　因此，通过课堂研究使专业研究者与实践工作者进行真正合作，从多角度、

　　① 佐藤学.课程与教师.钟启泉，译.北京：教育科学出版社，2003：230.

　　② 佐藤学.课程与教师.钟启泉，译.北京：教育科学出版社，2003：229.

　　③ 佐藤学.课程与教师.钟启泉，译.北京：教育科学出版社，2003：302.

多层面来阐释各种理论的抽象性和实践性，将抽象的理论转化为具体的、可操作的实践理论，使实践工作者在理解和认同新的教学理论的同时，也掌握、践行这些理念，而这些理念的具体操作方式是一个重大的挑战，也是理论对实践引领的具体体现。

（二）整合与建构新的理论

专业研究者进入课堂实践领域开展研究，为课堂理论创新开辟了一条可行之道，为新的、原创性的课堂理论在其研究过程中形成、发展和成熟提供了可能。从课堂教学综合研究看，"我们面临的任务不只是改变实践，同时，还需要在对已有理论批判性反思的基础上，通过对课堂教学的深入研究，通过整合与创造，形成既能够揭示课堂教学实质，又能够指导教学改革实践的新理论，这同样是一项艰巨的任务"[①]。因此，对于课堂研究者而言，进入课堂实践进行原创性研究，创造性地将教学理论运用到教学实践之中并致力于课堂实践问题的解决，从而改善课堂实践，这只是课堂研究的一个方面；另一方面还需要提炼、加工和整合实践经验，为原有理论的完善和发展、新理论的创建创造条件和机会，使丰富的实践经验能够转化与生成新的理论认识。因为课堂实践不可能自然而然地形成理论，也不是经历了课堂实践活动就能够直接创造出新的观点、概念和理论，更不是参与课堂实践活动越多，掌握和生成的理论就越多，理论水平就越高；而是需要课堂研究者基于课堂实践，以一种"理论自觉"将实践经验吸收与转化而建构新理论。因此，课堂研究中理论的创建需要具备以下几个基本条件。

1. 发挥实践对理论重建与创新的奠基作用

"所谓'奠基'，就是'奠定基础或根基'，实践经验只有进入并成为理论的底座，变为理论生长之根，作为理论体系中的基源性存在，才能化入理论之树。"[②] 因此，课堂实践是课堂理论整合与创新的基础和源泉，没有课堂实践的"活水源头"，理论建构就成为"无源之水、无本之木"。课堂实践作为理论重建的基石，可能体现为某种核心的价值观、某些特定的研究范式、某种独特的思维方式等。课堂研究的核心价值观就在于以理论创新推动课堂实践的变革，因此它倡导从"文本式"的研究范式向"田野式"的研究范式转换，要求课堂研究者必须深入课堂实践世界中观察与描述有关现象、从中发现实践问题，获取第一手实

---

① 叶澜.让课堂焕发出生命活力——论中小学教学改革的深化.教育研究，1997，（9）：3-8.
② 李政涛.交互生成：教育理论与实践的转化之力.上海：华东师范大学出版社，2015：293.

践资料，进而建构教学理论体系，真正体现课堂实践是理论建设之源。因为"田野式"研究范式追求以实践为目的，"在科学理论的形成和发展上，强调来源于实践并指导实践。它既具有经验教学论的实践基础，又具有科学教学论的理论基础，在二者的结合上形成的理论便是富有生命力的教学理论"①。在思维方式上，课堂研究注重"整体性""关系式"思维方式来面对课堂实践。整体性思维方式具体表现在，进行课堂研究不是对其构成要素进行"解构式"的研究，不是只关注课堂实践中的某一要素、某一维度、某一细节，而是强调从整体、全面的视角，关注不同要素的综合融通并对它们之间的关系进行研究。"关系式"思维方式主要体现为对课堂实践与理论的认识上，试图打破二元对立的、非此即彼的、割裂性的思维方式，不是将课堂实践中的主体与客体、主观性与客观性、目的与手段、事实与价值、人文性与科学性等方面作为对立的范畴来看待，不是做出非此即彼的判断和选择，而是从关系视角探索两极沟通的可能性与有效措施。在课堂研究中，以这样的整体性和关系性思维方式作为理解、把握和评价课堂实践问题的基本依据和模式，即使传统思维方式得以重建，也能够获得基于这些思维方式形成的理论。因为从一定程度上而言，任何思想与理论的形成都是某些思维方式的产物，有什么样的思维方式就会产生相应的理论和思想。

因此，课堂研究应该在蕴含着丰富思想和鲜活经验的课堂实践中，时刻关注其中的课程、师生、学习方法等多种要素及其之间的关系、变化和相互影响，通过其实践的视角、实践的思维方式深刻把握课堂实践的"脉搏"，从而对不断变革的课堂教学实践做出恰当的评估、正确的判断和适时的回应，以"读懂"实践所得到的"实践感"作为理论积淀和创新的前提和基础，以便从实践角度深化理论、通过理论与实践，从实践与理论的结合中探寻理论的生长点，并保持理论创新的生机和活力。

2. 具有理论自觉意识

课堂研究作为一种实践性很强的研究决定了要深入课堂实践中进行研究的必要性，但是课堂研究真正要取得能够引导课堂实践的研究成果，不仅需要深入其中更需要超越其上。这就意味着课堂研究者在密切关注课堂实践的同时，还要注重研究内在的理论特质，在透视课堂实践问题的同时保持着深刻的理论自觉。课堂研究中的理论自觉就是要求研究者作为理论主体存在有一种自我确认，在学习、运用、探究与建构理论时有一种"自知之明"，对于日常课堂实践

---

① 王鉴. 实践教学论. 兰州：甘肃教育出版社，2002：42.

中的问题具有一种自觉反思和探寻解决方法的理性觉知。也就是说，要清楚我们运用、学习与研究的理论是何种性质的理论，是如何形成的，是为谁服务的，以及它的特征是什么，目前有哪些发展趋势，对于这些理论的学习和研究能够对本土化的教学理论起到什么作用，对于当前教学实践的发展与改善具有怎样的价值与意义；同时也应该意识到实践中相关的问题，即是谁的实践、什么理论指导的实践等。

课堂研究中要求研究者具有的理论自觉，主要包括研究者在学习、应用和建构理论时具有的理论主体自觉，面对课堂实践问题时的自觉，以及方法论方面的自觉。从理论主体的自觉看，研究者作为课堂研究主体应该意识到自己是一个具有理论学习、应用和建构能力的主体，应该具有这种主动性并形成自己的身份认同。在理论学习时能够以一种理性的、批判的态度审视、吸纳、借鉴和反思现有理论；在应用时以一种尊敬和审慎的态度来阐释和分析，针对课堂实践问题选择适合的理论；并在具体运用过程中结合实践经验注重扩展、改善和提升，从而实现理论新的扩充和建构。从课堂实践问题的自觉看，课堂研究是一种不断发现实践问题并逐步解决或改善的过程，在此过程中问题无时不在、无时不有，有些问题被及时发现，而有的却一直被忽视，因此，要清晰准确地发现和把握问题就需要研究者具有敏锐的问题意识，养成问题自觉，以便在纷繁复杂的课堂实践现象中习以为常的事件进行"为何如此""何以如此"的理性审视和反思。也就是说，要从最平常的、最熟悉的课堂实践中发现问题，就需要具有面对实践问题时进行及时反思的理性自觉，并以此作为进入课堂实践的常态。从方法论的自觉而言，所谓方法论，"是以教学活动中各种教学方法与不同层次的教学对象性质之间的关系为研究对象，着重揭示已有教学方法及其体系背后的理论基础、核心构成与教学对象的各种复杂关系，以构建和解决教学方法和教学对象之间的新型关系和相应的新理论基础为核心任务"[1]。具有方法论的自觉就是对研究方法有一种全面、理性的认识，在运用不同的方法时进行仔细地审视与分析，能够根据课堂实践问题选择合适、有针对性的研究方法，而不是迷恋于某种方法或偏执地依赖某种自己专长的方法，而是根据实际情况对研究方法进行创造性的综合利用，以保障实践理论建构中方法选择的适切性、针对性和有效性。

3. 具有理论转化能力

将丰富的课堂实践经验提炼和转化为理论是课堂研究者面对的一大挑战。

---

[1]　李政涛. 从教学方法到教学方法论——兼论现代教学转型过程中的方法论转换. 教育理论与实践，2008，（11）：32-36.

对于实践工作者来说，课堂实践经验不仅是其实践知识的融汇和体现，还是促进其专业发展的重要因素，通过对这些经验的凝练和提升，可将其由零散性和片段化变得系统性和连贯化，这一过程既是其梳理和反思的过程，又是其不断自我积淀和发展的过程。对于专业研究者而言，"实践经验不只是具有理论价值，更具有生命成长和发展价值，只有自身因为有了实践经验的奠基，才可能使理论重建和创新有了新源泉"①。但是，将课堂实践经验向理论的转化并不是一个平凡的过程，而是在看似平凡的课堂实践中，与研究者自身生命发展融为一体的过程，正如有研究者经历和体验的那样："如果说教育实践的问题诊断与重建探索是一种'历练'，因为它让我亲历和见证了教育理论对于教育实践的改变力量，那么教育理论的形成过程则是一种'熬炼'，因为它让我感受和体验了教育实践对于教育理论的滋养价值。如何把实践探索与理论知识'熬炼'在一起，'炼'出知与行合一的新结构和新知识；如何把实践经验和理论表达'熬'在一起，'炼'出理论与实践之间的相互转化和融通共生，这是我生命成长中无法回避且必须直面的问题，也是摆在我面前必须迎接的新挑战。"②

　　总之，课堂实践是不断发展变化的，人们对其认识也是不断拓展、深化的，因此，课堂研究中理论的创新、实践的探索与反思也不是一蹴而就、一劳永逸的，而需要专业研究者与实践工作者相互认可双方在课堂研究中的不可替代性，需要双方以共同的目标进行通力合作，从而改善课堂实践、推动课堂理论的发展和创新。课堂教学理论的建构与课堂教学实践的反思统一于具体的课堂实践活动中，既是照应了普遍的、外在的东西，又结合了特殊的、不确定的东西。这样的课堂实践就是一种基于有价值的思想观念的正当的践行过程，而不是对教学理论的机械的、教条式的套用，也不是对某种教学经验或者教学技能的重复；这样的课堂研究就是一种深入课堂实践并不断显现理论智慧，使课堂实践不断趋于合理和完善的活动过程及研究方式。

---

①　李政涛.交互生成：教育理论与实践的转化之力.上海：华东师范大学出版社，2015：296.
②　吴亚萍.在历练中超越自我//叶澜，李政涛等."新基础教育"研究史.北京：教育科学出版社，2010：211.

参考文献

布鲁纳.教育过程.华东师范大学外国教育研究室,译.上海:上海教育出版社,2003.

陈桂生.到中小学去研究教育.上海:华东师范大学出版社,2000.

陈向明.教师如何作质的研究.北京:教育科学出版社,2001.

崔允漷.校本课程开发:理论与实践.北京:教育科学出版社,2000.

丹尼斯·劳顿.课程研究的理论与实践.张渭城,环惜吾,黄明皖,等,译.北京:人民教育
 出版社,1985.

郭华.教学社会性之研究.北京:教育科学出版社,2002.

郭元祥.生活与教育——回归生活世界的基础教育论纲.武汉:华中师范大学出版社,2002.

教育部师范教育司.教师专业化的理论与实践.北京:人民教育出版社,2003.

李吉林.李吉林情境教学理论与实践.北京:人民日报出版社,1996.

李太平.全球问题与德育.武汉:华中科技大学出版社,2002.

李太平.普及与提高—中国初等教育60年.杭州:浙江大学出版社,2009.

联合国教科文组织国际教育发展委员会.学会生存——教育世界的今天和明天.北京:教育科
 学出版社,1996.

刘放桐,等.新编现代西方哲学.北京:人民出版社,2000.

刘黎明.教育学视阈中的人——基于马克思主义人学的思考.北京:科学出版社,2010.

刘黎明.当代教育基本理论论纲.北京:人民教育出版社,2012.

卢梭.爱弥儿.李平沤,译.北京:人民教育出版社,2001.

陆有铨.躁动的百年.济南:山东教育出版社,1997.

玛丽亚·哈迪曼.脑科学与课堂——以脑为导向的教学模式.杨志,王培培,等,译.上海:
 华东师范大学出版社,2018.

莫里斯·L.比格.学习的基本理论与教学实践.张敷荣,张粹然,译.北京:人民教育出版社,
 1991.

瞿葆奎.教育学文集·美国教育改革.北京:人民教育出版社,1990.

石鸥.教学别论.湖南:湖南教育出版社,1998.

素质教育调研组.共同的关注—素质教育系统调研.北京:教育科学出版社,2006.

檀传宝. 学校道德教育原理. 北京：教育科学出版社，2000.

王炳照，施克灿. 中国教育改革 30 年：基础教育卷. 北京：北京师范大学出版社，2009.

王策三. 教学论稿. 北京：人民教育出版社，1985.

王永昌. 实践活动论. 北京：中国人民大学出版社，1992.

雅斯贝尔斯. 什么是教育. 邹进，译. 北京：生活•读书•新知三联书店，1991.

叶澜. 教育概论. 北京：人民教育出版社，1991.

约翰•杜威. 民主主义与教育. 王承诸，译. 北京：人民教育出版社，2001.

约翰•杜威. 我们怎样思维•经验与教育. 姜炯，译. 北京：人民教育出版社，2005.

约翰•杜威. 学校与社会•明日之学校. 赵祥麟，等，译. 北京：人民教育出版社，2005.

张华. 课程与教学论. 上海：上海教育出版社，2000.

郑金洲. 教师如何做研究. 上海：华东师范大学出版社，2005.

中央教育科学研究所比较教育研究室. 简明国际教育百科全书•教学（上、下）. 北京：教育科学出版社，1990.

钟启泉. 现代课程论. 上海：上海教育出版社，1989.

钟启泉. 课堂研究. 上海：华东师范大学出版社，2016.

佐藤正夫. 教学论原理. 钟启泉，译. 北京：人民教育出版社，1996.

Agar M H. The Professional Strange：An informal Introduction to Ethnography. New York：Academic Press，1980.

Anderson J A. Communication Research：Issues and Methods. New York：McGraw-Hill，1987.

Arends R I. Classroom Instruction and Management. New York：The McGraw Hill Co，1997.

Becker H S. Outsides in the Sociology of Deviance. New York：The Free Press，1963.

Berg B L. Qualitative Research Methods for the Social Sciences. Boston：Allyn & Bacon，1995.

Brookfield S D，Preskill S. Discussion as A Way of Teaching. Buckingham：SRHE and Open University Press，1999.

Gardner H. Multiple Intelligences：The Theory in Practice. New York：Basic Books，1993.

Montessori M. The Absorbant Mind. New York：Henry Holt，1976.

Noddings N. The Challenge to Care in Schools：An Alternative Approach to Education. New York：Teachers College Press，1992.

Sapolsky R M. Why Zebras Don't Get Ulcers. New York：Henry Holt and Co，2004.

Shulman L S. Towards A Pedagogy of Cases: Case Methods in Teacher Education. New York：Teachers College Press，1992.

后　记

　　理论与实践的关系问题是一个"长远"而"生涩"的问题，本书从"课堂研究"切入，也是基于理论与实践的关系问题为背景。在课堂研究中，理论与实践的关系、专业研究者与实践工作者的关系是两大主要问题，而且理论与实践的关系问题，终究可以归结为专业研究者与实践工作者之间的交往与相互转换的问题。两类研究主体交往与转换的深度与广度影响着理论与实践相结合的程度。本人在攻读博士学位期间，坚持深入中小学课堂实践，亲历和体验专业研究者与实践工作者之间的现状，对"课堂研究"进行审视与反思，正是希望能为此做些什么。虽然这一问题之"重"与本人学识、能力、经验之"轻"形成鲜明对比，甚至从一定程度来看，一己之力似乎很难掂起如此体系庞大、意蕴丰富的课题，但接受这一挑战既是对自己所存困惑的求解与成长的验证，更是对理论与实践的关系这一老问题的重新审视，对课堂研究体系的再次把脉。

　　本书是在我的博士学位论文的基础上修改、完善而成的。当我身处教学实践中再一次面对博大精深的理论问题与纷繁复杂的课堂实践问题时，更加强烈地感受到自己的能力有限，再加之入职后的繁忙，使书稿的修改一度被搁浅。值此拙著即将出版之际，谨衷心感谢我的博士生导师李太平教授。虽然一句感谢的话难以承载我深切的谢意与感恩的心，但仍想借此机会向他深深地道一声：谢谢！李老师诲人不倦的学者风范，发自内心对学生的呵护，润物细无声地影响、感染着我与师门的每一个人。跟随他就读的四年，不但使我在思想、知识等方面收获颇丰，更重要的是使我踏入了学术之门，并向往着学术之道。这一过程及其历练之于促使我转变的深刻意蕴，或许只有身处其中的我才能深切地体会到。感谢他在学习上的悉心指教与严格要求，生活中的叮嘱与关心，工作中的鼓励与帮助……此外，还要感谢李伟老师、黄芳老师的指教与关心，余保华老师、刘长海老师、朱新卓老师的启发与指导，刘献君老师、张应强老师、贾永堂老师、柯佑祥老师、陈廷柱老师、余东升老师等的影响与教诲。华中科技大学教科院的老师们，谢谢！

衷心感谢我的硕士导师刘黎明教授。当年，承蒙恩师不嫌我的愚钝，不吝赐教，促使我学术追求的萌发，并在求学之途中"扶上马""送一程"，并一直"牵挂着"。亲爱的刘老师在我的求学"征程"中是引路人与扶持者，每一次生活上的叮咛和学术上的鼓励都会使我倍增信心和力量！每一次敞开心扉的交流都使我坚定信念与希望！她教我为学之道、为师之道、为人之道，并给予多方面的指教、支持与帮助，深深感谢！

由衷地感谢檀传宝教授、易连云教授、孙彩平教授、郑航教授、贾永堂教授在百忙之中参加我的博士论文答辩，对论文进行深入分析并高屋建瓴地指出偏颇、提出中肯的修改建议！感谢华中师范大学涂艳国教授对我的论文修改提出的宝贵意见；感谢华中科技大学附属小学李晓艳校长、冯胜老师在我写作中提供的诸多资料和便利条件；感谢接受我访谈并积极提供资料的诸位老师，以及亲朋好友、昔日学友、现在同事在写作中的帮助、陪伴与启发。基于此，才有了论文的完善和书稿的完成。

在此还要特别感谢姑妈全家给予的物质与精神支持。生命成长的每一步都离不开他们的调教和培养，他们的关爱使我一直生活在"亲情磁场"中，而这种磁力也日益转化为我不断上进的动力和心向往之的"定力"。感谢家人一直以来对我求学的鼎力支持，那种父爱无言与父爱如山的默默支持是我坚实的后盾，那种慈母的唠叨和故意掩饰的牵挂是我温暖的港湾。谁言寸草心，报得三春晖！

本书能够得以出版，还得益于科学出版社与河南大学教育科学学院的诸位领导与同仁给予的大力支持，尤其是科学出版社的乔宇尚、余训明两位编辑为书稿付出的辛勤工作，在此一并深表谢意！

本书在写作过程中参考了国内外诸多相关研究成果，这些学术前辈所进行的系列研究及其成果给了我很大的启迪，使我的研究思路日益完善和顺畅，借此机会深表敬仰与感谢！

至此，本书即将画上一个句号了，但这并不意味着课堂研究相关问题的结束，因为本书仅围绕主体、对象、方式、过程四方面进行了初步的尝试性探讨，课堂研究体系中的语言、价值取向、功能等尚待继续研究，所以，这是再次开启相关研究的新起点。然而，由于本人学术研究能力与学识有限，书中所述难免出现肤浅或不当之处，本人也期待和恳请各位读者提出宝贵的批评与指导建议！

张鹏君

2018 年 5 月